suhrkamp taschenbuch 207

W0095510

Hartmut von Hentig
Magier oder Magister?

Über die Einheit der Wissenschaft
im Verständigungsprozeß

Suhrkamp

suhrkamp taschenbuch 207
Erste Auflage 1974
© Ernst Klett Verlag, Stuttgart 1972
Lizenzausgabe mit freundlicher Genehmi-
gung des Ernst Klett Verlags, Stuttgart.
Suhrkamp Taschenbuch Verlag, Alle Rechte
vorbehalten, insbesondere das des öffent-
lichen Vortrags, der Übertragung durch
Rundfunk oder Fernsehen und der Über-
setzung, auch einzelner Teile. Satz: IBV
Lichtsatz KG, Berlin. Druck: Nomos Ver-
lagsgesellschaft, Baden-Baden. Printed in
Germany. Umschlag nach Entwürfen von
Willy Fleckhaus und Rolf Staudt.

Inhalt

Vorwort

Dieses Buch handelt *von einem Problem,* über dem wir die Geduld zu verlieren drohen, noch bevor wir es hinreichend verstanden und wirklich angepackt, geschweige denn gelöst haben. Es geht aus von der Tatsache, daß unsere Wissenschaften immer schwerer zu verstehen und zu lernen und – ihrer Absicht zum Trotz – fast nur noch für die Experten verfügbar sind; daß man folglich bei immer kleineren Einheiten Zuflucht nimmt; daß zugleich keine dieser Einheiten für sich existieren, bedeutsam sein und sinnvoll gewählt werden kann; daß diese gleichwohl die Autonomie beanspruchen, die allenfalls der Wissenschaft als ganzer zukommt; daß erst der Zusammenhang der Wissenschaften ihnen allen die theoretische Legitimation, eine praktische Funktion und ihre politische Unabhängigkeit zu verleihen vermag; und daß dieser Zusammenhang zu keinem Zeitpunkt so fraglich war wie heute.

Dieses Buch ist geschrieben worden *in einem Augenblick,* in dem man hoffnungsvoll auf die Integrierte Gesamthochschule blickt, auf die Universal-Universität, die die Verbindung zwischen allen Sachverhalten und Tätigkeiten, zu denen es auch eine Theorie gibt, »statusgleich«, »durchlässig«, »wissenschaftlich integriert« herzustellen verspricht.

Es ist zugleich geschrieben *von einem Pädagogen,* einem derer, die nach gemeinem Verständnis wenig oder nichts von den »Sachen« verstehen, sich also beim besten Willen nur als Verwirrer oder Vereinfacher betätigen können – und die darum bei den schon Verwirrten und nach Vereinfachung Schreienden einen so gefährlichen Erfolg haben.

Es ist (auf eine heute fast kompromittierende Weise) geschrieben *für alle,* die Wissenschaft treiben – nicht für eine besondere Gruppe.

Es ist schließlich geschrieben *in einem Zwiespalt:* in dem Bewußtsein, daß Bücher in dieser Lage nur wenig helfen können, wenn sie nicht sehr einfach sind, und in der Erkenntnis, daß das Problem komplex, ungeordnet, durch sehr viel Gescheitheit schon mächtig verwirrt ist. Wo es darum geht, der Fülle der – vermutlich richtigen und wichtigen – Worte die nützliche und »ermöglichende« Arbeit, das praktische Beispiel folgen zu lassen, kann ich ein solches Buch nur schreiben, weil ich zugleich in konkreten Einrichtungen – der Laborschule und dem Oberstufen-Kolleg in Bielefeld – zu verwirklichen suche, was hier nur gedacht und gesagt wird.

Didaktik, Hochschuldidaktik, Wissenschaftsdidaktik, forschendes Lernen, Projektstudium, Studienmotivation, Erfolgskontrolle, Gruppendynamik, fächerübergreifende Forschung und Lehre, team-teaching und immer wieder Curriculum, Curriculum, Curriculum – mit diesen und vielen anderen Ausdrücken ist die Pädagogik in die Phalanx der wissenschaftlichen Disziplinen eingebrochen. Sie hat dabei mehr ausgelöst, als sie wollte. Ging es zunächst darum, vorhandene Erkenntnisse über den Lernprozeß in der Ausbildung künftiger Lehrer nicht nur zu lehren, sondern sie wahrzumachen, und hatte dies dann auch heilsame Auswirkungen auf andere Disziplinen und Fakultäten – so ist daraus am Ende eine Verunsicherung der gesamten Hochschule geworden. Wie aller Unsicherheit ist auch dieser alsbald die Dogmatisierung gefolgt.

In einem unerwarteten Maß verwundbar erwies sich die Dozentenschaft, und zwar nicht so sehr durch die massiven politischen Angriffe, denen sie sich unvermittelt ausgesetzt sah – die hätte sie mit den fleißig verarbeiteten Theorien von der notwendigen Werturteilsfreiheit der Wissenschaft und der politischen Funktion zweckfreier Forschung gut und jedenfalls getrost abwehren können; sie erwies sich als verwundbar vielmehr dadurch, daß sie mit der eigenen Sache nicht zurecht kam. Die politischen Angriffe wurden durch »Entlarvungen« von Kunstfehlern und durch deren spürbare, z. T. katastrophale praktische Folgen getragen. Die Hochschule erwies sich als »ineffizient«. Und wer nicht schrie: Nieder mit der Klassenuniversität! oder: Marx in die Hochschulen! oder auch nur: Demokratisierung der Wissenschaft! – der rief doch irgendeines der eingeschleppten verheißungsvollen, weil dunklen Pädagogenwörter.

Niemandem aber bekommt dies schlechter als der Pädagogik, richtiger: den Sozial- und Verhaltenswissenschaften, die die Lern-, Entwicklungs- und Sozialisierungsvorgänge untersuchen und deren Kompetenz heute im großen und ganzen allenfalls dazu ausreicht, etwas genauere und sinnvollere Fragen zu stellen.

Mit jedem dieser Wörter, das sie in die Reformpläne, die Richtlinien, die Aufgabenbestimmung, die Empfehlungen und Gutachten zur Erneuerung der Hochschulen schreiben, überziehen sie ihr Konto und laufen Gefahr, die Erwartungen auf wünschenswerte oder notwendige Veränderungen am Ende in Enttäuschung und Defätismus zu verwandeln.

In dieser Lage ist es angebracht, alle – die Leidenden, die Heilsbringer und ihre Jünger – an die Ursache der Krise zu erinnern. Ich sage »erinnern«, denn sie ist bekannt und wird nur verdeckt durch den Streit um die Folgen, um die Schuldigen und um die Strategien. Ja, der Verlauf des Streites könnte selbst als Modell für die Genese von Krisen in neuzeitlichen Systemen dienen: dafür, wie sich Lösungsversuche alsbald verselbständigen und verabsolutieren – sei es in einer bestimmten Fachrichtung, sei es in einer politischen Ideologie, sei es in einer Personen- oder Interessengruppe, sei es in den Höhen theoretischer Diskussion, sei es in einem praktischen und provinziellen Projekt. Das Prinzip der Spezialisierung und Kompetenzabgrenzung ist so herrschend geworden, daß alle kritischen Antworten ihm seinerseits verfallen, bevor sie zum Zug kommen.

Es mag nun aussichtslos scheinen, wenn just ein Pädagoge versucht, die Aufmerksamkeit noch einmal auf das Ganze zu lenken, in der Hoffnung, der Leser werde darin seinen eigenen Teil am Problem wiederfinden und sich seiner annehmen. Eine der zentralen Thesen dieses Buches ist: *daß die Disziplinen sich disziplinieren müssen* und daß ihnen vermutlich so lange Hilfen, Anregungen und Ansprüche von außen als Störungen erscheinen werden, wie sie nicht konsequent und freiwillig an der möglichen Einheit der Wissenschaften – ihrer gemeinsamen Lernbarkeit, Verfügbarkeit und politischen Verantwortung – mitarbeiten. Wer auf die Unentbehrlichkeit »der Wissenschaft« und damit auf ihre Macht in unserer Gesellschaft rechnet, betrügt sich selbst, das haben uns die totalitären Regime gezeigt. Das gilt jedenfalls, solange wir unter der »Wissenschaft« die frei korporierte Forschung und Lehre der abendländischen Tradition verstehen. Wissenschaft kann auch als staatlich verwaltete Erkenntnistechnik oder als private Zweckforschung fortgesetzt werden. Eben darum kommt es darauf an, bei jeder Reform unserer Forschungs- und Ausbildungsinstitutionen zuerst und zumeist auf die Förderung der öffentlichen, durch Selbstkritik gesicherten Rationalität zu achten und auf deren Funktion für ein leidlich freies Gemeinwesen: Es geht in der Tat um *die* Wissenschaft, nicht um Wissenschaften und ihre jeweilige Nützlichkeit und angebliche Würde.

Die Kommunikationskrise, in die die Wissenschaft durch ihre eigene Produktivität, durch die weitgehende Autonomie ihrer Einrichtungen, durch ihre unerhörten Kosten und durch die positivistische Lehre von der notwendigen Zweckfreiheit geraten ist, also durch das, was man ihre Stärken nennen kann – diese Kommunikationskrise hat die öffentliche Funktion der frei organisierten Wissenschaft in Frage gestellt. Wissenschaft ist ein gesamtgesellschaftlicher Vorgang. Wissenschaft braucht den wissenschaftlich denkenden Rezipienten, um Wissenschaft zu sein. Wenn Wissenschaftler Wahrheiten herausfinden, deren Prinzip und Substanz sie nicht mehr mitteilen können, selbst aber nach diesen Wahrheiten zu handeln beanspruchen, weil es Wahrheiten sind, dann sind wir in die alte Hierokratie zurückgefallen. Dann ist Wissenschaft Magie – wie auch immer die Wissenschaftler untereinander darüber argumentieren. Außerdem wird man sie nicht – in falscher Auslegung von Platon – zu Königen machen, sondern folgerichtig zu Priestern, zu Leuten, die die Unverständlichkeit der Herrschafts-, Verteilungs-, Veränderungs- und Bewahrungsvorgänge durch ein geeignetes Ritual öffentlich annehmbar machen.

Die Alternative zur Rolle der Magier ist, daß sich die Wissenschaftler in einem gänzlich neuen Umfang und in gründlich verbesserten Formen der Erklärung dessen widmen, was sie herausfinden, warum sie es erforschen, wie man es verwendet und wie man es lernen und weitergeben kann. Sie müssen Magister werden. Das müssen sie auch, ja gerade um ihrer eigenen Sache willen!

Dieses Buch versucht, die Wissenschaftsdidaktik (die Lehre vom Lehrbarmachen der Wissenschaft), die Wissenschaftspropädeutik (die Lehre oder Wissenschaft von den geeigneten Vorbereitungsprozessen auf die Wissenschaft) und die Interdisziplinarität (die Lehre von den Voraussetzungen und Verfahren der disziplinären Kooperation) so zu umreißen, daß jene einfache Aufforderung, die Wissenschaftler mögen wieder Magister werden, theoretisch verständlich und praktisch erfüllbar wird.

An dieser Stelle – nicht nur, weil sie für andere sichtbar ist, sondern weil an ihr meine Arbeit an dem Buch endet – sei Irmingard Habbel und Otto Fritz für ihre Hilfe bei der Korrektur des Typoskripts herzlich gedankt.

Bielefeld, den 1. 1. 1972   Hartmut von Hentig

I. Anlässe

1. Krisenverdrängung durch Krisenbeschwörung

Die Krise der Universität ist in erster Linie eine Krise der Wissenschaft und erst infolge davon eine Krise einer Einrichtung. Darum gibt es für die sie befallenden Schwierigkeiten und Widersprüche keine einfache, eindeutige und schnelle Heilung. Im Gegenteil: Das flinke Aufstellen von Reformplänen, »umstürzenden« Theorien und neuen Institutionen im Kontext alter Nöte und Notwendigkeiten, alter Schuld und Verschuldung erzeugt zusätzliche Probleme und unter ihnen vor allem dieses eine: daß es so schwer wird, das ursprüngliche Problem im Blick zu behalten. Es geht unter in den neuen, Erneuerung versprechenden Anstrengungen – in den Kommissionssitzungen, den Aktionsplänen, den Geldbeschaffungsanträgen, den sich sofort aufdrängenden Erhebungs-, Dokumentations- und Publikationsprogrammen –, die zu den alten Anstrengungen hinzukommen, von denen wir nicht lassen. Erich Jantsch hat in einem kritischen Bericht über und für das Massachusetts Insitute of Technology[1] mit Recht gefordert: Man müsse die alten Universitäten abbauen, während man die neuen errichtet. Täten wir dies, wir hätten eine Chance, der Bewältigung der realen Aufgaben tatsächlich näher zu kommen. Solange wir dies nicht tun, müssen wir uns – um nicht in den Problemen der Implementierung des Neuen steckenzubleiben – wieder und wieder mit den Grundproblemen befassen: nicht nur damit, wie man beispielsweise »Interdisziplinarität«, »Wissenschaftsdidaktik« und »Wissenschaftspropädeutik« in das Ausbildungs- und Forschungssystem einbringt, sondern mit dem, was Wissenschaft zu Wissenschaft macht – also mit ihrer begrifflichen und praktischen Einheit und deren Gefährdung; mit den Bedingungen des Lernens der Wissenschaft – also mit der Notwendigkeit, jene mit dieser zugleich zu erforschen; mit dem Lernen des Lernens – also mit dem Möglichmachen einer gemeinsamen formalen und dynamischen Grunderfahrung von Wissenschaft. Es geht darum, die Schwierigkeiten festzuhalten, bis man sie versteht, und nicht sie als ja hinreichend bekannt alsbald wegzuorganisieren. Zu sehen, welches die tatsächliche, die alltägliche Not ist und wieviel Arbeit noch zu tun bleibt, das ist das eine.

Das andere ist: Man muß notwendig über vieles zugleich reden. Will man davon handeln, warum Wissenschaft so schwer verständlich, immer schwerer zu lernen und fast nicht mehr zu kontrollieren ist (sei es denn über den am wenigsten wissenschaftlichen Faktor: die Kosten) und warum sie angesichts eines ungebrochenen Fortschritts von den einen unwissenschaftlich gebraucht, von den anderen als eine Funktion des »Systems« verachtet oder gefürchtet wird, dann gehören mindestens Theorie und Anwendung der Wissenschaft, ihr Zweck und ihre Zweckfreiheit, ihre Spezialisierung und ihr System dazu, also ihre Philosophie, ihre Methodenlehre, ihre Didaktik und Praxeologie. Es gehört auch ihre konkrete Organisation dazu – die Hochschulpolitik, die Hochschulfinanzierung, die Hochschulverfassung, das reale Verhältnis der Hochschule zu den Berufen, zur Öffentlichkeit, zur Wirtschaft, die Reglementierung der Ausbildungsgänge durch die Eingangs- und Abschlußbedingungen, die der Hochschule von außen gesetzt sind, die sichtbare Stellung und Wirkung der Wissenschaft in der Gesellschaft. Denn sie alle bilden ein einziges Geflecht, das man nicht nur nicht auflösen kann, sondern auch nicht auflösen sollte. Jedenfalls schaffen die säuberlichen theoretischen Trennungen ihrerseits schnell neue praktische Probleme, indem sie erlauben, ja nahelegen, das getrennt Erkannte auch getrennt zu behandeln: Interdisziplinarität in interdisziplinären Instituten, Wissenschaftsdidaktik und Wissenschaftsforschung an so benannten Lehrstühlen und »Schwerpunkten«, die Selbstverwaltung in Senatskommissionen, wo die Professoren der Jurisprudenz mit den Studenten- und Assistentenvertretern meist um Zweitwichtiges rangeln und das Erstwichtige – die Erneuerung der Wissenschaft selbst – darüber versäumen.

In diesem dreiteiligen Versuch will ich zu zeigen versuchen, wie, warum und in jeweils welchem Maß jene »Erneuerung«, die zum Begriff der Wissenschaft gehört und also selbst nichts Neues ist, durch Interdisziplinarität, Wissenschaftsdidaktik und Wissenschaftspropädeutik vor sich gehen kann und sollte und wie sich dadurch die auf weite Strecken zerstörte Einheit und folglich die gefährdete Verständlichkeit der Wissenschaft wiederherstellen ließe. In Teil I geht es um die »Anlässe«, in Teil II um eine »Analyse« der Wissenschaftskrise, in Teil III um »Antworten«, die man bisher geben kann und gegeben hat.

2. Ein Rahmen

Dies geschieht nicht abstrakt, sondern innerhalb unterschiedlicher äußerer Bedingungen. Als Beispiel für einen solchen Rahmen mag meine eigene Universität dienen. Es handelt sich um eine sogenannte Reformuniversität; ich bin dorthin gegangen, weil ich mir Folgendes versprach:

– Die Universität sollte um wechselnde Projekte herum organisiert, genauer: eine Institution zur ständigen Organisierung von als wichtig erkannten Aufgaben (Projekten) werden, ohne dabei die Grundlagenforschung zu vernachlässigen; vielmehr wird deren Notwendigkeit und Funktion angesichts der Festlegung und Schwierigkeiten, in die sich Projektforschung selbst bringt, erst vollends deutlich;

– sie sollte die dadurch aufgehobene Systematik der institutionellen Wissenschaftsgliederung durch eine Systematik der Wissenschaftsprozesse, der Wissenschaftsreflexion und Wissenschaftsforschung, ersetzen, also durch Wissenschaftswissenschaft, wie ich es nenne;

– sie sollte dazu vier besondere Wege beschreiten:
1. eine Wissenschaftsdidaktik entwickeln, und das heißt, die allgemeinen Strukturen des Lernens und die allgemeinen Strukturen der Wissenschaft – der Erhebung, Speicherung, Vermittlung und Kritik von Wissen – aufeinander abbilden, also Forschung, Lehre und Studium in ein neues Verhältnis zueinander bringen, so daß sie sich nicht gegenseitig ersticken, sondern – wie es doch sein sollte – fördern;
2. in einem Zentrum für interdisziplinäre Forschung die theoretischen Voraussetzungen für die neue Gliederung der Wissenschaften nach kooperativen, wechselnden Projekten untersuchen;
3. die voraufgehenden Lernvorgänge von der Einschulung bis zum Übergang in die Universität in einem eigens hierfür konstruierten experimentellen Rahmen (Laborschule und Oberstufen-Kolleg der Universität Bielefeld) erforschen, und das heißt, dort neue Ziele, Inhalte und Abläufe einer Wissen-

schaftspropädeutik theoretisch entwerfen und praktisch erproben – einer Wissenschaftspropädeutik, die die Vorbereitung auf das Leben in der Gesellschaft notwendig mit einschließt: ein praktisches Verhältnis von Wissenschaft, Beruf, Politik und philosophischer Selbstbestimmung in unserer aller Existenz; und

4. die Universität selber zur Gesellschaft hin öffnen, die Rolle der Wissenschaft im Kontext anderer Tätigkeiten der Gesellschaft, ihrer Erwartungen und Einwirkungen neu bestimmen, so daß die Universität einen aktiven und führenden, nicht einen passiven oder, wie die Studenten sagen würden: »affirmativen« Part dabei spielt.

Die »Erfinder« dieser Universität waren darüber hinaus der Meinung, daß, wer in dieser Einrichtung arbeiten wolle, sie auch mitgründen solle – ihr Maß und Gliederung, Satzung und Stil geben. In anderen Worten, die Versprechen, die andere und mich nach Bielefeld gelockt haben, müssen wir dort selber erfüllen. Zugleich aber mit den neuen Konzeptionen müssen wir einen Betrieb aufbauen (was Akademikern notorisch schwerfällt), unser Soll an Ausbildung im notvollen Zusammenhang mit anderen alten Einrichtungen ableisten, einen Kampf um die politische Verwirklichung kämpfen, einen Kampf mit den sowohl beschränkten wie nach eigenem Gesetz expandierenden Umständen, einen Kampf schließlich mit den Gespenstern der Vergangenheit: mit dem Mißtrauen zwischen den universitären Gruppen, mit dem falschen Selbstverständnis, mit überzogenen Reformerwartungen und einer immer wieder zusammenbrechenden Kommunikation im eigenen überanstrengten, eigenbrötlerischen Verband. Und so fallen die »Innovationen«, so fällt vor allem das Bewußtsein vom übergeordneten Ziel – nämlich die Aufgaben und Kompetenzen der Universität *so* neu zu ordnen, daß die Wissenschaft zugleich frei, nützlich und eine Einheit bleibt – dem täglichen Kleinkrieg und damit meist den kurzfristigen Notwendigkeiten, den eingeschliffenen Denk- und Handlungsmustern zum Opfer. – Dies muß gerade dann gesagt werden, wenn man etwas grundsätzlicher von den Problemen reden will: sie sind weder mit philosophischer Besinnung einerseits noch mit Techniken andererseits zu fassen und zu lösen, sie entspringen vielmehr einem System, dessen komplexer, abstrakter und deterministischer Charakter die Menschen überfordert – das man also vereinfachen muß. Eben diese Vereinfachung läßt sich nur vom Anfang her erreichen – indem Wissenschaft *früh* als ein notwendiges, gemeinsames, verständliches Prinzip *erfahren* wird. Wenn und weil das Lernen der Wissenschaft für uns nicht durch solche Erfahrung von einem Prinzip geschieht, nützen die Theorien und Institutionen wenig, die die Einheit der Wissenschaft im Bewußtsein und in der Praxis *oben,* am anderen Ende, wiederherstellen wollen. Sie treffen auf eine, wie es scheint, bis dahin unheilbar gewordene Mentalität.

3. Das fehlende Motiv

Ein Bewußtsein *der* Wissenschaft hat sich wohl immer nur im Gegensatz zu anderen Mächten in der Gesellschaft eingestellt, in der Bedrängung durch sie mobilisieren lassen: durch die Politik, die Wirtschaft, die Religion, die Publizistik und auch gelegentlich den common man. Sonst sind die einzelnen Wissenschaften mit ihren Aufgaben befaßt, denen sie ihre Entstehung verdanken, und haben ein deutlicheres Bewußtsein von der Differenz zur Nachbarwissenschaft als zu den ferneren nichtwissenschaftlichen Tätigkeiten. Wenn wir uns heute wieder stark um *die* Wissenschaft bemühen, wenn es nicht nur darum gehen soll, die Hochschulstatistik wieder in Einklang mit der Verfassung und dem gewohnten Begriff von akademischer Freiheit zu bringen, die unzufriedenen Gruppen zu beruhigen, den Anschluß an den internationalen Krisenstand nicht zu verlieren, die letzten Nachrichten von der Front der »progressiven« Einzelwissenschaften – der Systemtheorie, der Managementforschung, des human, social und educational engineering – einzubringen, dann müssen wir ein erkennbares und benennbares Motiv dafür haben, warum sich mehr ändern soll, als zur Abdeckung jener Bedürfnisse nötig ist. In den verschiedenen akademischen Gremien, in denen wir über Interdisziplinarität, Wissenschaftsforschung und Wissenschaftsdidaktik reden, tun wir dies so, wie man über das Erdbeben in Peru spricht oder über das neueste Stück von Arrabal oder über die jeweilige Ölpest im Atlantik oder Pazifik. Wir verlassen für zwei Stunden unsere wahren persönlichen und wissenschaftlichen Interessen, um uns einer abseitigen und bestenfalls zusätzlichen Kalamität zuzuwenden; unter dem Druck einer kritischen Öffentlichkeit, verführt durch eine international diskutierte Novität empfinden und sagen wir, es müsse etwas geschehen; wir setzen am Ende eine Kommission ein, die herausfinden soll, was da sein könnte, und kehren selbst an unsere Arbeit, unseren eigentlichen Sorgenplatz, zurück.

Aber wenn uns keine wirkliche, unmittelbare Not anfällt, die nur durch Interdisziplinarität, Wissenschaftsforschung und Wissenschaftsdidaktik zu lösen ist, werden wir diese nicht oder nur als weitere Belastung bekommen; *wir* brauchen sie dann auch nicht, sondern andere, und die werden sich ihrer bemächtigen – auf Kosten der Universität und derer, die sie frequentieren. Die Universität wird, in anderen Worten, durch diejenigen Institutionen gehalten und bestätigt, die sie ändern müßte, wenn sie zum Bewußtsein ihrer Probleme kommen soll. »Die Wissenschaft selbst« in ihrer heutigen fragmentarisierten Form erzeugt nicht die Offenheit, die sie zu ihrer Selbstveränderung braucht, vielmehr muß diese Offenheit vorher angelegt werden: im *Lernen* der Wissenschaft, dessen sich also die um die Wissenschaft Besorgten vordringlich annehmen müssen.

Wer sich auf den Tagungen umsieht, auf denen diese Themen verhandelt werden – finanziert durch irgendeine Stiftung – sieht wenige, denen er glaubt, daß sie auf eine *veränderte* Gliederung und Verfahrensweise der Wissenschaft wirklich angewiesen sind. Sie wissen wohl, daß die bestehenden schwer zu rechtfertigen und voller Widersprüche sind, aber alles, was sie tun wollen, können sie tatsächlich auch in den Ordnungen tun, wie sie sind (vgl. unten S. 22).

Anders ist es mit den Studenten. Sie erleiden die Folgen fehlender oder falscher Propädeutik, fehlender Didaktik, fehlender Integration, Übersicht, Koordinierung, Studienwahlhilfe unmittelbar, auch wenn sie sie nicht immer richtig deuten. Sie machen dann uns, den Lehrenden Angst, wenn sie von uns etwas fordern, was wir gar nicht gelernt haben und doch auch können sollten – wenn sie Bildung und Mehrwert zusammenbringen, Strukturalismus und Sozialchancen, Analphase und Prüfungsordnung, Marx und Mead, Galbraith und Galsworthy. Sie machen uns Angst durch die Direktheit und Härte, die sachliche Unbegrenztheit und quantitative Unersättlichkeit ihrer Forderungen. Sie machen uns am Ende Angst, sie möchten recht haben mit der Unterstellung, daß *wir* eine wirkliche Veränderung gar nicht wollen können, daß wir in der Tat gleichgültig sind gegenüber der Rolle, die die Universität in der Gesellschaft spielt, solange die Gesellschaft nur ihr (ruhiges) Funktionieren garantiert.

Die täglichen Friktionen einerseits und die Angst vor den Studenten andererseits sind – abermals – nicht die richtigen Anlässe zu den Überlegungen und Anstrengungen, die wir machen müßten, sie treiben uns vielmehr zu Überlegungen und Anstrengungen, die uns ablenken oder erschöpfen und eben dadurch beschwichtigen. Es bedarf jener in Bielefeld und anderwärts geplanten langfristigen Erörterungen und Untersuchungen – der Begriffe, der Systeme, der Voraussetzungen und Folgen einer in sich und in der Gesellschaft integrierten Wissenschaft – und dies *mit* den Assistenten, Studenten und Berufsgruppen, gerade weil sie alles erschweren und Politik und Ideologie mit einmischen. Wo Wissenschaft *damit* nicht fertig wird, wo sie die Schutzzonen reiner Wissenschaftlichkeit aufsucht, ergibt sie sich schon jener »compartmentalisation«, die ihr inneres, nicht ihr äußeres, institutionelles Problem ist.

Eine Broschüre wie diese kann die geforderte Begriffs-, System- und Anwendungsanalyse nicht so leisten, daß sie uns zum Handeln zwingt. Sie vermag vor allem nicht die theoretische Notwendigkeit zu praktischer Not zu machen – sie wird nicht weh genug tun. Wie eindringlich auch immer die Argumente vorgeführt werden, es besteht wenig Hoffnung, daß das allgemeine Bewußtsein von den konkreten Ärgernissen, an die man dadurch erinnert wird, die akademische Diskussion überlebt, wenig Hoffnung, daß man endlich nicht mehr in die alte Tagesordnung, die alte Institution, die abgeschirmte eigene Tätigkeit zurückkehrt.

Gleichwohl: sich über die Themen Interdisziplinarität, Wissenschaftsdidaktik und Wissenschaftspropädeutik zur Zeit ihrer Hochkonjunktur zu äußern, *ohne* die konkreten Ärgernisse aufzuzählen, auf die sie tatsächlich zu antworten haben, wäre schiere Zeitverschwendung, Irreführung des Publikums und Selbsttäuschung.

4. Konkrete Ärgernisse

Interdisziplinarität – dieses Wort erinnert daran, daß die heutige Gliederung der Universität dem ausgehenden 18. Jahrhundert entstammt und sich gegen die Erfüllung der realen Aufgaben sperrt, die das Leben heute der Wissenschaft stellt: die Zukunftsforschung, die Umweltforschung, die Konfliktforschung, die Erforschung der Fülle der natürlichen und vom Menschen gemachten Systeme – der Stadt- und Wohnsysteme, der Transport- und Kommunikationssysteme, des Gesundheits-, Ernährungs-, Produkt-Abfallsystems, des Sozialisations-, des Ausbildungs-, des Forschungssystems, des Sicherheits-, des Raumfahrt-, des Nachrichtensystems – sie alle und schon gar die Möglichkeit ihres notwendigen Verbundes, haben keinen Ort im Kosmos der herkömmlichen Disziplinen und sind doch die Forschungs- und Planungsaufgaben, von denen unser Überleben abhängt; diese werden in eigenen Großinstituten des Staates und der Industrie, abseits der öffentlichen Kontrolle und Kritik bearbeitet, z. T. unter strenger Geheimhaltung oder doch unter so anderen Maßstäben der »Effizienz«, daß sie nicht normal »studiert« werden können, sondern nur »betrieben«; ja, es entbehrt nicht einer vorläufigen didaktischen Rechtfertigung, daß man sie nicht an den herkömmlichen Universitäten lernen kann: der Spezialist, zu dem man in den alten Disziplinen ausgebildet wird, ist für die Vielseitigkeit, Schmuddeligkeit und Dringlichkeit der dort anfallenden Aufgaben verdorben. Es entbehrt dagegen jeder weitergehenden Rechtfertigung, wenn die interdisziplinären Projekte und Institute sich autark machen, sich isolieren und sich dadurch alsbald den Charakter alter Disziplinen aneignen.

Ich habe oben gesagt, die Mehrzahl der Wissenschaftler könne in den alten Ordnungen erreichen, was sie erreichen wolle; ich muß hier hinzufügen: *wenn* ihre Arbeit die Form einer neuen, festen, disziplinären Kompetenz annimmt, gleich ob diese sich nun in der Universität etabliert oder außerhalb. Ja, dies *ist* die alte Ordnung: die Geschlossenheit, der Schutz, die Eigenständigkeit einer Kompetenzgruppe. Wenn man mit *einem* Wort zu sagen beginnt: »Umweltforschung«, »Zukunftsforschung«, »Urbanismusforschung« und nicht mehr sagen muß: »die Erforschung von Abgasen«, ».... von Entwicklungsprognosen«, »... der Lebensmöglichkeiten in immer größeren Städten« – dann ist der Status erlangt, den sich die Krebsforschung, die Hegelforschung, die Marschenforschung schon lange erworben und mit dem sie das Problem konstituiert haben, von dem hier die Rede ist. Alle Interdisziplinarität ist bisher in der Disziplinarität gemündet und hat die Kooperations- und Kommunikationsnot in der Wissenschaft nur vermehrt. Die statische Ordnung nach Kompetenzen dient weder dem System der Wissenschaft noch den Sachen, sondern der Schwäche der Menschen, die sie betreiben. Einerseits fallen Probleme wie die Abtreibung, die Freizeit, die Drogenepidemie, das Altern in der Leistungsgesellschaft, der Städtebau etc. nicht in eine eindeutige Zuständigkeit, ja, sie *dürfen* nicht zur Domäne *einer* Wissenschaft – der Medizin, der Kriminologie, der empirischen Sozialforschung, der Nationalökonomie – werden. Andererseits entstehen und wuchern die Probleme um so ungehinderter, solange und weil es für sie weder eine bestimmte Zuständigkeit noch eine Koordination – eine Kompetenz für die Zusammenfassung von Kompetenzen – gibt.

Wenn wir heute eine unheimlich anwachsende und vor allem unheimlich unverständliche »Jugendkriminalität« haben – ich denke z. B. an ein Phänomen wie die Londoner Skin-Heads –, ein Verkehrschaos, das nicht durch technische, sondern vor allem durch sozialpathologische Nöte gekennzeichnet ist, die Verschmutzung, Vergiftung, Verlärmung, Verhunzung unserer Umwelt, dann nicht zuletzt, weil der durch Kompetenzgrenzen eingeengte Sachverstand hierfür nicht ausreicht, nicht mehr *sach*gerecht ist und durch sich selbst gehindert wird, dies zu erkennen und in Kooperation mit anderen zu heilen. Der Universität z. B. wird – nicht nur, aber doch auch – durch ihre Gliederung das Bewußtsein davon erspart. Dem Staat geht es mit seinen Ressorts, Haushaltstiteln und Beamtenkategorien ähnlich. Allein die Industrie sucht spontan die s. v. v. ökonomischen Nischen auf, die neu entstehen – vorausgesetzt, daß sich hier ein Gewinn machen läßt, und das ist oft genug *nicht* der Gesichtspunkt, unter dem eine wirkliche Lösung eines Problems zu finden ist: Freizeitprobleme durch Freizeitindustrie, das Problem des Alterns durch Versicherungen und kommerzielle Asyle, Abfallprobleme durch Abfallvernichtungsanlagen. Jedenfalls aber nimmt die Industrie die Diskrepanzen zwischen Bedarf und Erkenntnis wahr, was auch immer sie daraus macht. Das läßt sich an vielem ablesen, unter anderem hieran: Die Industrie gibt heute in den USA doppelt soviel Geld für Ausbildung aus wie die Universitäten; ein unverhältnismäßig hoher Anteil davon wird dazu verwendet, die jungen Wissenschaftler, die von der Universität kommen, umzuschulen – auf die sich in der Wirklichkeit ganz anders verteilenden, die Disziplinen überschreitenden und alle Stufen der Wissenschaft von der theoretischen Hypothese über die experimentelle Forschung bis zur praktischen Anwendung durchziehenden Aufgaben. Ich meine, das wenigstens müßte den Planern und Verwaltern der Hochschulen zu denken geben, wenn denn schon die täglichen Kontaktschwierigkeiten zwischen den Fächern und Ressorts und die politischen Argumente der Studenten nichts fruchten.

Das Wort Interdisziplinarität erinnert jedenfalls nicht nur daran, daß die horizontale Gliederung der Hochschulen falsch ist, sondern auch ihre Zielsetzungen, ihre innere Organisation, ihre Angebote, Zeiteinteilungen und Bewilligungsverfahren.

Wissenschaftsdidaktik[2] – dieses Wort erinnert daran, daß Forschung und Ausbildung an unseren Hochschulen auf eine besorgniserregende Weise auseinanderzufallen beginnen und daß dies nicht nur für die Ausbildung zum Problem wird; daß die quantitative Produktivität der Forschung zu einem ungeheuren Verarbeitungs-, Integrations- und nicht zuletzt Prioritätsproblem für sie selbst geworden ist; daß es heute schon schwerer ist, an die Front der Wissenschaft zu gelangen, als an ihr zu kämpfen; daß die Wissenschaft für die Lösung dieser Probleme ebenso aufkommen muß wie für die Eroberung des Landes Unbekannt; daß also an der Verstopfung der Universitäten, an den Verwirrungen und Neurosen der Studenten auch die innere Unordnung und die Nicht-Transparenz der Disziplinen schuld sind und Irrtümer wie z. B. die Forderung, daß man erst die Fakten der jeweiligen Disziplin *gelernt* haben müsse, bevor man richtig *studieren* könne[3]; Wissenschaftsdidaktik erinnert daran, daß Wissenschaften an ihren Prinzipien, Axiomen, Methoden und Aufgaben lernbar sein sollten und nicht nur durch die vollständige Einnahme ihrer Substanzen; daß man ihre formalen Strukturen aber ausarbeiten und darstellen muß[4] – und daß dies tunlichst von den besten und nicht den subalternsten Köpfen einer Wissenschaft geleistet werde; daß also der numerus clausus nicht nur eine Folge mangelnder und verspäteter Expansion des höheren Bildungswesens ist, sondern in den meisten Disziplinen auch eine Folge ihrer fehlenden Selbstverarbeitung auf die *verschiedenen* Funktionen hin, denen sie dienen; Wissenschaftsdidaktik erinnert daran, daß es dabei nicht nur um hochschul-didaktische Anstrengungen geht, um die

Rationalisierung der Institutionen und Verfahren, sondern um die wissenschaftstheoretische Neuorientierung der Disziplinen von ihrer Axiomatik über die Lernvoraussetzungen bis zu den nicht mehr recht sichtbaren Zwecken; daß der Aufstand der Studenten gegen Effizienz, gegen Technokratie, ja sogar gegen Rationalisierung ihren Grund in dem hat, was die amerikanischen Kritiker die »irrelevance« der Gegenstände und den »loss of purpose« bei den Wissenschaftlern nennen; daß man Wissenschaft nicht treiben kann wie industrielle Fließbandarbeit, von der man ja auch zweifelt, ob sie verantwortbar ist!

Wissenschaftspropädeutik – dieses Wort erinnert daran, daß wir gedankenlos, ja leichtfertig behaupten, an unseren Schulen auf beides vorzubereiten – das Leben *und* die Wissenschaft; daß wir meinen, mit 12 bis 15 zueinander addierten Schulfächern eine allgemeine Wissenschafts- oder Hochschulreife zu vermitteln (wobei geradezu jedes Element falsch ist: »Fächer«, »allgemein«, »Reife«, »vermitteln«!) und zugleich mit der Hälfte der gleichen Fächer zuzüglich einiger anderer im sogenannten Fach-Abitur die Voraussetzungen zu einem bestimmten Studium zu legen, das also auf dieser schmaleren Grundlage doch möglich ist; daß man zu wissen glaubt, daß in jedem Fall 13 Jahre zur Vorbereitung auf ein wissenschaftliches Studium nötig sind und nicht 6 oder 12 oder 28; daß Literaturgeschichte notwendig dazugehöre, aber nicht die Kenntnis von Psychologie oder Ökonomie oder Linguistik; daß man nach dieser Vorstellung durch die so beschaffene Allgemeinbildung der Spezialisierung gewachsen und daß dies überhaupt der richtige Weg sei: der Weg vom Ganzen und Verallgemeinerten zum unvermittelt Besonderen und Isolierten und von da nie wieder zurück zur Verallgemeinerung und Integration; ja, daß wir von freier Studienwahl auf Grund dieser Berechtigung reden und durch keine Maßnahme darauf vorbereiten, wie man etwas wählt, was man nicht kennt, worin man sich selbst nicht kennt, und aus einer Fülle, die man nicht überschaut[5]; kurz: das Wort Wissenschaftspropädeutik erinnert an eine Vielzahl schwerer praktischer Probleme, die alle in der Behauptung impliziert sind, das Abitur bezeuge eine allgemeine Vorbereitung auf die Wissenschaft – eine Behauptung, die durch keine Qualifikationsanalyse bestätigt, vielmehr durch den mangelhaften Prognosewert der Abiturnoten für den Studienverlauf deutlich bestritten wird und die auch die Universität längst nicht mehr honoriert.

5. Zur Phänomenologie des Grundes

Wie ist es dazu gekommen, daß in der Arbeit beider abendländischer Einrichtungen, die die organisierte gesellschaftliche Vernunft und die organisierte kritische Erkenntnis zu sein behaupten, daß also in Staat und Wissenschaft nach zweieinhalbtausendjähriger Evolution und nach zweieinhalbhundertjähriger Aufklärung im engeren Sinn die Lücken, Störungen und Widersprüche nicht abnehmen, sondern zunehmen, ja, daß beide es mit neuen, z. T. selbsterzeugten und darum immer schwererwiegenden Kommunikations- und Kooperationsproblemen zu tun haben? – Die Antwort auf eine so vereinnahmende Frage wird je nach dem Verfahren, das man anwendet, verschieden (und verschieden umfänglich) ausfallen. Ich will auf Geschichte und Systemanalyse weitgehend verzichten und vielmehr eine rein phänomenologisch gewonnene These verfolgen, nicht zuletzt weil ein solches Verfahren zu keinerlei Schuldsprüchen und darum auch zu keinen Rechtfertigungen verführt. *Ich meine die paradoxe These, daß die Probleme der Zersplitterung der Wissenschaften mit der Behauptung ihrer Einheit beginnen.* Der Oberflächenbefund sieht so aus:

Es ist keine Sonntagsredeweise, daß die Griechen *die* Wissenschaft, nicht nur die *Wissenschaft,* erfunden haben – nämlich die *eine,* von anderen Wissensformen (von Mythos, Dichtung und Tradition) abgesetzte, methodisierte Erkenntnisweise[6]. Diese Trennung ist ihnen gelungen, indem sie die *philosophia* – die Kritik der Erkenntnis – zu einem dauernden Bestandteil dieses bestimmten Erkenntnisvorganges selbst gemacht haben. Wissenschaft bestand für sie im übrigen aus dem objektiven Feststellen, Festhalten und Ordnen von Erfahrung zu *historia* und aus der Anwendung geordneten Erfahrungswissens: *techne. Philosophia, historia* und *techne* waren drei Stufen[7] des Wissens: auf jeder ist brauchbare und aufzeigbare »Wahrheit«, aber nur auf der philosophischen Stufe, der Stufe des einheitlichen, allgemeinen, sagbaren Logos – gelingt die folgerichtige und überprüfbare Verknüpfung aller Teile: weil – jedenfalls platonische – philosophia ein kritischer Prozeß, keine statisch abschließbare Theorie, kein System ist; weil der Zusammenhang im sich selbst zur Rechenschaft fordernden Bewußtsein *hergestellt* werden muß.

Für den Menschen im Mittelalter stand fest, daß der Schöpfer für den Sinn dieser Welt aufkommt. Wo immer man damals zu Erkenntnissen kam, die die ausdrückliche Offenbarung Gottes bestätigten oder eine Erscheinung unter die vorausgesetzte Vollkommenheit der Schöpfung subsumierten, hat man sie geschätzt und gefeiert. Aber dies und unsere Präokkupation mit dem »Weltbild« des Mittelalters läßt uns verkennen, wie sehr damals gerade das Erkenntnishandwerk zum Problem und zur Aufgabe wurde. Wissenschaften (scientiae) – mochten sie so verschieden sein wie Theologie, Jurisprudenz und Medizin – waren aneinander gebunden und definiert durch ihren gemeinsamen Zugang, die Beherrschung der allgemeinen Methodenfertigkeiten (artes liberales), die die gewissenhafte Auslegung eines mit Gottes Hilfe erkennbar gewordenen Sinns ermöglichten. Diese artes liberales, die formalisierten Bestandteile einer instrumentellen Philosophie, waren beides, die theoretische und die praktische Voraussetzung der Wissenschaft – die Bedingungen auch ihres Erlernens und nicht nur die Bedingungen ihrer Richtigkeit, ihres Gelingens, ihrer Kritik. In anderen Worten, gerade weil es eine unbezweifelbare und unverrückbare ewige Wahrheit gab, war die menschliche Wissenschaft durch ihre *Basis* bezeichnet und bestimmt: durch ihre Lernbarkeit und Lehrbarkeit eher als durch ihre »Front« oder ihre *Spitzen,* denen wir soviel Bewunderung und den Großteil unserer Mittel zukommen lassen.

Humanismus und Idealismus haben die Bedingungen für die Einheit der Erkenntnis und damit der »Wissenschaften« in der Anlage des Menschen oder in der Beschaffenheit seines Bewußtseins gesehen – aber sie haben an der Grundfigur festgehalten: daß Wissenschaften sich nicht beliebig als die Beherrschung von Gegenstandsbereichen konstituieren können, wie erfolgreich sie dabei auch sind; sie müssen einem gemeinsamen Prinzip gehorchen, das die Kommunikation und die Kontinuität sichert.

Der Empirismus und der aus ihm erwachsende Positivismus haben sich für ein Methoden-Prinzip entschieden, und alle Reaktionen darauf: der Neukantianismus, die marxistische Dialektik, die Strukturtheorien haben dies je nur anders gedeutet und es nicht etwa ausgeräumt. Offenbar konnte, nachdem die Erfindung

»Wissenschaft als methodenkritische Erkenntnis« einmal gemacht war, der Anspruch auf ihre Einheit nicht geringer werden, sondern nur totaler. Sie läßt keine Erkenntnisweise unkritisiert, und das heißt im Wortsinn: sie eignet sich an, was sich ihrer Verfahrensrigueur fügt, und *scheidet* den Rest aus. Die Art der Instrumente hat gewechselt, ihre Unterschiede sind geringer und prinzipieller geworden, ihre Rolle in unserem Leben hat sich geändert, aber ihre allgemeine Funktionsweise hat sich nicht gewandelt. Eben dadurch jedoch konnten die Gegenstände der Wissenschaft unendlich zunehmen, und mit ihnen haben sich die sachspezifischen Methoden vermehrt.

Durch die fortgesetzte Spezialisierung, die überwältigende Produktivität, den rapiden Wandel der Erkenntnissubstanz, der Interessen, Verfahren und Strukturen und nicht zuletzt durch die Abstraktheit und Unterschiedlichkeit der Einzelsysteme hat die Wissenschaft ein *praktisches* Verständigungs- und Integrationsproblem geschaffen, das nicht mehr durch ein *un*-praktisches, um Praxis absichtlich unbekümmertes, »gebildetes« studium generale zu beheben ist, oder durch ein System der Systeme, durch eine einheitliche Grammatisierung der Wissenschaftszeichen (eine Art Wissenschaftsesperanto), durch technische Hilfsmittel – durch Computer und ihre Speicherungs- und Abrufungskünste – und auch nicht, woran man schließlich denkt, durch interdisziplinäre Institute, also strukturelle Zuordnungen der Disziplinen. Daß die Wissenschaft zugleich zum entscheidenden Steuerungsorgan der Gesellschaft geworden ist, daß sie koordinieren soll in einem Zustand weitgehender innerer Disjunktion, daß sie für zahllose zunächst von ihr abhängige, sie dann aber bedrängende und korrumpierende Berufe zu sorgen hat, daß sie erschrocken in den alten Kompetenzschranken Schutz sucht, dies alles vermehrt ihre faktische Zersplitterung im Angesicht einer prinzipiellen – und prinzipiell hilflosen – Einheit.

Kennzeichnend für diesen Zustand und seinen Ursprung in dem Anspruch und Erfolg der Einheit ist der Ruf nach Interdisziplinarität, der heute allenthalben erschallt. Wo ihn die Universitäten und Behörden mit Einzelmaßnahmen beantworten, also zusätzlich zu den Disziplinen Inter-Disziplinen schaffen, verlegen – in der Regel – die Wissenschaften ein Problem nach außen, in ein Niemandsland gleichsam, das sie in sich aufsuchen und verarbeiten sollten: durch Wiederherstellung der Gemeinverständlichkeit, durch eine wissenschaftstheoretische Strukturierung ihrer selbst, durch Zusammenarbeit an einer allgemeinen Wissenschaftspropädeutik, durch die Verfolgung ihrer Ergebnisse und Probleme bis in die nicht-disziplinäre Realität. Die Notwendigkeit und der Vollzug interdisziplinärer Arbeit ist ja nicht neu und weder grundsätzlich anders noch schwerer als andere wissenschaftliche Kooperation. Die ältesten Fakultäten – die juristische, die medizinische, die theologische – sind nicht nur aus den verschiedensten Einzelwissenschaften zusammengesetzt, sie arbeiten auch interdisziplinär. Als Zumutung, als außerordentliche Aufgabe wird Interdisziplinarität erst empfunden, wenn man dafür die Eigenständigkeit und den Ruf hoher Spezialisiertheit aufgeben soll, wenn die Fachorgane die gemischten Ergebnisse nicht mehr drucken und man sie nicht mehr allein signieren kann. Was ist schon – in der Einschätzung von Academia – ein Interdisziplinarius!

Einstweilen hängt wissenschaftliches Ansehen an der Spezialisierung. Aber das muß nicht so bleiben und auch jetzt nicht so sein: wenn die Rolle der interdisziplinären Spezialität besser verstanden wird, stellt sich auch hier Prestige ein; ja, die Einschätzung der Generalisten wird steigen in dem Maß, in dem sie es schwerer haben, die Kompetenz für das Allgemeine seltener wird und die Spezialisten zugleich nicht in der Lage sind, die anstehenden Probleme zu erkennen, zu erklären und Wege zu ihrer Lösung zu weisen. Schon jetzt beginnen die gesellschaftlichen, wissenschafts-theoretischen, philosophischen und pädagogischen Probleme und Projekte den hochspezialisierten Grundlagenforschungen den Rang in der öffentlichen Aufmerksamkeit abzulaufen. Und das wird um so mehr der Fall sein, je selbstverständlicher die Spezialisierung in Studium und Forschung mit Mitteln der Wissenschaft selbst wieder aufgehoben und Generalisierung und Integration zu einem normalen Bestandteil akademischer Arbeit geworden sind.

Der Blick auf die Prinzipien der Wissenschaft (und auf die Absichten und Möglichkeiten der Einrichtungen, die sie sich nach diesem Prinzip im Laufe der Geschichte geschaffen hat) scheint zu lehren: wir brauchen nicht besondere Bemühungen um eine neue Interdisziplinarität, sondern um die richtige Disziplinarität – um die Wiederherstellung ihrer Bedingungen und Funktionen. Wissenschaften *haben* miteinander zu kommunizieren; Wissenschaften haben sich dauernd der von ihnen ausgeblendeten Aspekte zu versichern; Wissenschaften haben dabei füreinander verständlich zu sein. Und das nicht nur, weil es nützlich ist und ihre Kontrolle erleichtert, sondern weil »Wissenschaft« ja darin besteht, daß sie ihren Gegenstand intersubjektiv und also auch interdisziplinär verfügbar macht. Die einzelne Disziplin hat einen Teilauftrag aus dem Ganzen übernommen und schuldet den anderen Teilen Rechenschaft und Frage; ihre Ergebnisse und ihre Probleme müssen jederzeit in das Ganze überführbar sein.

Daß die Disziplinen statt dessen einen Fachjargon ausbilden; daß sie sich weitgehend mit Ausbildungsgängen versehen, die dem eigenen Bedarf eng angeschnitten sind und eine Verbindung mit anderen Studien erschweren oder ausschließen und jedenfalls die Teilnahme von Studenten (und Dozenten) anderer Disziplinen verhindern; daß sie am Ende im wesentlichen den Aufgaben und Erkenntnissen folgen, die sie selber hervorgebracht haben, weil sie hierin autonom sind, ihnen dabei also keiner dreinreden will und kann – dies alles ist nicht die unabwendbare Folge ihrer Wissenschaftlichkeit, sondern ihrer Unwissenschaftlichkeit, wenn denn Wissenschaft wirklich eine Einheit, ein Zusammenhang, eine arbeitsteilige Erkenntnis ist, eine Ökonomie des Wissens überhaupt.

Interdisziplinäre Institute und Hochschulen tun in Angesicht hiervon nicht das Außergewöhnliche, Zusätzliche und also Rühmenswerte; sie tun eigentlich das Selbstverständliche und – indem sie eine Sonderform daraus machen – etwas Gefährliches: sie legitimieren die Selbstisolierung der Disziplinen. Ja, man kann getrost einen Schritt weitergehen und sagen: die Disziplinen kommunizieren so wenig miteinander, nicht weil die Ergebnisse der einen für die andern so *unverständlich*, sondern weil sie so *uninteressant* geworden sind; sie haben sich auf das konzentriert, was sie selbst zu fragen gelernt haben und beantworten können, und wissen oft nicht, wie aufregend und wichtig sie für eine andere Disziplin in einer anderen Hinsicht sein könnten[8].

Solange es sich bei den interdisziplinären Sonderinstituten um nicht mehr handelt als um gelegentliche kooperative Arbeitsprojekte, ist damit kein Schaden getan; wenn sie aber anfangen, eine eigene aufwendige Grundlagenforschung zu entwickeln, wenn sie z. B. systematische Lehren darüber aufstellen, wie sich Interdisziplinarität von Multi-, Pluri-, Trans- und Pan-Disziplinarität unterscheidet, und nützliche Ad-hoc-Untersuchungen wie die von Clark C. Abt[9] zu einer institutionalisierten Dauerbeschäftigung machen, dann werden sie innerhalb der schon verwirrenden Kommunikationsverhältnisse der Universität bald nur eine weitere lästige »zentrale« Instanz sein, zu der man Verbindung halten muß, und vermehren also das Problem nur, dem sie abhelfen sollten.

Legt man die herrschende Vorstellung von einer prinzipiellen Einheit der Wissenschaft zugrunde, dann vollzieht sich Interdisziplinarität richtigerweise

1. in der kritischen Wissenschaftstheorie, in eben dem, was die Griechen *philosophia* genannt haben und was wir heute »Wissenschaftswissenschaft« nennen könnten – eine Metawissenschaft –, nämlich die methodische Prüfung der gemeinsamen Voraussetzungen einzelner kooperativer Wissenschaftsakte;

2. in der praktischen Anwendung von Wissenschaft;

3. in den Lehr- und Lernprozessen, die auf Wissenschaft vorbereiten.

Die drei Formen von Interdisziplinarität sind zwar verschieden, sie hängen aber voneinander ab; alle drei haben ihren institutionellen Ort; sie sind unterschiedlich entwickelt und bedürfen in erster Linie einer Korrektur in sich und erst dann (allenfalls) der Hilfe durch eine auswärtige Institution.

Ein Stück Wissenschaftswissenschaft (1) hat sich z. B., wenn ich es richtig verstehe, das Zentrum für interdisziplinäre Forschung (ZiF) der Universität Bielefeld nach den Plänen von Helmut Schelsky[10] zur Aufgabe gemacht, also das interdisziplinäre Forschen als theoretisches Problem, nicht als praktischen Vollzug. Ausgangspunkt sind einzelne interdisziplinäre Forschungsvorhaben, deren Ausführenden hier die Erkundung und Lösung ihrer methodologischen, wissenschaftstheoretischen und politischen Probleme ermöglicht – teils erschwert, teils erleichtert –, aber gerade nicht abgenommen werden.

Für die Anlässe der Anwendung (2) hat die Wissenschaft nicht zu sorgen; sie sind da. Aber es kann sein, daß man sie übersieht oder übersehen will, und dann müssen die Wissenschaften in der Lage sein, *gemeinsam* auf sie aufmerksam zu machen. Die einseitige Zuweisung einer komplexen Sache an *eine* Disziplin – der Gesundheit an die Mediziner, der Kriminalität an die Juristen, der Wahlen an die Politologen – verdeckt zumeist die Schäden, die eben daraus entstehen.

Diese Schäden und die Chancen einer kooperativen Heilung sichtbar zu machen wäre u. a. eine Aufgabe der vorbereitenden Lehr- und Lernprozesse (3), die sich also sehr viel stärker um die Notwendigkeit und Möglichkeit nicht-disziplinärer Wissenschaft zu kümmern hätten.

Die Wissenschaftspropädeutik sollte freilich nicht allein hierfür verantwortlich gemacht werden. Die Universität selbst kann sehr wohl durch geeignete Gliederung ihrer Disziplinen, durch entsprechende Disposition über Personal, Forschungsmittel, Stipendien und Forschungsaufträge eine bessere Zusammenarbeit nicht nur ermöglichen, sondern geradezu erzwingen. Dies kann geschehen, ohne daß neue Einheiten oder Institute geschaffen werden. Die University of Chicago hat vor rund dreißig Jahren das Committee on Social Thought gegründet – eine permanente round-table Konferenz, in der die akuten, Gesellschaft und Wissenschaft bewegenden Fragen erörtert werden. Ein nicht unbeträchtlicher Teil der Dissertationsthemen der Universität ist auf diesem wöchentlich stattfindenden Symposion von Dozenten und Studenten aller Bereiche geboren worden; niemandem erwuchsen hieraus Verpflichtungen, aber man war bald der Vertreter einer irrelevanten Wissenschaft oder selbst irrelevant, wenn man dort nicht mitreden konnte. Mehr als einen großen Raum und einen runden Tisch hat die Universität dafür in der Tat nicht aufwenden müssen. Der Faculty Club – demokratischer – the commons (die für alle Universitätsmitglieder gemeinsamen Speise- und Aufenthaltsräume, die bis tief in die Nacht offen sind) dienen der Entfaltung eines interdisziplinären Bewußtseins oft mehr als hochdotierte Sonderinstitute und Universitätsschwerpunkte.

6. Hypothesen

Meine Beobachtungen und Gedanken habe ich bisher absichtlich »impressionistisch« angestellt und mitgeteilt. Ich hoffe, dadurch den in diesen Fragen vororientierten Leser besser auf die Analyse des II. Teils vorbereitet zu haben als durch die gewohnte Systematik. Sie würde gerade verdecken, was es hier zu enthüllen gilt;

sie enthielte die Lösungen, die ich für Ausflüchte halte – für *Ausflüchte vor dem trivialen Charakter der Krise*. Indem man in sorgfältigen Kadenzen die wiederkehrenden Thesen abhandelt, die Einheit der Wissenschaft sei endlich zu suchen

– in der Einheit der objektiven Welt, oder
– in der Idee der Wissenschaft, oder
– in einer einheitlichen Methodik, oder
– in einer strengen (mathematischen) Wissenschaftssprache, oder
– in gemeinsamen Strukturmodellen, oder
– in den von der Wissenschaft zu bewältigenden Lebensaufgaben, oder
– in einer einheitlichen Datenspeicherungs- und Wiederauffindungstechnik, oder
– in einer psychologischen Wahrnehmungs- und Erkenntnistheorie,

hat man *das Problem der Wissenschaft* als einer praktischen – politischen, kostspieligen, von einzelnen Menschen ausgeführten, auf Kooperation und Kommunikation angewiesenen – Tätigkeit als *das Problem einzelner Mittel* ausgegeben, um es so wieder zum Objekt derselben Wissenschaft machen zu können, die da krankt und versagt und die ganze Anstrengung veranlaßt. – Hier muß der Exorzismus beginnen, die Austreibung dieses naiven und unglaubhaften Optimismus. Wir haben die Klage oft genug gehört, Wissenschaft werde auf alles angewendet nur nicht auf Wissenschaft selbst. In der Tat soll man die Prozesse, durch die Wissenschaft zustande kommt, erhellen, kritisieren und der öffentlichen Rechenschaft unterwerfen. Aber Wissenschaft ist heute auch ein Handwerk, eine Sammel-, Inventarisierungs-, Verwaltungstätigkeit mit allen Kennzeichen schlechter Bürokratie. Wenn *dies* mit der Anwendung von Wissenschaft auf Wissenschaft gemeint ist, dann kann damit alles nur schlimmer werden[11].

Wie unsere technische Zivilisation, so gleicht auch die Wissenschaft einem Termitenbau: die Termiten können ihn offenbar nur verändern, indem sie ihn vermehren. Um eine erhebliche Veränderung zustande zu bringen, muß die Vermehrung des alten Baus mindestens das Doppelte betragen. Was wir aber benötigen, ist ein Umbau, eine neue Fundierung, die Auflösung großer Teile des Altbaus. Dies wird der Termitenstaat nur dadurch erreichen, daß er nicht weiterbaut, sondern die nächste Generation zur

Auswanderung veranlaßt. Außerhalb der Metapher heißt das: durch eine neue, gründlich veränderte Wissenschaftsvorbereitung in den Schulen. Wie diese aussehen kann, wird im letzten Abschnitt von Teil III gezeigt.

Von den impressionistisch wiedergegebenen Anlässen her will ich zunächst einige Hypothesen wagen – einschließlich übrigens der Hypothese, die ich hier vorwegnehme: daß es sinnvoll sei, diese Hypothesen experimentell zu erproben. Sie sollen als Widerlager zu den in Teil II folgenden Analysen dienen. Sie lauten in äußerster Zusammenziehung:

a) *Interdisziplinarität* ist zu einem Problem geworden, weil die Disziplinarität mißverstanden und mißbraucht wird. Man muß die Disziplinen disziplinieren, nicht neue interdisziplinäre Institutionen schaffen. Die Kommunikation und Kooperation, die Konvertibilität und Mobilität zwischen den Wissenschaften bedürfen nicht so sehr der interdisziplinären Überbrückung als vielmehr der Weiterentwicklung bestimmter prä-disziplinärer Lernprozesse und fortgesetzter trans-disziplinärer Problemstellung. – Interdisziplinarität ist ein Scheinproblem. Das wirkliche Problem lautet: wie kommen die Grundlagenwissenschaften, die stets in irgendeiner Form spezialisiert sind, in ein praktikables Verhältnis zur Praxis, die fast nie »disziplinär« beschränkt ist, und zu einer Vorbereitung, die aus vielen Gründen, vor allem aber um der Wissenschaft selbst willen, allgemein sein muß. Projektforschung und Projektstudium sind eine heilsame Korrektur unseres disziplinären Systems – aber mehr nicht. Projekte müssen wechseln können; sie dürfen keine Kompetenz für unbeschränkte Zeit binden; sie dürfen selbst nicht auf unbeschränkte Dauer institutionell geschützt sein. Die Gliederung nach Disziplinen sollte die Wissenschaft in einem äußersten Maß verfügbar machen. Aus der Gliederung ist eine Abschottung geworden. Darum sind Gelegenheit und Nötigung zu Kommunikation wichtiger als Integration.

b) Wenn eine Grundlage der Einheit der Wissenschaft »das Lernen der Wissenschaft« selbst sein soll, muß dieses Lernen gegenüber dem bisher üblichen radikal verändert werden; die Wissenschaft, durch die dies geschieht, ist die *Wissenschaftsdidaktik;* sie ist Bestandteil und Strukturelement der Einzelwissenschaften, die sich ihrerseits durch ihre eigene Didaktik ändern. Die immer notwendiger werdende Restrukturierung der Wissenschaften in sich – um sie besser lernbar, gegenseitig verfügbar und allgemeiner (d. h. auch jenseits der Fachkompetenz) kritisierbar zu machen – kann und muß nach Mustern vorgenommen werden, die den allgemeinen Wahrnehmungs-, Denk- und Handlungsformen unserer Zivilisation entnommen sind und die ich abkürzend »Anschauung« nennen will. Die Systeme der Wissenschaften (welche Systeme von vereinbarten Zeichen sind) sollen dabei als Erweiterung und Differenzierung dieser »Anschauung« erscheinen und nicht umgekehrt die »Anschauung« als deren Erkenntnisstütze. Wissenschaftsdidaktik macht Wissenschaften nicht nur ihren Adepten zugänglich, sondern die Disziplinen werden für sich und einander überschaubar, indem sie von der gemeinsamen außerwissenschaftlichen Erfahrung, den gemeinsamen Aufgaben und der gemeinsamen Sprache ausgehen.

c) Es kann eine allgemeine *Wissenschaftspropädeutik* hierzu geben, vorausgesetzt

– daß die notwendig sehr verschiedenen Disziplinen einen einheitlichen gemeinsamen Begriff von der Wissenschaft haben, der darum sehr allgemein sein muß;

– daß praktisch wirksame und in dieser Wirkung verifizierbare Lernprozesse systematisch eingeführt werden, die unabhängig von denjenigen Lernprozessen sind, die selbst dem problematischen Zustand der Wissenschaft entstammen;

– daß Wissenschaftspropädeutik nicht auf die gymnasiale Oberstufe beschränkt wird, sondern eine in der Vorschule beginnende und mit dem Grundstudium nicht endende Bemühung um die kategorische Funktion von Wissenschaft in unserem Leben überhaupt bedeutet – um ihre theoretischen, gesellschaftlichen und individuellen Voraussetzungen und Ziele;

kurz eine allgemeine Wissenschaftspropädeutik ist möglich, vorausgesetzt, daß man sie *will* und daß man sie *macht*, d. h. sie neu herstellt.

In diese Hypothese sind eine Reihe von theoretischen Voraussetzungen eingegangen, die man geprüft haben sollte, bevor man die Antworten beurteilt, die die Wissenschaftler auf diese Lage erteilen. Dies geschieht in Teil II.

II. Analysen

In Teil I habe ich die Anlässe gemustert, aus denen man sich heute wieder grundsätzlich um die »Einheit der Wissenschaft« kümmert. Die Forderung nach Interdisziplinarität, Wissenschaftsforschung, Wissenschaftsdidaktik und Wissenschaftspropädeutik sind Symptome einer Wissenschaftskrise, in deren Vordergrund sich die Universitätskrise ereignet. Was die Wissenschaft zu einem so erfolgreichen Instrument unserer Kultur gemacht hat: die Möglichkeit der unbeschränkten Arbeitsteilung auf Grund eines einheitlichen Methodenprinzips, die systematische Einschränkung des subjektiven Erkenntnismoments, die Freiheit der Wissenschaftler von äußerer Nötigung und Herausforderung, beginnt ihre eigene Schwierigkeit, ja ihr Skandal zu werden; es wird immer schwerer, sie zu übersehen, zu verstehen, zu lernen und anzuwenden, und so verwandelt sich die »Demokratie der Erkennenden«, der Forschenden und Lernenden, zunehmend in eine Hierarchie der Gelehrten (im ursprünglichen Sinn des Wortes). Diese Umwandlung vollzieht sich um so leichter, als Wissenschaft zugleich Mittel zur Veränderung in der Gesellschaft und also Macht ist.

Der Hypothese, daß wir der Trivialität des Grundes dieser Krise ausweichen, indem wir sie in Einzelprobleme auflösen und diese zu Gegenständen weiterer Einzelwissenschaften machen, also Interdisziplinen gründen, folgt hier die Analyse des Anspruchs auf eine »Einheit« der Wissenschaft und der Schwierigkeiten, ihn einzulösen. Dabei werden gelegentlich und notwendig dieselben Fragen, die in Teil I als »Anlässe« erschienen und dargestellt worden sind, als Objekt der Analyse wiederkehren. In einem Teil III werden dann die Antworten, die verschiedenen Lösungsansätze gemustert.

1. Der mythisierte Wissenschaftsbegriff

Im Deutschen sind wir an Sätze gewöhnt, in denen die Wissenschaft – mit oder ohne Artikel – das Subjekt aktiver Verben bildet:

»*Die Wissenschaft stellt nicht nur Kenntnisse zu gezieltem Gebrauch bereit: sie ermöglicht ... die soziale Integration von Gruppen*« »*Die Wissenschaft formiert selbst neue Meinung*« »*Die Wissenschaft rekonstruiert ad hoc ... die relevanten gesellschaftlichen Zusammenhänge*« »*Die Wissenschaft tastet ständig alle Seiten der ... Wirklichkeit ab*« »*Die Wissenschaft erfüllt absichtslos entscheidende gesellschaftliche Funktionen*«.
»*Wissenschaft muß frei sein, ihre Stimme zu erheben und alles unter die Lupe zu nehmen ...*« »*Wissenschaft analysiert die gesellschaftliche Wirklichkeit ... und schafft von sich aus Ansätze zu ihrer Veränderung*« »*Wissenschaft kann alles zu ihrem Gegenstand machen ...*« »*Wissenschaft steht zu diesen Anforderungen ... in einem Verhältnis kritischer Aufgeschlossenheit*« »*Indem sie sich ihre Freiheit nimmt, macht sie sich als Wissenschaft möglich*«.[1]
»Die Wissenschaft« *tut* nicht nur all dieses und mehr, sie *hat* auch: Autorität, Absichten, ein kritisches Bewußtsein, einen Anspruch, Aufgaben, Verantwortung. Und schließlich *ist* »Wissenschaft«: revolutionär, reaktionär, repressiv, emanzipatorisch, ein Korrektiv, eine Unterdrückungsinstanz, ein Gericht. Weil »die Wissenschaft« tut, hat, ist, kann, will und soll, erscheint sie uns als eine geschlossene, lebendige Entität, eine zugleich personale und unpersönliche Macht. Wir verlieren dabei leicht aus dem Bewußtsein, daß es sich um konkrete Tätigkeiten handelt, die von verschiedenen Menschen in verschiedener Weise zu verschiedenen Zwecken in verschiedenem Kontext unternommen werden. Wir erliegen wie bei anderen Wörtern mit dem Suffix »-schaft« – Gesellschaft, Wirtschaft, Herrschaft – der Suggestion einer *selbstverständlichen und dynamischen Einheit.* Das ist vermutlich in allen modernen Begriffssprachen der Fall; sie bringen Abstraktionen hervor und erlauben, daß man mit ihnen dann umgeht wie mit Konkretem. Die alten Griechen haben, wo es darum ging, Sachverhalte zu verallgemeinern und zugleich verständlich zu halten, Mythen daraus gemacht, denen sie sinnvoller- und redlicherweise die Gestalt von Personen gaben. Im täglichen Gebrauch dagegen legten ihnen die entsprechenden Wörter – polis, sophia, oikonomia, kratos – die Vorstellung von wirklichen Handlungen, Einrichtungen oder Eigenschaften nahe[2].
Die abstrahierende und zugleich »animierende« Redeweise der Neuzeit verführt uns zu einer eigentümlich totalen und unbestimmten Einstellung zu den so geschaffenen Entitäten; wir ver-

halten uns zur »Wissenschaft«, wie wir uns etwa zum »Staat« oder zum »Klima« oder zur »Börsenentwicklung« verhalten. Gerade durch seine Abstraktheit – dadurch, daß es zunächst kein Verhältnis zu Personen, Institutionen und Aufgaben bezeichnet, sondern zu einer supponierten und nicht direkt erfahrbaren Macht – wird das »Verhältnis zur Wissenschaft« irrational; es wird von Ideologien und jedenfalls von Unklarheiten beherrscht. Natürlich gibt es die konkreten Verhältnisse auch: zu den Wissenschaftlern A, B und C, zu den Institutionen L, M und N, zu den Forschungsprojekten und Lehraufgaben X, Y und Z; aber was an ihnen interessant oder schwierig ist, wird in der Wissenschaftstheorie weder behandelt noch gelöst, und was nicht gelöst wird, wird eben zu Wissenschaftstheorie – zu einer Diskussion, in der möglichst nur noch von »der Wissenschaft« und nicht mehr von ihren einzelnen, unverbundenen, praktischen Problemen die Rede ist. Das aber bekommt beidem schlecht: die unterstellte und zugleich tabuierte Einheit »Wissenschaft« trügt über die Probleme ihrer disparaten und zunehmend kooperationsunfähigen Teile hinweg; die um die theoretischen Voraussetzungen unbekümmerten technischen Lösungen sind unkritisch, unökonomisch, unbefriedigend.

2. Der Verzicht auf die begriffliche Problematik

Das Gutachten einer Kommission des VDS, das im Jahre 1962 die Universitätsreform nach fast zehnjährigem Stillstand neu und kraftvoll belebte, beginnt mit dem Satz: »An der Hochschule soll wissenschaftlich gearbeitet werden.«[3] Aus »der Wissenschaft« als dem Zweck und Auftrag der Universität ist hier – vielleicht ohne besondere Absicht, aber gewiß mit Recht – ein Adverb geworden zu einer sonst noch weiter zu erklärenden Tätigkeit einer komplexen Einrichtung. Jedenfalls lassen die dann folgenden Ausführungen erkennen, daß für die Autoren dieser Schrift »Wissenschaft« weder durch ihren Gegenstand, noch durch ihren Träger (oder die tragende Institution), noch durch ihren Zweck, noch auch durch die Wahrheit der Dinge selbst bestimmt ist (für die es eine ihr eigentümliche Erkenntnisweise geben müsse, wie Platon gefolgert hatte); sie ist für die Autoren vielmehr allein durch ihr Verfahren definiert.

Der Verzicht der Gründungsschriften der in den 60er Jahren in Westdeutschland entstandenen oder entworfenen Universitäten auf eine ausführliche Analyse und Neubestimmung »der Wissenschaft« – ihres Wesens, ihrer Idee, ihres Kosmos, ihrer Tragweite, ihrer Verfahrensweise, ihrer gesellschaftlichen Funktion – ist auffällig in einer Zeit, in der just diese heftig umstritten sind. Man begnügt sich mit der Reaktion auf bestimmte Mißstände oder Aufgaben: die fortgesetzte Teilung der Selbstverwaltungseinheiten (Bochum), die überfüllte Massenuniversität (Bremen 1962), die Integration der Lehrerausbildung (Bremen 1970, Kaiserslautern/Trier, Osnabrück), die Anpassungsfähigkeit der Hochschule an die Entwicklungen und ihr Einbau in einen übergreifenden Strukturplan (Dortmund), die Entlastung anderer Universitäten des Landes und eine ausgewogene Regionalverteilung (Regensburg), die Bildung von Schwerpunkten, ein neues Verhältnis von Forschung, Lehre und Praxis, die Erforschung des Gründungsvorgangs selbst (Konstanz, Ulm, Bielefeld). Für sie alle – vielleicht mit Ausnahme der letzteren – ist »die Wissenschaft« selbst offenbar problemlos. Und auch die Pläne für sogenannte integrierte Gesamthochschulen nehmen auf die Krise der Wissenschaft keinen Bezug (Nordrhein-Westfalen 1971, Kassel 1970). Sie scheinen es mit jener VDS-Schrift zu halten: Obwohl »die Wissenschaft« auch auf »vorgegebene Ziele« verpflichtet sei – die Erforschung der Wahrheit, das Wohl der Gesellschaft, den Dienst am Menschen –, so seien diese doch »für die Reform der betrieblichen und sozialen Organisation der Wissenschaft unerheblich«[4]. Paul Mikat hat in der Festschrift zur Eröffnung der Universität Bochum ausdrücklich darauf hingewiesen, daß in den »Empfehlungen zum Aufbau der Universität Bochum« kein Versuch unternommen worden sei, dem Strukturplan wissenschaftstheoretische und bildungsphilosophische Grundlegungen voranzustellen. In den »Grundsätzen für den Aufbau der Universität«, die in einem zweiten Teil folgen, wird nur davon gesprochen, daß der Zusammenhang der Wissenschaften in den Fakultäten durch das Hinzutreten immer neuer Disziplinen gelockert oder sogar aufgelöst werde und daß in Bochum »Abteilungen als Fakultäten« die Übereinstimmung von wissenschaftlicher und organisatorischer Einheit in der Selbstverwaltung wiederherstellen sollten[5]. In Abwandlung eines viel zitierten Satzes der 20er und später der 50er Jahre unseres Jahrhunderts scheint zu gelten: »Die (deutsche) Wissenschaft ist in ihrem Kern gesund« (Vgl. unten S. 202, Fn. 1).

Die Kargheit, um nicht zu sagen Armut der Wissenschaftstheorie, die hinter den genannten Entwürfen steht, ist um so auffälliger, wenn man an den überwältigenden philosophischen Aufwand denkt, mit dem »die deutsche Universität« vor eineinhalb Jahrhunderten begründet und ihre Krise seit 1945 – von Jaspers bis Schelsky, von Heimpel bis Habermas und den kritischen Studenten – analysiert und kommentiert worden ist. Handelte es sich dabei wirklich um einen Abschied von »der Wissenschaft« als Substantiv und Substanz zugunsten einer bescheidenen adverbialen Auffassung: Wissenschaft als Methode, Wissenschaft als Instrument, Wissenschaft als Regulierungsprozeß statt Wissenschaft als »die Verwirklichung des vernünftigen Selbstbewußtseins durch sich selbst«[6], dann hätte zwar die Erörterung der Universitäts- und Forschungsfragen an Bedeutsamkeit und Bewegkraft eingebüßt aber an Klarheit und Praktikabilität gewonnen. Jedoch schon in den zwei zitierten Schriften ist das nicht der Fall: Der »Grundsatz der Einheit der Wissenschaft« und der »Grundsatz der Einheit von Bildung und Ausbildung« werden in der einen ungeprüft der praktischen Kooperation der Disziplinen unterlegt; in der anderen deutet sich ein politischer Wissenschaftsbegriff an, der die »betriebliche und soziale Organisation« der Universität sehr viel gründlicher mitbestimmt, als man es vor acht Jahren noch auszusprechen wagte.

Heute wird die verführerische weil bequeme Trennung von Ziel und Verfahren, von äußerer und innerer Krise auch von denen kritisiert, die – wie die Mitglieder der Vereinigung »Freiheit der Wissenschaft« – der Meinung sind, daß die Hochschulreformen der letzten drei Jahre opportunistisch, falsch, im höchsten Maß gefährlich für die Wissenschaft seien, daß sie von einer »geistigen Verwirrung« über wissenschaftliche und politische Verantwortung, über Sachautorität und Mitbestimmung, über Öffentlichkeit und Autonomie zeugen[7]. »Technokratie«, die sich damit begnügt, die Studienplätze zu vermehren, mehr Forschungsgelder einzusetzen, die »Grenzmauer zwischen den Disziplinen und Fakultäten fallen zu lassen«, ist so ungenügend wie die Beschwörung »der Wissenschaft als emanzipatorischer Macht« oder womöglich als »Parteigänger im Klassenkampf«[8]. Solange man nicht versucht, die Aufgaben, Verfahren und Institutionen der Wissenschaft mit ihren erkenntnistheoretischen und pädagogischen Voraussetzungen zusammenzusehen, werden wir bei zwar nicht unnützen, aber doch ungenügenden Lösungen herauskommen: bei einer Rechtfertigung der faktischen Nicht-Einheit der Wissenschaften, also der Hinnahme der bestehenden und zu integrierter Planung, konsistenter Systemanalyse und -kritik wie zu wirksamer Selbstreform unfähigen Multi-versität. Es wird bei der vollkommen wirkungslosen Behauptung der Einheit, der *universitas* der Wissenschaften bleiben und der ebenso wirkungslosen Denunzierung ihrer Zersplitterung[9]. Die *Theorie* der Wissenschaft muß sich auf ihre *Verwirklichung* – ihre gesellschaftlichen und didaktischen Voraussetzungen und Ziele – genauso erstrecken wie auf die Erkenntniskritik und die Systematik der Gegenstände und Methoden. Hierzu gibt es unterschiedliche Ansätze: epistemologische, technologische, institutionelle, politische und – in Deutschland sehr vernachlässigt – pädagogisch-lerntheoretische. Diese Antworten wird Teil III behandeln und dabei vor allem die Einheit der Wissenschaft in ihren Zwecken und in ihren Lernprozessen – in der Wissenschaftspolitik und in der Wissenschaftsdidaktik – begründen. Dazu bedarf es eines vorgängigen Konsens in zwei Punkten: über die Anlässe, aus denen dies geschehen soll (diesen Konsens habe ich in Teil I zu erreichen gesucht) und über den Gegenstand »die Wissenschaft«.

3. Unterschiedliche Funktionsbestimmungen der Wissenschaft

In einem für die OECD verfaßten Referat über Probleme der Interdisziplinarität stellt Erich Jantsch[10] drei Auffassungen von *sience* einander gegenüber, zwei konventionelle und eine neuartige:

- »Wissenschaft« als autonomer Ausdruck einer Kultur (eine Ansicht, die weder von der Wissenssoziologie Karl Mannheims und seiner verschiedenen Schüler, noch durch den Aufweis ähnlicher oder kongruenter Strukturen in anderen Kulturen durch Lévi-Strauss, noch durch die Kulturkritik Herbert Marcuses verlassen oder überwunden sei);
- »Wissenschaft« als die allgemeine Grundlage aller gesellschaftlichen Tätigkeiten, genauer als eine Art Vehikel oder Sprache oder Umsetzungsverfahren für Wahrnehmen, Denken und Handeln in der Gesellschaft (Alvin M. Weinberg, John Platt);

- »Wissenschaft« schließlich als eine »Instanz« absichtsvoller Veränderung; *science* wird dabei nicht mehr von *education* getrennt, die ihrerseits in erster Linie für die *innovation* oder besser noch für *self-renewal*, »Selbsterneuerung« der Gesellschaft sorgt[10a].

Erich Jantsch bezieht selber den dritten Standpunkt und verläßt damit die positivistische Wissenschafts- und Methodenlehre; er verlangt, daß die »wissenschaftlichen« Einrichtungen, zu denen er die bisherigen Universitäten transformieren, d. h. nicht mehr re-formieren will, normative Funktionen übernehmen; man könnte sagen, sie werden zu »politischen« Einrichtungen, vorausgesetzt, daß man sich zugleich klarmacht, daß die von ihm anvisierte Systemsteuerung die »Politik« im herkömmlichen Sinn eigentlich aufhebt. Zu dieser Ansicht kommt Jantsch nicht aus reiner Spekulation, sondern auf Grund einer Analyse der »Wirklichkeit« der Industriegesellschaft, in der der Mensch der Hauptakteur in einem von ihm gemachten und von ihm zu kontrollierenden System geworden ist. In meiner Sprache: Diese Lage zwingt den Menschen, Wissenschaft wieder so zu treiben wie die alten Griechen – unter der Voraussetzung einer Teleologie, aber mit dem Unterschied, daß die Zwecke nicht mehr in der Natur (im Objekt) vorgegeben sind, sondern vom Menschen gesetzt und veränderbar sind. Es handelt sich bei »Wissenschaft« immer um Modelle möglichen menschlichen Handelns – auch wo die Menschen dies vergessen haben oder gar leugnen. Schon hieran mag deutlich werden, daß die Deutung, die man »der Wissenschaft« gibt, die Formen ihrer Verwirklichung radikaler bestimmt als die wahrhaft massiven Veränderungen, die die Gesellschaft, ihre Institutionen und die Rollen der Individuen sonst durchmachen. Wissenschaftliche Einrichtungen, Universitäten z. B., müßten diesem Verständnis zufolge nicht nur Einzelnes beschreiben und erklären, sondern vor allem die Beziehungen: das System; sie müßten nicht nur Systeme analysieren, sondern Alternativen zu ihnen entwerfen; sie müßten nicht nur alternative Prognosen geben, sondern auch Utopien; sie müßten nicht nur Utopien aufstellen, sondern helfen, sie zu verwirklichen. Die Rolle und Kontrolle der wissenschaftlichen Einrichtungen würde angesichts dieser Möglichkeiten wichtiger als die der Regierung oder die der Wirtschaft.

Die Typologie bestehender Wissenschaftsauffassungen, die Erich

Jantsch für seinen Zweck aufgestellt hat, ist nun sowohl ungewohnt als auch unvollständig. Es scheinen die mir geläufigsten Positionen zu fehlen:

– »Wissenschaft« als die unabschließbare Entäußerung und Wiederaneignung des Geistes: Wissenschaft als Bildung dieses Geistes und nicht als sein – gröblich gesprochen – *output*, Wissenschaft als die philosophische Tätigkeit, durch die das Besondere sich immer im Allgemeinen, das Allgemeine im Besonderen wiederfinden läßt, Wissenschaft als freie und private Erzeugung der zusammenhaltenden, sinngebenden, Verständigung stiftenden Idee, ein Prozeß, durch den nicht Wirkliches festgestellt wird, sondern der die Selbsterfahrung des erkennenden Subjekts ermöglicht; – dies war die Vorstellung der Neuhumanisten[11], die uns unsere deutschen Universitäten und unsere Bildungsanstalten beschert haben; für sie war Wissenschaft identisch mit Bildung oder hatte doch darin ihren sie definierenden Zweck; wissenschaftliche Einrichtungen waren dementsprechend zu konstruieren: »für Universalität gegen Spezialität«; in anderen Worten: die Einheit war nicht da, sondern ausdrückliche und immer neue Aufgabe der Wissenschaft selbst; und am extremen anderen Ende:

– »Wissenschaft« als eine praktische, weitgehend unpersönliche Tätigkeit, die um so wirksamer ist, je konsequenter sie von Ideen, Bedeutungen, dem subjektiven Bewußtsein abzusehen vermag, Wissenschaft als eine Erkenntnistechnik »zum Zwecke von . . .« – dies war und ist die Auffassung der Pragmatiker, die den öffentlichen Wissenschaftsbetrieb in den Industrieländern seit über hundert Jahren bestimmen und bis in unsere Tage, in denen sie ihre eigene Machtposition zu verteidigen beginnen, auch in den »Dienst der Menschheit« und nicht nur ihrer eigenen Neugier gestellt haben. Diese utilitäre, humanitäre und gelegentlich sozialrevolutionäre Tradition begann mit den antiken Sophisten; die englischen Empiristen haben sie fortgesetzt (Bacon forderte, daß die Wissenschaft den Menschen diene wie eine Ehefrau – beständig, gehorsam, fruchtbar und unentgeltlich – nicht wie eine Courtisane; zum Spaß und denen, die sich's leisten können); sie mußte geradezu von den amerikanischen Universitäten übernommen werden, wenn diese bestehen wollten, und zugleich helfen, den Kontinent zu erschließen[11a]; sie ist die oft unausgesprochene, aber unbeirrte Überzeugung der *einen* von C. P. Snows *Zwei Kulturen*[12] in der gesamten Welt: daß Wissenschaft »zuverlässige« – man kann sagen richtige – Theorien über Systeme der realen Welt aufzustellen« habe[13].

Eine andere Auffassung von der Wissenschaft kam nach dem Zweiten Weltkrieg zum Durchbruch, eine Auffassung, die sich nur in schwerfälligen Prädikationen ausdrücken läßt:

– »Wissenschaft« als Schicksal und Verantwortung, als unabstreifbare *condition humaine,* eine zugleich physische und moralische Bedingung unserer Existenz, seit die Folgen von Wissenschaft absolut sind – nicht nur in der Form der »Bombe«, die sie möglich gemacht hat, sondern auch in der Form der Hilfen, die sie unterläßt: der Rettung von Menschen, ganzen Völkern, der Natur, des kultivierten Geistes.

In der Tat scheint dieser historische Sachverhalt – daß wir buchstäblich von »der Wissenschaft« leben – den Sinn des Wortes zu verändern. Wissenschaft kann nicht mehr so oder so definiert werden, Wissenschaft definiert uns. Was mit dem biblischen Auftrag »Machet euch die Erde untertan« begann; was mit dem platonischen »Begriff«, mit dem experimentellen Denken der Renaissance, mit der Theodizee der Aufklärung, mit der Mathematisierung und Strukturierung der Objekte in der Neuzeit die Allgemeinheit des Erkennens konstituierte; was schließlich durch die Theorie von der Zweckfreiheit der Forschung und durch die Autonomisierung der wissenschaftlichen Einrichtungen eine fast lückenlose Universalität erhielt, mündet bei dem Ausspruch Robert Oppenheimers, daß die Physiker »have come to know sin«; bei der Frage von Ward E. Evans, ob Wissenschaftler eigentlich noch normale Menschen seien[14]; bei dem Zweifel Norbert Wieners, ob die unbegrenzte Macht, die die Wissenschaft einzelnen Menschen und Gruppen gibt, überhaupt aushaltbar sei[15]; bei der Frage von John Platt, ob wir die Wissenschaftler nicht eines Tages alle aufhängen werden – in der nachatomaren Wüste[16]. Der Kampf um die sogenannte »Politisierung« der Wissenschaft – mag er auch von einigen Gruppen so geführt werden – gilt nicht in erster Linie der Frage, ob der Staat oder der Auftraggeber oder die einzelnen Professoren oder die Gesamtheit der »Wissenschaft Treibenden« über diese potente »Produktivkraft« verfügen, sondern der Frage, wie man die Voraussetzungen und Folgen der *Wissenschaft als Macht* (Francis

Bacon) planen und kontrollieren kann, ohne Wissenschaft als Instrument objektiver Erkenntnis zu zerstören; der Kampf geht darum, daß die Wissenschaftler selbst den Zweck der Zweckfreiheit ihrer Tätigkeit wahrnehmen müssen; das Problem lautet, wie man die auf Spezialisierung angelegten Disziplinen, Institute, Projekte, Fakultäten zu einem gemeinsamen Bewußtsein bringt: weil die Teilerkenntnisse dem Gesamtsystem, das sie hervorgebracht haben, nicht mehr gewachsen sind. Die Wissenschaften waren bisher bürokratisch und autonom organisiert, und das garantierte ihnen je einzeln ihre Freiheit und Wirkung; die Wissenschaften müssen sich in Zukunft – aus dem gleichen Grund – politisch und gesellschaftlich organisieren. Das wird nur gelingen, wenn es für sie außer der »Einheit der Idee« oder der »Einheitlichkeit des Verfahrens« eine andere, von der Funktion der »Wissenschaft« selbst ausgehende Einheit gibt. Finden sie diese nicht, wird man ihnen eine ideologische von außen aufzwingen – oder sie verfallen unkritisch (und schuldig!) den vielfältigen Abhängigkeiten, die es zwar schon immer gibt, die sie sich einstweilen aber noch bewußt machen und gegeneinander ausspielen. Die Einheit der bloßen Abwehr, die Einheit im Recht auf politische Exterritorialität wird sie vor beidem nicht bewahren.

So verschieden die Ansichten von »der Wissenschaft« sind – Wissenschaft als Ausdruck einer Kultur, als Ermöglichung unseres Lebens, als Selbsterfahrung des Geistes, als Hegelscher Aufklärungsprozeß der Gesellschaft –, sie teilen die Forderung, daß »die Wissenschaft« eine Einheit sein müsse:

- die einen, weil es *für den Menschen* darum gehe, den »Geist von den Beschränkungen einer einseitigen Bildung zu befreien«, und weil nur, wer »seine Wissenschaft als organisches Glied« eines »organischen Ganzen« begreife und ihre Bestimmung im voraus erkenne[17], überhaupt teilhabe an der Konstruktion der Welt: sie brauchen die gemeinsame Idee;
- die anderen, weil Einzelwissenschaften infolge der Arbeitsteilung auf die Spezialhilfe der anderen *für ihren eigenen Gegenstand* angewiesen sind und sie einander darum verständlich antworten müssen: sie brauchen das gemeinsame Kommunikationsverfahren;
- die letzten schließlich, weil die Wissenschaftler ohne gemeinsames Bewußtsein von der gemeinsamen Schwierigkeit – wie man für objektive Erkenntnis subjektive Verantwortung trägt

– das Wagnis der Wissenschaft nicht mehr eingehen oder, was schlimmer ist, nicht mehr wahrnehmen, also weil *für die Möglichkeit, Wirkung und Rechenschaft wissenschaftlicher Arbeit* einzelne Wissenschaftler und Disziplinen nicht mehr aufkommen können: sie brauchen die politische Solidarität.
Alle drei Postulate sind gefährdet, wenn nicht irreal.

4. Die Irrealität der geforderten Einheit

Das Ganze, unter dem die Teile als solche begriffen werden können, gibt es für die Wissenschaftler nicht, seit Gottes Wille dem Naturbegriff, dieser der Kantschen Erkenntniskritik und diese den sich gegenseitig relativierenden Methodenlehren gewichen ist – es sei denn, die Rückschläge der vom Menschen gemachten Welt zwingen ihn und seine Wissenschaften zu einem neuen gemeinsamen anthropologischen Konstrukt.

Die Einheit der Wissenschaft als Verfahren ist im Positivismusstreit der Sozialwissenschaften nicht nur prinzipiell aufgebrochen, sie widerspricht einer Fülle von praktischen Erkenntnisbedürfnissen, denen sie dienen will: man versteht ein Gedicht anders als eine Geldtheorie, ein Gruppenverhalten anders als eine mathematische Gleichung.

Ein gemeinsames Bewußtsein in der Wissenschaft, das auf die Erfahrung einer gemeinsamen Problematik schließen ließe, gleichsam die negative Einheit der Wissenschaft, hat sich weder bei uns noch anderswo eingestellt. Die Gründe hierzu sind vielfältig: ein Edward Teller und ein Robert Oppenheimer, ein Karl Barth und ein Rudolf Bultmann, ein Burrhus Frederic Skinner und ein Jerome S. Bruner, ein Fritz Fischer und ein Gerhard Ritter haben heftigeren und anhaltenderen Anlaß zur Wahrnehmung ihrer Unterschiede als zur Solidarisierung, obwohl sie in derselben Disziplin stehen; die verschiedenen Disziplinen wiederum sind so sehr mit ihren speziellen Aufgaben befaßt und machen so viel deutlichere Erfahrungen von der Differenz und Konkurrenz zur Nachbarwissenschaft als zu den ferneren, sie gar nicht berührenden nichtwissenschaftlichen Tätigkeiten, daß auch hier keine »Einheit« zustande kommt. Ja, ein Bewußtsein *der* Wissenschaft scheint sich immer nur dann auszubilden, wenn diese insgesamt angegriffen, verfolgt oder doch gegenüber anderen

Bereichen der Gesellschaft vernachlässigt wird. In solchen Fällen kann sich dann eine Lobby der Wissenschaftler bilden. Ob es auch eine Lobby für »die Wissenschaft« ist, hängt von den Umständen ab. Zu diesen Umständen gehört, daß gut die Hälfte der Wissenschaftler in der Wirtschaft arbeitet – verstreut und abhängig. Die frei korporierte Wissenschaft kann ohne gemeinsamen Zweck nur auf die Verletzung ihrer historischen Rechte reagieren. Und schon dabei erfährt sie – diesseits aller »Einheit« –, welche engen Grenzen ihrem Wirken gesetzt sind: in erster Linie durch ihre eigene Unverständlichkeit. Welche Aussicht haben die Wissenschaftler, die Öffentlichkeit zu überzeugen – heute und in Zukunft?

Wird Wissenschaft den Abstand zwischen dem gelehrten und dem gemeinen Mann *verringern* (z. B. durch Didaktik und Informatik) oder *vergrößern* (durch die zunehmende Komplexität der Erkenntnisse)? Wird Aufklärung leichter (weil mehr Menschen »wissenschaftlich« geschult werden) oder wird sie mühsamer, aussichtsloser (weil der Weg von der Erkenntnis zur Veränderung der Verhältnisse immer weiter, immer weniger überschaubar wird)? – Wir müssen zugeben, daß wir das nicht wissen. Und dieses Nichtwissen, die Aussicht auf unendlich langwierige und ungewisse Experimente lähmen die Zuversicht und die Tatkraft der Wissenschaftler, die *hierin* die Einheit stiftende Aufgabe ihrer Zukunft sehen. Auch der berühmte Weinberg-Bericht[18] belehrt hier nicht, er stimmt vielmehr, ohne es zu wollen, skeptisch, ja ängstlich, indem er wieder einmal *alle* Hoffnung auf Technik und Organisation setzt und buchstäblich keinen Gedanken auf das Hauptproblem verwendet: das Verhältnis von Lern*fähigkeit,* Lern*wille* und Lern*zweck,* also das, was andere Amerikaner längst als den entscheidenden Faktor erkannt haben – den *loss of purpose.* Karl Steinbuchs interessantes Buch *Die informierte Gesellschaft*[19] weiß für die Lernbereitschaft der Menschen auch kein anderes Motiv als die Lernnotwendigkeit – als den Fortschritt der Technik selbst (S. 254). Ich halte die ganze These vom notwendigen Fortschritt, vom Veränderungs*zwang* einer Überprüfung für dringend bedürftig. Jean Fourastié hat schon vor eineinhalb Jahrzehnten an ihr gezweifelt. John Platt (vgl. S. 111 f.) gibt Daten für die Abflachung der Entwicklungskurve – aber einstweilen wagt keiner zu sagen: daß die Menschen dereinst vielleicht wirklich nicht mehr »lernen« *wollen.* Wenn Lernen soviel heißt wie Informationen aufnehmen, dann ist es lästig in dem Maß, in dem man die Informationen nicht auch gebrauchen kann. Wenn lernen soviel heißt wie sich verändern, ist es vollends riskant und unangenehm[20]. Da *kann* keine Informatik und da *sollte* keine Motivationskunst helfen.

Vor einem Jahrzehnt wurde die Vereinigung Deutscher Wissenschaftler (VDW) gegründet. In ihrer Satzung hat sie sich unter anderem folgende Aufgaben gesetzt:

». . . das Bewußtsein der in der Wissenschaft Tätigen für ihre Verantwortung an den Auswirkungen ihrer Arbeiten auf die menschliche Gesellschaft wachzuhalten und zu vertiefen; die Probleme zu studieren, die sich aus der fortschreitenden Entwicklung von Wissenschaft und Technik für die Menschheit ergeben;
. . . der Wissenschaft und ihren Vertretern . . . öffentlich Gehör zu verschaffen; auf Entscheidungen, soweit sie mit Hilfe wissenschaftlicher Erkenntnisse und Arbeitsmethoden übersehbar und bearbeitbar sind, beratend Einfluß zu nehmen und jeglicher Art von Mißbrauch wissenschaftlich-technischer Ergebnisse . . . entgegenzuwirken.«

Die VDW hat eine Reihe von verdienstvollen Studien und Aktionen im Sinne dieser Satzung hervorgebracht; sie ist gleichwohl in der Öffentlichkeit weithin unbekannt; sie erreicht nur einen ganz kleinen Teil der deutschen Wissenschaftler; und sie hat auch in sich die Einheit nicht gefunden, die zugleich Voraussetzung, Legitimation und Zweck ihrer Tätigkeit sein sollte.

Mit anderen Worten: Die theoretischen Postulate, die Disziplinen seien nur dann »Wissenschaften«, wenn sie sich als Teile *der* Wissenschaft verstünden; oder die Wissenschaften funktionierten nicht ohne jene Einheit; oder, wenn sie funktionierten, so nützten sie doch nur im Hinblick auf einen gemeinsam verstehbaren Zweck – sie münden alle, einzeln oder zusammen, in einem praktischen Problem: Die Menschen müssen die Wissenschaft als konsequentes Mittel einer verantworteten Selbstbestimmung erkennen und wollen – auch wenn es unbequem ist. Ob die Einheit der Wissenschaft ihre Voraussetzung oder ihr Mittel oder ihr Zweck ist oder alles zugleich sein kann, ist solange eine irreale Frage, wie man nicht angeben kann: auf welche Weise man sie bekommt, wodurch man die Hindernisse ausräumt, wie man sie lernbar und annehmbar macht!

5. »Compartmentalisation«
und die sogenannten Kommunikationsstrukturen

Eine Ursache dafür, daß die »Verantwortung der Wissenschaft« nicht zum Zuge, ja nicht einmal zum Bewußtsein kommt, liegt in der durch die Wissenschaft selbst entwickelten und bevorzugt angewandten Methode der *compartmentalisation,* das heißt der Aufteilung der Fragen, Gegenstände und Verfahren in einzelne kleine Einheiten – ein Verfahren, das von der Fließband-Produktion bis zu den Lernmaschinen, von der Demoskopie bis zur Personalordnung eines Betriebes oder zur Gestaltung eines Fernsehprogrammes angewandt wird[21]. Die damit erreichte Rationalisierung – die genau genommen darin besteht, das Risiko menschlichen Versagens durch konsequente Spezialisierung der einzelnen Akte weitestgehend auszuschließen – widerspricht der nicht weniger wünschenswerten Integrierung, soweit diese nicht dem Aufteilungsplan zugrunde liegt. Aus Arbeitsteilung wird Arbeitszerlegung. Das ist vielleicht für die Technik ein noch zulängliches Verfahren. Für die Wissenschaft, die über neue Elemente neue Systeme entdecken soll und umgekehrt, ist es, wenn es verabsolutiert wird, höchst bedenklich. Margret Boveri hat in einer brillanten Analyse gezeigt, daß Robert Oppenheimer »ein Opfer der Anwendung des mechanistischen Denkens auf ein menschliches Wesen« geworden ist[22]. Sie hätte auch zeigen können, daß Oppenheimer, solange er die Atombombe konstruierte, sein eigenes Denken diesem Prinzip ausgeliefert hat. *The Open Mind,* für den er sich später einsetzte, wie der *Uncommon Sense* (so lautet die Überschrift eines seiner Vorträge[23]) waren die Kinder seiner Verfehlung.

»Die Wissenschaft« ist selbst die Institutionalisierung des *Open Mind:* Kritik und Kommunikation, keine Tabus und keine Kompetenzschranken – das sind die Minimalvoraussetzungen noch diesseits der Methodeneinheit. Organisierte Wissenschaft sorgt also für Kommunikationsstrukturen. Hierzu schreibt Friedrich Tenbruck:

»Die Chance der Wahrheitsfindung verringert sich, wenn sich nicht alle Wissenschaftler äußern können. Sie verringert sich ebenfalls, wenn Wissenschaftler auf die Äußerungen anderer nicht eingehen. Sie verringert sich auch dann, wenn jeder Wissenschaftler sich zu allem äußert oder Wissenschaftler außerhalb ihrer sachli-

chen Zuständigkeit mitreden wollen. Die Sicherheit und Schnellig-
keit der wissenschaftlichen Urteilsbildung hängt also von Kommu-
nikationsstrukturen ab. Diese sind teils durch äußere Umstände
und Mittel bedingt. Sie erfüllen sich aber inhaltlich durch Verhal-
tensnormen, also angemessene Einverständnisse der Wissen-
schaftler darüber, wann man sich äußern soll und wann nicht.«[24]
Tenbrucks Kommunikationsstrukturen sind mithin gar nicht
Strukturen, sondern so etwas wie Gesinnungen, Voreinstellun-
gen, die dann freilich etwas hinterlassen, was ich lieber Aus-
schließungsstrukturen nennen würde; seine Verhaltensnormen
bezeichnen genau die *compartmentalisation,* von der vorhin die
Rede war und die bei uns »Fachidiotentum« genannt wird. Das
»angemessene Einverständnis« hat unsere bisherigen Fakultäten
beherrscht; es hat sie zu einem honorigen Nichteinmischungsver-
ein gemacht und damit der Kritik der Außenstehenden ausgeliefert. Es war dagegen die Stärke und der Stolz der alten Fakultäten
noch des vorigen Jahrhunderts, daß jedes Mitglied in jeder Frage
mitredete, die sein Interesse fand; es war dann die (wissenschaftliche) Aufgabe des Kompetenteren, die Wahrheit der Sache gegen den weniger Kompetenten wiederherzustellen – und dieser
Prozeß belastete die Sache nicht, sondern förderte sie.
Entscheidend war damals:
– daß man sich in der Tat gemeinsam für die Probleme interessierte, sich also gegenseitig relevante Fragen stellte, Korrektu-
   ren und Anregungen gab, und
– daß man sich gegenseitig verstand.
Der Anlaß, der Wille und die Möglichkeit zur Kommunikation
müssen den Kommunikationsstrukturen vorausgehen; sonst sind
diese sinnlos.

6. Gemeinverständlichkeit / Alleinverständlichkeit / Unverständlichkeit

C. P. Snow wird zitiert, wenn es um die Frage der Verständigung
geht. Man spricht von den Zwei Kulturen, auch wo es sich um drei
oder fünfzehn oder unendlich viele handelt. An Snows erster
Darstellung von der Kluft zwischen den naturwissenschaftlich
und den literarisch Gebildeten war wichtig, daß er sie für über-
brückbar, für eine törichte und mutwillige, wenn schon histori-

sche erklärbare »Feindschaft« hielt: wären wir nur nicht so »halb-gebildet«[25]! Diese Halbbildung – die Tatsache, daß wir uns immer nur entweder auf die eine oder auf die andere Hälfte der Wissenschaftskultur eingelassen haben – verhindert, daß wir das Problem überhaupt erkennen.

Ist also die Nicht-Einheit der Wissenschaft eine Panne des Schullehrplans? Ist der Kanon der Unterrichtsfächer nicht richtig zusammengestellt? Anders ausgedrückt: Ist die Kommunikation unter den Wissenschaften davon abhängig, ob sie *im* einzelnen Wissenschaftler miteinander kommunizieren können? Tenbruck plädierte für die Einhaltung der Kompetenzschranken als eine Voraussetzung für die Verständigung. Snow legte nahe (als er seine berühmte Rede-Lecture hielt), daß die Kompetenzschranken zumindest falsch gezogen seien: zwischen zwei Bereichen, die sich gegenseitig Rede und Antwort, Herausforderung und Toleranz und vor allem Hilfe und Ergänzung schulden. Ist das nicht schließlich die immer wiederkehrende Begründung dafür, daß man die Wissenschaften in den Universitäten zusammenfaßt[26]? Inzwischen hat Snow seine einfache und aufrüttelnde, aber eben auch sehr anfechtbare, naive Theorie auf eine bezeichnende Weise verändert. Er ist nicht dazu übergegangen – was ihm viele Kritiker nachdrücklich nahegelegt haben –, die Zahl der getrennten »Kulturen« (das sind Gruppen, die sich aufgrund ihrer andersartigen Bildung gegeneinander abschließen) zu erhöhen und z. B. den Naturwissenschaftlern einerseits und den Geisteswissenschaftlern andererseits die Sozialwissenschaftler und -theoretiker gegenüberzustellen[27]. Er hat vielmehr in seiner jüngsten Äußerung zu diesem Thema[28] die Kluft zwischen den Zwei Kulturen in einen Unterschied zwischen zwei Wesen des Verstehens umgewandelt, und diese »Trennung« wird sehr viel schwerer aufzuheben sein: Snow hat, was er einst heftig angriff, jetzt erklärt und damit akzeptiert; er glaubt eine mildere (und weisere) Darstellung des Konflikts gegeben zu haben und hat ihn damit bestätigt.

Die eine Weise des Verstehens, sagt er, beruhe auf dem Prinzip der Übereinstimmung und damit der Möglichkeit, das Voraufgehende in das Neue zu »inkorporieren«; in dieser Erkenntnisform gibt es »Fortschritt«. Die Möglichkeit, das Alte in das Neue zu überführen, stelle »das schärfste diagnostische Instrument für die Unterscheidung von Wissenschaft und Nichtwissenschaft dar«.

»Science is cumulative.«[29] Die andere Verstehensweise – oder »Kultur«, wie er sie nun doch wieder nennt – kennt solchen Fortschritt nicht. Snow verweist auf Shakespeare oder Tolstoi: sie können nicht in einer gemeinsamen Übereinkunft aller aufgehen. Sie müssen von jedem zu jeder Zeit für sich und seine Zwecke neu interpretiert werden.

Diese Unterscheidung zwischen »synchronen«[30] Disziplinen (es sind diejenigen, die bei uns hermeneutisch heißen), deren Gegenstand immer »gleichzeitig« zum Untersuchenden ist, d. h. nicht veralten kann, und den »diachronen«, die ständig Altes als unwichtig oder falsch hinter sich lassen, (den empirischen Wissenschaften also) – dieser Unterschied ist freilich uralt. Platon und die Sophisten waren vielleicht nicht einmal die ersten *Two Cultures,* aber die in unserer abendländischen Geschichte einflußreichsten, anschaulichsten und geläufigsten. Der Sieg des Platonismus[31] hat die Empiriker in die *techne,* zu den praktischen (nicht-wissenschaftlichen) Fertigkeiten, abgeschoben, aus denen sie erst am Ende des Mittelalters wieder in die Theorie oder doch in die Auseinandersetzung mit ihr zurückkehrten: Galilei versus Aristoteles und Ptolemäus, Fernrohr versus Textbuch, Experiment versus Idee, Symmetrie, Dogma. Die Aufklärung behandelte deduktive und induktive Wissenschaften schon gleichwertig. Buffon, der französische Naturalist, schrieb 1749:

»Es gibt mehrere Arten von Wahrheiten; gewöhnlich stellt man in die erste Reihe die mathematischen Wahrheiten, die indessen nur Wahrheiten aus Definitionen sind... es gibt also nichts in diesen Wahrheiten, was wir nicht in sie hineingelegt hätten... Die naturwissenschaftlichen Wahrheiten (les vérités physiques) sind keineswegs willkürlich und hängen nicht von uns ab. Statt auf Voraussetzungen gegründet zu sein, die wir gemacht haben, stützen sie sich nur auf Tatsachen; eine Folge von gleichförmigen Tatsachen, oder, wenn man so will, eine häufige Wiederholung und ununterbrochene Folge derselben Ereignisse macht das Wesen der naturwissenschaftlichen Wahrheit aus.«[32]

Buffons Unterscheidung zwischen deduktiven und induktiven Wissenschaften ist zugleich klarer und universaler als Snows Einteilung in kumulative und nicht-kumulative Wissenschaften[33]. Sie ist auch für das Verständnis des Problems nützlicher, das wir hier behandeln: sie läßt nicht nur erkennen, wieso unterschiedliche Probleme unterschiedliche Verfahren verlangen (was sich nicht wiederholt oder wiederholen läßt, sollte man nicht induktiv erforschen wollen), und auch nicht nur, wie unterschiedliche Verfahren unterschiedliche Wahrheiten hervorbringen (deduktive Verfahren »X=Y«-Wahrheiten, induktive Verfahren »immer wenn... dann...«-Wahrheiten), sie läßt vor allem auch erkennen, worin ihre Vergleichbarkeit liegt und damit das Gemeinsame: das, was rechtfertigt, daß sie beide den Namen »Wissenschaft« tragen, nämlich eine strenge Bindung der Folgerung an die Prämisse.

Gleichwohl brauchen wir gerade Snows Schwierigkeiten mehr als Buffons (und anderer) Lösung – nicht nur als Korrektur der falschen Bewertung, die die Aufgaben der verschiedenen Wissenschaften und die unselige Verteilung der so oder so Gebildeten auf die Posten der politischen Verantwortung erfahren. In seinen drei Ansätzen von 1959, 1963 und 1970 hat Snow den Zustand unseres Bewußtseins enthüllt, ist er den Weg gegangen, den wir alle gehen, wenn wir ehrlich sind: von der erschrockenen Einsicht, daß wir als einzelne große und wichtige Bereiche unserer Welt prinzipiell nicht mehr verstehen können, über die zornige Erinnerung an die behauptete Einheit der Wissenschaft bis zur Konstruktion einer Rechtfertigung des beklagten Zustands – damit wir ihn aushalten.

Ich habe gesagt, wir könnten als einzelne wichtige Bereiche unserer Welt »prinzipiell nicht mehr« verstehen. Ich meine damit dies: In der Antike, im Mittelalter, in der Aufklärung »wußte« die Menschheit insgesamt und darum auch der einzelne vieles nicht, was wißbar war; man »verstand« es darum auch nicht. Aber prinzipiell war jedem jeder Bereich zugänglich: durch ein übergeordnetes Weltbild, die gemeinsame Anschauung, die praktische Logik seiner Kultur. So wie ein jeder seine besondere Sache verstand, so konnte er auch die Welt verstehen – einschließlich dessen, was nicht »wißbar« ist, was Gott vorbehalten war oder der Natur, denn davon machte er sich ein Bild, das mit seiner sonstigen Erkenntnis übereinstimmte. Das *credo quia absurdum* bestätigt diesen Anspruch, indem es die Not ausdrückt, die er dem Theologen bereitet. Der heutige Gebildete weiß vor allem dies: gerade weil es so unendlich viel exaktes Wissen gibt, kann ich nicht darüber verfügen, gerade weil es für alle Bereiche zuständige Wissenschaften gibt, kann ich sie nicht betreten. Mehr als zwei Spezialgebiete kann man schwerlich haben;

mehr als drei schwerlich auch nur zu haben behaupten. Jenseits davon aber bricht das Verstehen schnell zusammen. In einem Aufsatz, der über die biologische Geschichte, also die Evolution des Menschen und seine Zukunft, berichtet, fragt der Autor seinen allgemeingebildeten Leser kollegial:

»Kann eine Nucleinsäure, die in der Ursuppe zufällig entstanden ist, einen Selektionsvorteil gegenüber anderen, zufällig entstandenen Nucleinsäuren besitzen, so daß sie schließlich hieraus selektiert wird?«[34]

In einem Aufsatz zur Bildungspolitik im weiteren Sinn, geschrieben für eine allgemeine Zeitung, heißt es:

»Aus diesem Koeffizienten läßt sich anhand des Anfangtestwertes abschätzen, in welchem IQ-Bereich ein individueller Meßwert im Kriteriumsalter liegen wird. Ergibt sich beispielsweise bei einem Vierjährigen ein IQ von 90, so wird sein Testwert im Alter von 18 Jahren bei einer Korrelation von $r_4 \times {}_{18} = 0,42$ mit der Wahrscheinlichkeit von 2:1 etwa zwischen $90 \pm 13,6$, also zwischen 76,4 und 103,6 IQ-Punkten liegen.«[35]

Der Wirtschaftsteil der Tageszeitungen besteht aus Sätzen wie diesem:

»So meinte der Delegierte X..., daß eine verminderte Zuteilung von Sonderziehungsrechten an überbeschäftigte Industrieländer zugunsten von Entwicklungsländern mit Arbeitslosigkeit und anderen unausgenutzten Produktionsfaktoren nicht mehr, sondern weniger Inflation bedeuten werde.«[36]

Wie die voraufgehenden, so wird auch diese einfache, aber offensichtlich kontroverse und, wie man im Weiteren erfährt, für uns alle höchst folgenreiche Äußerung nur noch vom Fachmann »verstanden«, wenn damit nicht nur die richtige Identifizierung von Fachwörtern und das Durchschauen der Syntax gemeint ist, in der sie stehen, sondern auch die Möglichkeit, über die gemeinten Sachverhalte zu urteilen. Hier gibt es keinen Rückgriff auf die gemeinsame Erfahrung und Bildung mehr. Die Unverständlichkeit dieser at random gewählten Texte beruht nicht auf einer rücksichtslosen oder wichtigtuerischen – also unnötig schwierigen – Professorensprache. Die Unanschaulichkeit und Schwerfälligkeit zumal deutscher Wissenschaftssprache ist bekannt, wird viel beklagt und trägt ihren Teil zum Verständigungsnotstand bei. Aber ob sie nun aus »Tradition« oder Bequemlichkeit oder Imponiergehabe so ist, ein prinzipielles Problem von »Wissenschaft« ist sie nicht. Das wäre sie erst, wenn sich herausstellte, daß die Objektivierung- und Abstraktionsleistung der Wissenschaft die Fähigkeit des Wissenschaftlers zum Wahrnehmen und Ernstnehmen von Subjektivität zerstört, wenn das wissenschaftliche Verfahren selbst ihn vergessen machte, daß Wissenschaft in erster Linie Herstellung von Intersubjektivität ist und Objektivierung ihr einstweilen wirksamstes Mittel dazu, ganz gleich, ob man sie für eine notwendige Fiktion oder für die wahre Realität ausgibt. Wissenschaft ist niemals nur Beobachten und Speichern und Ordnen, sondern immer auch Mitteilen[37]. Und das darf der Wissenschaftler vor allem um der Wissenschaft willen nicht vergessen und nicht nur, um nicht unhöflich gegen den Leser zu sein. Die »Nichtidentität der erlebenden Subjekte« ist eine »wesentliche Voraussetzung« für den »Prozeß der intersubjektiven Konstitution einer sinnhaft-gegenständlichen Welt«, sagt Niklas Luhmann[38], d. h. sie macht die Verständigung über die Welt (die Dinge und Sachverhalte) zugleich nötig und möglich. Wir nehmen die Perspektivität des Erlebten wahr und gewinnen so Erkenntnis »über« etwas. Ohne die mir entgegentretende Subjektivität des anderen würde mir die meine nie bewußt, wäre immer nur momentaner Reizaustausch möglich, ein physiologischer, chemischer, mechanischer Prozeß.

Jedenfalls ist es denkbar, daß die Wissenschaft als Mittel der Objektivierung ihre eigenen Bedingungen in den Erkenntnisschwierigkeiten der Nichtobjektivität unterschlägt.

Wo die Sprache der Wissenschaft eine solche Möglichkeit unterstützt, wird sie in der Tat zu einem prinzipiellen Problem der Wissenschaft – zu einem inneren Widerspruch. Die gewählten drei Textfragmente veranschaulichen diese Gefahr nur sehr schwach – durch die implizierte Aufforderung, Folgerungen des Autors mitzuvollziehen (»also ...«, »so ... daß ...«), die hier und jetzt vom Leser gerade nicht mit-zuvollziehen sind. Die Voraussetzung, ihre Zahlen, Zeichen, Abkürzungen, Termini seien verständlich, legt – auch wo sich der Text an den Fachmann wendet – ständig ein »transzendentales Subjekt« nahe, eine Funktion, die doch allenfalls dem Wissenschaftssystem als Ganzem zukäme. Die grundsätzliche Überprüfbarkeit gibt der faktischen Unüberprüfbarkeit Deckung – gründlicher, als es eine Rune, ein Gedicht, eine Behauptung tut.

Indem die Wissenschaften als »System« in jeder Teilaufgabe und

Teilaussage »Voraussetzungen« machen können, die anderswo erfüllt werden, entlasten sie die Einzeltätigkeiten. Aber die Kumulierung der Entlastungen schafft eine neue Belastung. So steckt in jeder nominalen Wortverbindung die Zumutung, die Art der Verbindung entweder zu wissen oder zu denken. Die Sozialwissenschaftler, die »Erlebnisverarbeitung«, »Bestandsvoraussetzung«, »Kommunikationsstruktur«, »Theorieprogramm«, »Sinnkompetenz«[39] sagen, beanspruchen damit nicht mehr und nicht weniger als ein Chemiker, der »Dimethylaminophenyldimethylpyrazolon« auf die Pyramidonpackung schreibt. Unter Pyramidon verstehe ich ein Mittel zur Behebung von Schmerzen; woraus es besteht, weiß ich nicht und will ich nicht wissen. Unter der langen Formel versteht ein Chemiker die Möglichkeit (oder den Auftrag), ein Mittel herzustellen oder es mit einem anderen zu vergleichen; unter Umständen weiß er nicht, daß dieses Mittel dann Pyramidon heißt und Migräne beseitigt. Wörter wie »Lernzielentscheidung« oder »Wissenschaftspropädeutik« wollen beides sein: Name und Analyse, Zeichen und ein Mittel, die Bedeutung des Zeichens zu rekonstruieren. Aber indem sie die »Art der Verbindung« nicht angeben, sondern zumuten, daß man sie weiß oder denkt, und indem auf jeder Seite eines modernen Wissenschaftstextes mindestens zehn solcher Zumutungen stehen, verhindern sie selbst, daß sie gewußt oder gedacht werden *können*. Es scheint, daß die Ergebnisse der Wissenschaften die Voraussetzungen der Wissenschaften untergraben. Die Gemeinverständlichkeit der Wissenschaften wird nicht so sehr durch ihre monströsen Namen, Formeln und Beziehungen zerstört, als vielmehr durch die Korruption ihrer Benutzer und die Resignation der Adressaten. Denn das eben weiß der »wissenschaftlich Gebildete« – daß sie für ihn nicht einmal mehr lernbar sind. Es sind zu viele.

Gerade wer selbst Wissenschaft treibt und diese Art von Sätzen hervorzubringen genötigt ist, wird immer wieder von dem Zweifel heimgesucht, ob es die Einheit der Wissenschaft im Angesicht dieser Entwicklung wirklich geben kann; ob sie nicht endgültig zur leeren Hülse geworden ist und die Wissenschaft darum so anfällig für Ideologien, für »Politisierung«, für Technokratie; ob die Einheit der Wissenschaft nicht so etwas ist wie der Turmbau zu Babylon: etwas, das alle vereinte und *dadurch* in totale Verwirrung stieß.

Eine Bestätigung dieser Vermutung ließe sich in Thomas Kuhns wissenschaftsgeschichtlicher Analyse finden[40]. Thomas Kuhn spricht, wie C. P. Snow, auch von »kumulativer« Wissenschaft, unterscheidet sie aber von »revolutionärer«. Wissenschaft (aller Sachbereiche und Methoden!) entwickelt sich entweder durch Anhäufung oder durch Umbruch. Seine Untersuchung ergibt dazu, daß in jeder »normalen Wissenschaft« (sie ist Gegenstand der Kapitel II bis IV) »Elemente der Willkür« (S. 21) stecken, die von den »revolutionären Wissenschaften«, genauer: von den wissenschaftlichen Revolutionen (sie sind Gegenstand der Kapitel VI bis XIII) genutzt, verwandelt oder eliminiert werden. Die Erkenntnisse der wissenschaftlichen Revolutionen (etwa die eines Kopernikus, eines Newton, eines Lavoisier, eines Einstein, eines Freud) lassen sich zunächst in die vorhandenen Wissenschaften, in ihre Dogmen und Mythen nicht einfügen, ohne daß das theoretische Gebäude, die Verfahren, die Bestimmung und die Einteilung der Entitäten ins Wanken geraten. Sie wirken als »Anomalien«, die von der geltenden Tradition her nicht interpretiert werden können. Sie sind ein Feind und häufig genug ein Opfer des »gesicherten Wissens«.

Zu allen Zeiten setzen bestimmte anerkannte Leistungen der Wissenschaft ihrer Welt die maßgebende Lösung, das herrschende Erkenntnismodell (bei Kuhn »Paradigmata« genannt, S. 68 ff.). An ihnen begreift und mißt man die Zeit, was für sie Verständlichkeit bedeutet. In ihrem Namen werden andere Lösungsmodelle »unterdrückt«, indem sie als unverständlich empfunden werden.

Als Oswald Avery im Jahre 1944 die DNS als Erbsubstanz identifizierte, war diese Entdeckung »verfrüht«. »Verfrüht sein« heißt, daß die »Auswirkungen (der Entdeckung nicht durch eine Reihe einfacher logischer Schritte mit dem zeitgenössischen geltenden kanonischen Wissen vereinbart werden« können – so definiert der Biologe G. S. Stent[41] in offensichtlicher Anwendung und Abwandlung der Kuhnschen These. Als Gregor Mendel im Jahre 1865 diskrete Einheiten für die Erklärung der beobachteten Erbvorgänge annahm und sie durch Experiment und Statistik verifizierte, konnte und durfte man ihn nicht ernstnehmen, weil sich weder seine Entitäten noch seine Methoden mit dem Wissen der zeitgenössischen Biologie vereinbaren ließen.

Wenn heute übersinnliche Wahrnehmungen keine Anerkennung

in der Wissenschaft finden, dann liegt es daran, daß es bisher »... *unmöglich ist, ein Phänomen wie Telepathie mit dem vorhandenen wissenschaftlichen Lehrgebäude, sei es elektromagnetische Strahlung oder Neurophysiologie, zu verknüpfen*«[42].

Der Anspruch der Gemeinverständlichkeit, den die Wissenschaft an sich und ihre Erklärungsweisen stellt, schlägt leicht in den Anspruch auf Allgemeinverständlichkeit um – in die Alleinverständlichkeit eines »Paradigmas« – und produziert damit geradezu die Unverständlichkeit anderer Erkenntnisweisen. Der Horizont der Erkenntnis unserer Kultur ist heute der der Wissenschaft. Die Wissenschaft muß auf den von ihr erprobten Methoden und den von ihr geprüften Daten bestehen. Aber sie gefährdet sich selbst, wenn sie – in einer nahezu totalen Wissenschaftskultur – Verständlichkeit in ihnen aufgehen läßt und darum das Unverstandene im Verstandenen nicht mehr aufsucht, das für Platon und Sokrates die eigentliche Aufgabe systematischer Erkenntnis war[43].

7. »Ursprüngliche« Einheit und »hergestellte« Einheitlichkeit

Die Einheit der Wissenschaft war einst in der Metaphysik begründet, in einer Lehre von den Ursachen der Dinge und ihrem Zusammenhang; diese Ursachen und dieser Zusammenhang galten selbst als erkennbar; die metaphysische Wissenschaft gedieh in der beruhigten Gewißheit dieser Möglichkeit. Den Metaphysikern war der praktische Abstand zwischen den bestehenden Wissenschaften, zwischen Theologie und Astronomie, Mathematik und Medizin, kein prinzipielles Problem: für den Zusammenhang kam der Kosmos, die natürliche oder vom Schöpfer gegebene und für den Menschen nachvollziehbare Ordnung auf. Je gewisser der Sinn dieser Wirklichkeit war, um so disparater durften die Verfahren ihrer Wahrnehmung sein. Platons Wissenschaftslehre ist geradezu eine Lehre von der notwendigen Verschiedenheit der Erkenntnisweisen, deren einzig verläßliche man nicht auf die Erscheinungen anwenden und die man überhaupt nur annäherungsweise haben kann. Er konnte sich und seinen Anhängern dies zumuten, weil der Grund dafür, das wahre Wissen in den wahren Dingen, ihm so unfraglich war. Die Sophisten, die dessen nicht gewiß waren, begannen die Methoden zu kultivieren.

Bei der bunten Entstehungsgeschichte »der Wissenschaft« in ihrem modernen Sinn aus theologischer Spekulation, Textauslegung und Philosophie, den *praktischen* (nicht den *freien*) *artes* – der Seefahrt, der Architektur, der Heilkunde, der Kameralistik – ist die Einheit, die man heute an den Universitäten (bei ihrer Erhaltung wie bei ihrer Neugründung) als das Selbstverständliche ansieht, doch eher das Ungewöhnliche. Man ist geneigt, zu sagen: nicht die verschiedenen Gegensätze haben die Einheit gesprengt (wie Snow meint), sondern die rigorose Vereinigung und Vereinheitlichung hat die bestehenden Gegensätze nur um so deutlicher hervortreten lassen.

Die Vereinheitlichung war freilich nicht mutwillig, sondern selbst eine Folge von Wissenschaft als einer um Gewißheit bemühten Form des Erkennens. Schon in der Antike und auch im christlichen Mittelalter war mit »Wissenschaft« notwendig ein Stück Selbstreflexion verbunden und brachte ihr jene Merkmale ein, die Jaspers erst der »modernen Wissenschaft« seit dem 14. Jahrhundert zuspricht[44]: ein Bewußtsein der Methode, zwingende Gewißheit und Allgemeingültigkeit. C. F. von Weizsäcker hat gezeigt, in welchem Maß die moderne Wissenschaft und die moderne Gesellschaft Säkularisationsformen des Christentums sind[45], und so läßt sich denn der Prozeß, durch den die »Einheitswissenschaft« entstanden ist, historisch verstehen: aus dem Ernstnehmen der Schöpfung und der strengen Anpassung der Erkenntnismethode an die sinnliche Erfahrung. Er läßt sich auch systematisch deuten: Wenn Wissen zur Sicherung des Daseins beitragen soll, dann muß es in der Ebene des Daseins – der Realitäten – selbst sicher sein, sicher gegen die Widerlegung durch die Erscheinungen, gegen falsche Interpretation, gegen eigene Inkonsequenz und Laune[46]. Daß sich die drei Kriterien von Jaspers überhaupt einstellen, ist also gar nicht so erstaunlich; erstaunlich und entscheidend ist, daß sie zu den einzigen Kriterien werden: daß die Autorität einer Offenbarung, der Wille der Menschen, die Rücksicht auf die Folgen ausgeschaltet werden und daß Verständlichkeit und Lehrbarkeit nicht unter ihnen sind.

Denn damit ist die »Wissenschaftlichkeit«[47] zur Klammer, zur eigenen Basis für alle Wissenschaften geworden. Indem man sich auf das Kriterium der Methode und innerhalb der Methode auf Gewißheit und Intersubjektivität festlegte, gab man die Bindung an die Ontologie einerseits und an die naive Erfahrung, die Gemeinsprache, die Anschauung andererseits auf. Das mochte man als Befreiung empfinden. Die Kantsche Erkenntniskritik, die diese Befreiung auch systematisch vollzog und daraus ihr gesteigertes moralisches Bewußtsein bezog, bedeutete aber zugleich so etwas wie eine zweite Verstoßung aus dem Paradies, von dem man nun wußte, worin es eigentlich bestanden hatte: in der Gewißheit der objektiven Welt und in der Unschuld des Wahrnehmens und Denkens (die auch der Platonismus nicht hatte zerstören können). Fortan – das lag in der Konsequenz der transzendentalen Erkenntniskritik – ist der Mensch nicht nur für seine Taten, sondern auch für seine Erkenntnis verantwortlich. Fortan muß er ohne inhaltliche Bindung auskommen.

Das fällt dem Menschen so schwer, daß er immer wieder – auch als Wissenschaftler – solche Bindungen eingeht: mit übergeordneten Erkenntniszwecken, mit natürlichen und sozialen Teleologien, mit einer hierarchischen Ordnung der Dinge, mit einer »Metaphysik des Empirismus« (wie man sie William James vorwarf) und allzuoft mit der der bloßen Tradition, der man sich »verpflichtet« fühlt. Wo man aber den Wirklichkeiten solche absoluten und durchgängigen Qualitäten vorgibt (Zweckhaft-sein, Geordnet-sein, Prozeßhaft-sein) und zugleich die strenge Formalität und Einheit der Methode behauptet, gerät man notwendig in Unklarheit und Widerspruch und wird am Ende entweder die Welt (das Objekt) vergewaltigen oder die Methode vernachlässigen oder einfach irrelevanten Fragen nachgehen.

8. Zwischen Absolutum und bloßer Phänomenologie

Ein typisches Beispiel für die Vorgabe einer Qualität der Wirklichkeit, auf die sich die Methodenstrenge dann nicht mehr erstreckt, bildet die Wissenschaftstheorie der idealistischen Gründer der deutschen Universität. Schelling z. B. wollte das akademische Studium in einer Methodenlehre begründet wissen, verlangte aber zugleich, daß diese aus der »wirklichen und wahren Erkenntnis des lebendigen Zusammenhangs aller Wissenschaften« hervorgehe, wobei »wirklich« und »wahr« für die Realität und die Idealität stehen, deren Identität er voraussetzte und deren Identifizierung er der Wissenschaft zur Aufgabe machte[48]. Das heißt, durch die »richtige« Methodenlehre sollte zugleich das

»Absolute«[49] erkannt werden, etwas prinzipiell nicht Nachweisbares, weil es in der Methode selbst vorgegeben ist.

Schleiermacher bestand nur auf einem

»Bewußtsein von der notwendigen Einheit alles Wissens, von den Gesetzen und Bedingungen seines Entstehens, von der Form und dem Gepräge, wodurch eigentlich jede Wahrnehmung, jeder Gedanke ein eigentliches Wissen ist.«[50]

Deshalb – schrieb er – führen die wissenschaftlichen Anstalten den Lernenden schon bei mäßiger Ausrüstung gleich

»an diesen Hauptpunkt wissenschaftlicher Einheit und Form und üben ihn in dieser Art zu sehen und lassen ihn nur, nachdem er sich so festgesetzt hat, tiefer ins einzelne hineingehen«[51].

Die Philosophische Fakultät, die diese »Art«, die »Form«, diese gemeinsamen Gesetze des »Wie« und »Wodurch« lehrt, bildet für ihn darum konsequenterweise die »eigentliche Universität«[52]. Aber auch er meinte, daß die Philosophische Fakultät damit eine »natürliche Organisation« der Wissenschaft enthalte, etwas, »was sich natürlich und von selbst als Wissenschaft gestaltet«[53]. Die systematisierten Verfahren zielen und richten sich nach der Wahrheit selbst, die eine eigentümlich unabhängige Existenz jenseits von Methode und Realität führt; und diese Wahrheit stiftet den Zusammenhang der Wissenschaft.

So wird eine Unbekannte durch die andere bestimmt, und genau dies treibt die Wissenschaftler, die es mit *ihrer* Wahrheit, nämlich mit der Lösung eines Problems, ernst meinen, in die abgetrennte Einzelarbeit: die forcierte Idee der Einheit wird zur Ursache der Vereinzelung und des unphilosophischen Methodismus.

Der Unmut über die unwissenschaftliche Behandlung der Wissenschaft hat sich, wie schon in früheren Zeiten, so erst recht im 19. und 20. Jahrhundert formiert und zu systematischen Konsequenzen geführt: bei Auguste Comte, bei den amerikanischen Pragmatisten, bei den Neopositivisten. Auguste Comte hätte nichts gegen Schleiermachers Behauptung einer »natürlichen Ordnung der Wissenschaften« gehabt, aber »natürlich« mußte heißen, der Logik der Wissenschaft gemäß. Die Logik der Wissenschaft ist Exaktheit und Intersubjektivität der Aussagen über Dinge, die es gibt. Folglich sah seine »natürliche Hierarchie« der Wissenschaften so aus: zuoberst die Mathematik (mathematische Relationen »gibt es« nachweislich), Astronomie, Physik und so fort bis zur Soziologie, deren Gegenstand exakte Aussagen er-

schwert und deren Methoden noch ausgearbeitet werden müßten. Gerade in bezug auf die Soziologie war Wissenschaft zu jener
radikalen Selbstbeschränkung genötigt: an die Stelle der finalen
und kausalen Erklärungen oder Deutungen trat die Beschreibung
ihrer Zustände und Beziehungen. »Wissenschaften«, für die es
keine eigentümlichen und direkten Phänomene gab, verschwan-
den in Comtes System, z. B. die Psychologie, die sich auf Soziologie und Biologie verteilte; umgekehrt: weil die spezifisch chemischen Erscheinungen keine phänomenale Verbindung mit
anderen eingingen, konstituierten diese eine eigene Wissenschaft, obwohl sie an lebenden oder unbelebten, biologischen
oder physikalischen Objekten auftreten[54].

Geben die einen (Schelling/Schleiermacher) etwas vor, was noch
erst herausgefunden werden müßte, unterlassen die anderen (die
Positivisten) – nur weil ihre Methode keine Antworten verspricht
– Fragen und Hypothesen, zu denen man etwas herausfinden
könnte und möchte. Die »Einheit der Wissenschaft« wird immer
mit einem Verlust erkauft – oder sie ist keine wirkliche Einheit.
Beide, die idealistische und die positivistische Wissenschaftstheorie, stellen Hierarchien auf, an deren Enden extrem Unglei-
ches steht; sie enthalten einerseits
– ein Gefälle von philosophisch-allgemeinen Disziplinen zu angewandten oder anwendungsorientierten Wissenschaften, die
  ja nicht nur selbst »spezialisiert« sind, sondern die »Spezial«-
  Erscheinungen gelten – den Individuationen in Geschichte und
  Natur; andererseits
– ein Gefälle vom Sichtbaren, Zählbaren, Reproduzierbaren
  zum bloß Erschließbaren, Denkbaren.
Der logische Empirismus – der raffiniertere, aber keineswegs
konsequentere Nachfolger von Comtes Positivismus –, der die
Einheit der Wissenschaft ebenfalls auf die Einheit der Erkennt-
nisprinzipien gründen wollte, mußte seinerseits schon zwei Ebenen unterscheiden: die Wahrnehmung der Beobachtungsdaten
und ihre Umsetzung in mathematisch-logische Formeln; und die
Behavioristen, deren Sprachmodell die Strukturalisten übernommen haben, mußten korrekterweise zwischen signifié und si-
gnifiant, zwischen signified und signifier unterscheiden (de Saussure, Bloomfield). Dies war der Keim zu einer neuen Dichotomie
– oder zu einem neuen Verzicht. Die Beobachtung muß die
mathematisch-logische Formel beeinflussen können, die Formel

wiederum die Beobachtungsweise. Die Unterscheidung der zwei Ebenen ist nicht die Lösung, sondern konstituiert das Problem. Und so ist es nicht verwunderlich, wenn wir am Ende wieder zwei Kulturen haben, zwischen denen die Verständigung noch schwerer zu stiften sein dürfte als zwischen denen von C. P. Snow: auf der einen Seite die Beobachter bestimmter Fakten und die Anwender bestimmter Formeln und auf der anderen Seite Verknüpfer, Vergleicher, Erfinder: Universalisten, die ohne Deckung durch ein Datum-Formel-Schema Zusammenhänge herstellen, die die anderen auf Grund ihrer Datum-Formel-Schemata aufheben.

Es scheint, daß die Wissenschaftstheorie hier nur in gesteigerter Form ans Licht bringt, was Wissenschaftspraxis täglich zeigt: Die einen Wissenschaften etwa können die Erscheinungen durch jetzt geltende Beziehungen erklären, andere können und tun das durch genetische Abläufe – und immer ist, wo man das Prinzip ernst nimmt, der Gegenstand selbst reduziert, den man erkennen möchte: Der Ost-West-Konflikt ist ebensowenig durch reinen Systemvergleich wie durch reine »Geschichte« erklärt; die Sprache geht sowenig in strukturalen Schemata auf, die keine Rücksicht auf die Genese der Intelligenz oder auf die Geschichte der jeweiligen Kulturen nehmen, wie sie in bloßen Entwicklungsketten darstellbar ist ohne übergreifende Ordnung (vgl. unten Teil III, 2). Läßt man beide Wissenschaftsformen nebeneinander gelten, stellt sich die Frage nach der Strenge, mit der sich ihre Verbindung regeln ließe. Diese Verbindung unterliegt aber selber dem Dualismus der Erkenntnisweisen – es kann also keine einheitliche Formelverbindung geben. Und so scheint in der Tat die Wissenschaft, wenn sie denn gründlich sein und sich nicht willentlich oder fahrlässig einer partiellen Blindheit schuldig machen will, an das Kreuz ihrer eigenen Perspektivität geschlagen zu sein: *Perspektivität* macht ihre Wahrheit aus, nicht *Einheit*. Die Einheit der Wissenschaft, die sie beansprucht, hat den Charakter einer »notwendigen Fiktion« – sie muß ständig gesucht werden, der methodisierten Vielseitigkeit zum Trotz; es gibt sie nur als ein ständiges mühsames Sich-Verständigen über den Abgrund hinweg, den die Wissenschaft selbst erst schafft – den die Anschauung gar nicht oder nur selten kennt. Nicht also die richtige Definition der »Einheit der Wissenschaft« als eines gegebenen oder herzustellenden Zustandes, sondern die Möglichkeit der Kommunikation der uneinheitlichen Teile oder Disziplinen – das ist die Aufgabe. An ihr wird deutlich, was Wissenschaft von Technik, Verwaltung und automatischen Prozessen unterscheidet: Sie geht nicht auf, wenn sie richtig, ihren Regeln gemäß vollzogen wird; sie gerät dann vielmehr an die Grenzen ihrer Regeln und muß, statt »bloß zu erkennen«, urteilen, wagen, ergänzen, sich selbst prüfen – zu den Subjekten zurückkehren, die Wissenschaft treiben; es muß aus »der Wissenschaft« eine Verständigung unter Wissenschaftlern werden. Sie fällt an die Moral zurück, sie, die sie die systematische Emanzipation des Geistes von Wertungen und Bindungen sein wollte.

III. Antworten

Wir sprechen von der »Einheit der Wissenschaft«. Der allgemeine politische Anlaß dazu ist ihre zunehmende, faktische Un-Einheit – die eigentliche Not unserer Hochschulen und Forschungsstätten. Mein theoretischer Befund dazu lautet: Die Entscheidungs-, Ordnungs- und Kommunikationsschwierigkeiten in der akademischen Welt entstehen und bestehen auf Grund eines notwendigen, aber in sich widersprüchlichen und stets nur oberflächlich erfüllten Anspruchs auf Einheit – eines Anspruchs, der in horizontaler wie in vertikaler Richtung zu gelten hätte! Die praktischen Antworten, die ich hier ausgewählt habe, stellen typische, mit unterschiedlichen Hoffnungen unternommene und meist auf eine einzige Ursache fixierte Versuche dar, die Un-Einheit zu beseitigen. Sie können sich allenfalls auf die von mir geschilderten Anlässe beziehen und nicht oder nur zufällig auf den Befund meiner Analyse. Gleichwohl ist es erlaubt und tunlich, sie an diesem zu messen: so werden sie, so wird vor allem ihre Darstellung vergleichbar.

Sie enthalten im übrigen alle einen Bezug auf den doppelten Grund der Wissenschaftskrise:

– die Nichtauflösung der antiken und mittelalterlichen Einheitsvorstellungen, ihre Fortsetzung unter säkularen und positivistischen Vorzeichen (a);

– die beliebige Vermehrung von Einzelergebnissen, Einzeldisziplinen und spezifischen Methoden, »Sprachen«, Instrumenten im Schutze jener behaupteten prinzipiellen Einheit in einem Maß, das keine Verarbeitung zu einem Ganzen zuläßt, und in Formen, die zu einer solchen Verarbeitung auch nicht nötigen (b).

a) »Im Forschen machen wir die Voraussetzung von der Erkennbarkeit der Welt ... Aber diese Voraussetzung kann zweierlei bedeuten: erstens die der Erkennbarkeit von Gegenständen in der Welt, zweitens die Erkennbarkeit der Welt im Ganzen. Nur die erste Voraussetzung trifft zu.«

So schreibt Karl Jaspers und fügt hinzu: »Der Irrtum ist in der modernen Wissenschaft als vermeintlicher Philosophie angelegt und seit Descartes vollzogen.«[1] Aber die Wissenschaft *war* Philosophie – in der Antike und im Mittelalter –, sie blieb es zu großen Teilen im Humanismus und *wurde es* auf Grund anderer Voraussetzungen wieder bei Descartes: auf Grund seines Rationalismus. Seitdem aber hat die Erkenntnis- und Wissenschaftstheorie seine philosophische Trennung von res cogitans und res extensa bis in die Praxis vorgetrieben und hat die Wissenschaft zu der großen Vermessungskunst gemacht – zur mathematischen Beschreibung der res extensa. *Jetzt* darf sie nicht mehr Philosophie sein, das Ganze umfassen, die Einheit der Welt stiften oder entdecken wollen! Jetzt ist ihre Aufgabe, die denkbaren Relationen von extensio und cogitatio hypothetisch zu formalisieren und nichts Vorgegebenes in vorgegebener Ordnung zu beschreiben.

Und doch bewahrt sich Karl Jaspers, wie die Mehrzahl der Wissenschaftler, eine vorcartesische Erkenntnis-Einheit. Bei der Aufstellung von vier Hauptaufgaben der Universität schließt Jaspers mit einem Hinweis auf eine vorausgehende Ganzheit:

»Die Wissenschaft ist ihrem Sinn nach ein Ganzes. Mögen die Wissenschaften zerstreut entstehen und jederzeit auch auseinanderfallen, sie suchen sich doch wieder ihren Kosmos der Wissenschaften.«[2]

Aber was meint er hier mit »Kosmos«? Etwas Inhaltliches? Etwas Strukturelles? Etwas bloß Logisches? Jaspers kann auf Grund seiner erkenntniskritischen Voraussetzungen nur meinen: eine Gesamtheit – *alle* Wissenschaften, *die wir schon kennen;* es gibt sie, und es gibt eine objektive Bedingung für ihre Existenz. Folgerichtig plädiert er für die »Vervollständigung« des von der Universität schon repräsentierten Kosmos durch die Einbeziehung einer technischen Fakultät: Zur Herstellung der »allumfassenden Objektivität«[3].

Diese »allumfassende Objektivität« ist ihrerseits der Boden, auf dem der Positivismus wuchert; auf ihm entsteht das »beziehungslose Nebeneinander« der Disziplinen, das die gleichen Theoretiker beklagen! Wenn also die Einheit der Wissenschaft in der Methode, genauer: in dem spezifisch logisch-positivistischen Methodenmonismus, die philosophischen Bedürfnisse derer nicht befriedigt, die mit der Kantschen Noologie vertraut sind und für die die Wahrheit eine Folge unserer Erkenntnisorganisation ist: eine synthesis a priori[4], dann müssen sie ihrerseits das einheitsstiftende Prinzip benennen oder die Pseudo-Einheit der Methode zerschlagen. Das haben bisher nur die Marxisten unter ihnen gemacht und die Faschisten. Sie haben die Einheit nicht mehr in der Wissenschaft selbst gesucht, sondern in ihrer gesellschaftlichen Funktion. Will man weder ihnen noch den Positivisten das Feld überlassen, muß man sich seinerseits um diese Funktionen *und* um die Kriterien der Wissenschaft: um das uneinheitliche Verhältnis zwischen ihnen kümmern (vgl. unten die Abschnitte 4, 6 und 7).

Typisch für die Ferne jener Einheits-Philosophie von praktischen Anlässen und konkreten Begründungen war das Studium Generale, das man nach dem Kriege einführte und das heute mancherorts noch überlebt. Viele Bemühungen um Interdisziplinarität unterscheiden sich davon in nichts.

b) Neben jenem philosophischen Problem, das der Wissenschaft so unvermutet eine praktische Krise beschert hat, nehmen die Antworten einen mehr oder weniger direkten Bezug auf ein damit zusammenhängendes wissenschaftsorganisatorisches Problem: auf die Vermehrung der Disziplinen, Methoden und Ergebnisse der Wissenschaft und der »Ebenen«, auf denen sie stattfindet.

Der VDS hielt 1962 an der Zusammenfassung der verschiedenen Disziplinen in einer Institution (Universität) mit dem Argument fest, so solle die Kooperation der Wissenschaften und ihr gegenseitiger Austausch gefördert werden. Unverbunden damit führte er in derselben Schrift den ungeheuren Erkenntniszuwachs und die daraus resultierende Spezialisierung auf die »rationale Methodik« der modernen Wissenschaft zurück[5].

Davon abgesehen, daß es sehr wohl möglich ist, das Verhältnis von Erkenntnisfülle und Spezialisierung umgekehrt zu sehen (getrennt arbeitende Wissenschaften vermehren das amorphe, unstrukturierte, unverarbeitete Einzelwissen und schaffen so erst den Vorwand für ihre eigene Existenz; die »rationale Methode« dagegen sollte doch die ständige Integration und Ökonomie der Erkenntnisse einschließen), wird hier ein grundlegendes Paradox sichtbar: die Einheit der Methode, die den Partikularismus der verschiedenen Erkenntnisformen aufheben sollte, bestärkt eine neue, durch Kompetenzschranken geschützte Autonomie der Einzelwissenschaften; sie schafft Bedingungen, in denen die Einheit des Zweckes und des Bewußtseins nicht mehr gelingt; sie ermöglicht mehr Kommunikation, als genutzt werden kann, so daß im Ergebnis weniger kommuniziert wird; sie weckt zugleich ein beunruhigendes Bewußtsein von einer versäumten Einheit, die woanders zu suchen wäre als in den gemeinsamen formalen Voraussetzungen.

Vor allem aber hat die Zusammenfassung all dessen, was die »rationale Methode« anwendet, zu »Wissenschaft« die Möglichkeit zerstört, Einrichtungen, Personen, Mittel unter diesem Begriff zu organisieren. Organisieren heißt: geeignete unterschiedliche Funktionsbedingungen und Ordnung schaffen. Ist *alles* »wissenschaftlich«, müssen die Unterscheidungskriterien von außen kommen. War es einst möglich, eine universitas studentium et docentium geeint gegen Zünfte, Klerus, Adel, Landvolk und später gegen die Schüler nach unten und die Bürger nach oben und außen abzusetzen, die verschwindende Zahl von Leuten, die für ihre Wissenschaft besondere Arbeits- und Lebensbedingungen brauchen, von dem großen Rest; konnte man einst ihre Selbstverwaltung von der staatlichen unterscheiden; ließen sich Forschung und Studium deutlich von der Anwendung von Wissenschaft trennen, indem man in jedem Fall die spezifischen Kriterien der Wissenschaft in Anschlag brachte, – so gelingt dies heute allenfalls noch gegenüber den »Philistern«. Alle anderen treiben je zu ihrem Teil auch Wissenschaft, Bürokraten wie Journalisten, Künstler wie Techniker. Und seit das Lernen selbst – von seinen ersten Anfängen an – »wissenschaftlich« ist, kann es auch keine legitimen inneren Abgrenzungen geben. Was unter den Schlagworten »Demokratisierung« der Wissenschaft heute umkämpft wird, ist zumindest auch ein Stück Verwissenschaftlichung des Lebens. Und diese wiederum stammt aus der »Einheit des rationalen Methodismus«.

Man mag rätseln, ob das wiederholte »philosophische« Zurückgreifen auf eine engere objektive Einheit der Wissenschaft ein Rückfall in die alten Denktraditionen ist oder eine anthropologische Notwendigkeit oder ein soziologischer Tatbestand oder »etwas typisch Deutsches«. Mir scheint die Dialektik, die ich gerade dargestellt habe, eine einfachere Lösung anzubieten: die Proklamierung jedes nur halbwegs rationalen Einheitsprinzips – solange es nur Geltung hat – muß dazu führen, daß sich zahllose Tätigkeiten ihm anbequemen und damit die Wissenschaft so ausweiten, daß ihre praktische Einheit wieder zerstört wird. Es ist darum gut, von den Antworten, die hier folgen, nicht mehr zu verlangen, als daß sie der jeweiligen Phase der Dialektik genügen, in der sie sich befinden. Das dialektische Prinzip erklärt im übrigen auch die sonst wohl unverständliche Reihenfolge ihrer Behandlung.

1. Strukturen, die zugleich abbilden und deuten

Die Begründung der Einheit der Wissenschaft durch die »Einheit der Welt«, d. h. durch ein ihr objektiv zugrundeliegendes geschlossenes Ordnungsprinzip, scheitert an der Skrupelhaftigkeit der Wissenschaft selbst: die Ordnung der Welt läßt sich mit ihren Mitteln nicht beweisen, und so bringt gerade die Hypothese von der Einheit der Welt viele Einheiten der Wissenschaft hervor. Es gibt unter dieser Voraussetzung mit gleichem Recht christliche, humanistische, marxistische, pragmatistische Wissenschaft.

Die Begründung der Einheit der Wissenschaft durch die Einheitlichkeit des Verfahrens dagegen mündet in einer nutzlosen Tautologie und löst nicht, sondern konstituiert geradezu das Problem der Kommunikation: es gibt heute engbenachbarte Wissenschaften, die nach der gleichen positiven Grundregel verfahren und sich über die Fülle ihrer eigentümlichen Teilmethoden, Daten und Zeichensysteme gleichwohl nichts mehr direkt mitteilen können. Wenn zwei Wissenschaften nicht identisch sein sollen, müssen sie nunmehr ihren Unterschied in den Sachen suchen und hervorkehren. Der Positivismus hat jedenfalls die Zwei Kulturen (und weitere in und neben ihnen) nicht verhindert, sondern nur deutlicher gemacht, daß es sehr verschiedene Frageweisen gibt.

Beiden – denen, die die Einheit im Erkannten, und denen, die sie im Erkennen suchen – stehen die Strukturalisten gegenüber. Strukturen, sagen sie, tun beides: sie beschreiben *und* erklären (deuten); sie sind und sie machen verständlich, sie befassen sich mit Einzelphänomenen *und* weisen ihnen eine Stelle in einem Gesamtzusammenhang an. Da die Strukturalisten ihre »Strukturen« obendrein dynamisch definieren (als ein Vehikel für Transformation und Selbstregelung[6]) und die einzelnen Strukturformeln möglichst »polyvalent« wählen, gelingt ihnen in der Tat die Analyse vieler sehr verschiedener Gegenstände mit Hilfe weniger, gleicher, übertragbarer, formaler »Funktionen«. Durch sie werden nicht nur gleiche Merkmale unter demselben Zeichen zusammengefaßt, sondern ein gemeinsamer Begründungszusammenhang konstituiert: ein System.

Ein derart voll entwickelter Strukturalismus wäre zugleich unviversal und real (empirisch) – jenseits von Snows Zwei Kulturen und diesseits von Kants Erkenntnistheorie, denn die Strukturen sind geeignet formulierte, empirisch nachweisbare *Sach*merkmale.

Man veranschaulicht sich das am besten an einem eher schlechten Beispiel: Der Regelkreis sei eine solche Struktur und finde sich in einem Ameisenhaufen, einer Heizungsanlage, einer Marktwirtschaft, einem menschlichen Körper, einer Landschaft, dem System einer Sprache – und in der Wissenschaft selbst, die dies alles beschreibt. Andere Eigenschaften und Verhältnisse derselben Objekte würden durch andere Strukturformeln erfaßt, die ihrerseits mit der eben genannten über mathematische Meßgrößen korrespondieren, in denen sie sich alle qua »Relationsmodelle« ausdrücken lassen. Insofern war auch das Beispiel des Regelkreises »schlecht«, weil es so bildhaft ist und darin weder typisch noch genau. Je weniger anschaulich die Formel, um so exakter die Aussage; je abstrakter die Exaktheit, um so universaler ihre Geltung; die abstrakteste und exakteste Relation ist die mathematische. Alle Erkenntnisse suchen die Form der Mathematik – und alle Phänomene sind mathematisierbar. So argumentiert man von dieser Position aus.

Dieser Geschwindmarsch durch den Strukturalismus zur Mathematisierung der Wissenschaft macht – mit seinen Konsequenzen – eher seine Schwächen als seine Stärken deutlich. Bei den letzteren möchte ich noch einen Moment verweilen.

»Erklären«, so konnte man schon bei Aristoteles lesen, heißt etwas auf etwas anderes zurückführen, sei es auf schon Bekanntes, sei es auf Einfacheres, sei es auf Früheres – auf eine Ursache. In der modernen Wissenschaft wurde daraus die »Reduktion« eines neuen Phänomens auf ein allgemeines Gesetz. So versuchte Maxwell z. B. hartnäckig, den Elektro-Magnetismus auf die Mechanik zurückzuführen – ein Beispiel für die Stärke des Bedürfnisses, sich des Neuen durch Altes zu versichern. Diesem Versuch vergleichbar ist der von Sigmund Freud, »alles Geistige als eine veränderte Form von Sexualität« auszulegen (wie C. G. Jung tadelte, ohne seinerseits auf Reduktionen verzichten zu können: die seinen waren nur verschwommener). Und das Paradebeispiel sind die großen Materialisten von den Vorsokratikern (mit ihren Elementenlehren) bis zu Marx. Diese Erklärungsweise aber ist mehr psychologisch verständlich als logisch gerechtfertigt. Eine Erklärung kann – wie Aristoteles sagt – auch umgekehrt vor sich gehen: indem man eine allgemeine Frage (z. B. »Was ist ein guter Mensch?«) damit beantwortet, daß man auf etwas Besonderes zeigt (»Der da!«).

Die Erklärung liegt also in der Herstellung einer Beziehung. Die einzigen verläßlichen Beziehungswissenschaften waren lange Zeit hindurch die Logik und die Mathematik. Als man die Mathematik sehr viel vielseitiger zu verwenden lernte und seit neue Experimentaltechniken immer mehr Festlegungen von »Dingen« auf abstrakte Merkmale erlauben, entdeckte man das, was wir heute Struktur nennen.

Strukturen sind Transformationssysteme oder Beziehungssysteme. Eine strukturalistische Grammatik z. B. besteht aus phonologischen Matrices, semantischen Bezeichnungsmustern (Hut zu hüten wie Zaun zu zäunen, aber nicht wie Schlag zu schlagen) und syntaktischen Verzweigungsmustern. Alle sprachlichen Erscheinungen werden unter diese Strukturen subsumiert. Wir verstehen Sprache – Wörter und Sätze –, weil wir sie innerhalb der Struktur (die bestehenbleibt) in andere gleichbedeutende Möglichkeiten transformieren, weil wir Strukturelemente austauschen, weglassen, hinzufügen können: im Rahmen der Gesamtstruktur. Strukturen überschreiten die einzelnen Phänomene (de Saussure hat häufig das Bild vom Schachspiel gebraucht: der »Wert« einer Figur hängt von dem Wert der anderen ab und ist durch die Position im Feld bestimmt), sie gehen über das Beobachtbare hinaus: die Beziehung selbst hat semantische Funktion[7]. Damit wird die positivistische Basis der bisherigen Wissenschaft verlassen, ohne daß dabei die Exaktheit aufgegeben wird. Es entsteht ein neuer Wirklichkeitsbegriff, demzufolge – wie schon in der Gestalttheorie –

»die beobachtbaren Phänomene . . . relativ zu unseren organischen Werkzeugen (unserer Sinneswahrnehmung und unseren Handlungen) wie auch zu unseren technischen Beobachtungsinstrumenten werden – und hinter ihnen muß man eine Schicht von dynamischen Operatoren und Transformationen suchen.«[7a]

Jean Piaget, von dem diese Sätze stammen, hat als Lernpsychologe seinen besonderen Strukturalismus. Will man aber nicht, daß alles, was bisher »Begriff« oder »Anschauung« oder »Kategorie« war, unterschiedslos in »Struktur« aufgeht – Kausalität, Ähnlichkeit, örtliche Nähe, Symbol, Steigerung, Schlüssigkeit und was der Relationen mehr sind –, und will man nicht gleich zur mathematischen Abstraktion übergehen, dann muß die Definition von »Struktur« als Erkenntnismittel in der Tat in einem besonderen Verhältnis zu unseren verschiedenen Wahrnehmungsinstrumenten gesucht werden. Am deutlichsten wird das an der Logik und der Mathematik selbst. Als sogenannte deduktive Wissenschaften sind sie unabhängig, wie es scheint, von allen anderen Erkenntnisbereichen. Die geschichtliche Analyse zeigt aber, daß sie weder voneinander unabhängig sind noch von fundamentalen Wahrnehmungs- und Aktionsmustern:

»Sie stellen immer die Axiomatisierung früherer intuitiver Daten dar, die dann verarbeitet worden sind.« [8]

Arithmetik war zunächst auf »natürliche« Zahlen gegründet, Geometrie auf räumliche Erfahrungen und Handlungen. Aristoteles' Logik basierte auf Evidenz und den gegebenen Mustern der Sprache.

Was diese vorwissenschaftlichen Intuitionen sind, wird uns noch einmal ausführlich in Abschnitt 7 beschäftigen. Interessant ist an dieser Stelle vor allem, daß eine bestimmte Wissenschaftstheorie sich des Strukturbegriffs bedient, um die Hierarchien in der Wissenschaft zu überwinden und die Kluft zwischen res cogitans und res extensa, zwischen Positivismus und Transzendentalphilosophie, zwischen Naturwissenschaften und Geisteswissenschaften, zwischen Synchronie und Diachronie zu überbrücken. Ja, es ist bezeichnend, daß Piaget der Biologie eine Schlüsselstellung zwischen allen diesen Positionen einräumt. Denn die Biologie kennt bleibende Systeme und »Entstehen« und »Vergehen«, ja, sogar Individualität; da aber genetische Erklärungsweisen keinen absoluten Anfang zu setzen erlauben, fördern sie eine permanente und weitläufige Beziehungslehre, die überhaupt nur interdisziplinär zustande kommen kann.

Leistet dieser weniger strenge, nicht-mathematische Strukturalismus, was seine Erfinder sich von ihm erhoffen? Kann er die Wissenschaften aus ihrer Isolierung herausführen? – Die Basis für die mögliche Einheit (oder Interdisziplinarität) ist der Isomorphismus: es müssen gleiche Formen oder »Gestalten« aufzeigbar sein. Irgendwo werden sich Isomorphien finden lassen, für die Mehrheit der Disziplinen und Gegenstände. Aber was wird aus all dem, was sich nicht in solche Strukturen einfangen läßt? Wird man nicht dazu verführt, sich nur noch für das zu interessieren, was der vorgängigen Strukturalisierung der Wissenschaften zu entsprechen verspricht? Wird man nach dem anderen auch nur noch fragen? Piagets Beispiele: die Psycholinguistik, die sich genetischer und systematischer Mittel zugleich bedient, die Entscheidungstheorie, die strukturale Ethnographie von Lévi-Strauss – sie sind doch nur deshalb so eindrucksvoll, weil die monodisziplinäre Forschungsweise die nötigen und möglichen Bezüge zwischen Ökonomie und Psychologie, zwischen Kunst, Mythos, Sprache und Rechtsordnung so sträflich vernachlässigt hat. Ginge all die Forschung in transdisziplinären Vergleichen auf, wir würden statt Herrn Lévi-Strauss den Forscher Meier feiern, der die totale Besonderheit des XYZ-Stammes entdeckt, und den Poeten Müller, der es noch wagt, eine Blume oder einen Abschnitt der Geschichte oder eine Sprache schlicht zu beschreiben: mit den Mitteln der Gemeinerfahrung, die ich »Anschauung« genannt habe. Am Ende des vorigen Jahrhunderts hat man – unter dem Eindruck der Erfolge der Physik – den Begriff der »Energie« in alle möglichen anderen Disziplinen übertragen und hat damit überall Verwirrung gestiftet. Sind wir heute mit »Information«, »Regelkreis«, »Entropie« besser dran? Für meine Disziplin, die Pädagogik, meine ich: Nein!

Schon gar nicht vermag mich die Aussicht auf eine umfassende Transdisziplinarität überzeugen, auf ein Gesamtsystem der möglichen Interaktionen und Reziprozitäten der bisherigen Wissenschaften, so daß ihre Grenzen schließlich verschwinden. Dieses System, das Piaget entwirft[9], soll struktural sein und operative, regulative und probabilistische Strukturen enthalten, die alle durch Transformationsschemata miteinander verbunden sind. Die Strukturtheorie, die ein non liquet zwischen Beschreibung und Deutung aufheben wollte, überzieht damit ihren Auftrag. Bot sie einen Ausweg aus jenem Dilemma, so führt sie doch nicht in das alte Erkenntnisparadies zurück, sondern in die extreme Abstraktion. Zahlt man seinen Zoll beim Beschreiten des Methodismus am Anfang in der Form des Verzichts auf bestimmte Arten von Fragen, so zahlt man ihn beim Beschreiten des Strukturalismus am Ende in der Form des »mathematisierten« und damit entfremdeten Gegenstandes.

2. Die Einheit der Wissenschaften
durch ihre Sprache: die Mathematik

Das Verhältnis von Lämmern in der Herde zu Fingern an der Hand und Schulden beim Kaufmann – das ist Mathematik. Aber im Prinzip ist es auch Ökonomie, Anatomie und Biologie. Es kommt darauf an, welche Entsprechungen ich mit dem »mathematischen« Verhältnis erfasse. Ein Lamm kann einer, der sich darauf versteht, ziemlich vollständig in solchen Zahlenverhältnissen unterbringen. Ich brauche nur einen geeigneten Vergleichsgegenstand: ein Rehkitz z. B. oder ein Ideallamm. Mit fortschreitender sophistication werden aus Vergleichsgegenständen Konstrukte und schließlich Mengenaggregate, die schon im Hinblick auf leichte und vielseitige Mathematisierbarkeit angelegt sind. Dies ist der Sinn des metaphorischen Ausdrucks, die Mathematik sei die Sprache der Wissenschaft: sie erlaubt, eine Entsprechung zwischen diesen Erscheinungen und jenen über ein formalisiertes Verhältnissystem herzustellen. Alle Disziplinen, die daran teilhaben, wollen, ja, müssen innerhalb ihrer Sachverhalte Merkmale aussondern, die sich in mathematischen Strukturen abbilden lassen. Die Mathematik hat ihr Strukturarsenal hierzu weit über die klassischen arithmetischen und geometrischen Möglichkeiten hinaus erweitert.

Mathematiker könnten wissenschaftstheoretisch so argumentieren:

Etwas verstehen heißt immer, etwas *als etwas* verstehen – einen Punkt als den Schnittpunkt zweier Linien, ein aggressives Verhalten als eine Folge von Frustration, eine Grippe als die Invasion bestimmter Viren, einen Roman als eine Schlüsselgeschichte zum Ereignis X. In diesem »als« ist jeweils eine Relation ausgedrückt. Exakte Formulierung dieser Relation bringt sie in die Nähe von mathematischen Strukturen. Hat man die Verstehensfrage von vornherein unzweideutig formuliert, läßt sich auch mit einer unzweideutigen Relation antworten. Unzweideutige Relationen herstellen – das sei es, was Mathematik tue.

Tatsächlich argumentieren sie[10]: nur durch »mathematische Askese« sei Verständigung möglich, nämlich durch Verzicht auf lineare Beschreibung von Eigenschaften und Prozessen; mathematische Askese wiederum sei zumutbar, weil die Mathematik von den spezifischen mathematischen Formen abgekommen und zu Mengen oder Kategorien übergegangen sei; sie habe sich gleichsam entmathematisiert. Mengen zu bilden, Produkte von Mengen zu bilden und Mengen von Teilen einer Menge zu bilden – das sind die fundamentalen Operationen der neuen Mathematik, die ihr erlauben, vollkommene Lexika von Mengen oder Kategorien herzustellen. Die dabei entstehenden Gleichungen sind nicht Sachgleichungen, sondern Strukturgleichungen.

»The mathematician... often unscrupulously identifies objects of different nature when a perfect dictionary or isomorphism assures him that he would be saying the same thing twice but in two different languages.«

»Der Mathematiker... nennt oft bedenkenlos Gegenstände von verschiedener Art identisch, wenn ein vollkommenes Lexikon oder die Isomorphie ihm versichert, er sage dasselbe, nur eben in zwei verschiedenen Sprachen.«[11]

Spätestens hier meldet sich der Einwand, was denn dann eine solche Identifizierung bedeute? Wird hier nicht das, was man schließlich auch verstehen will – die Verschiedenheit, der Wandel, die Irregularität und ihre Gründe –, durch geeignete Ausblendungen für unwichtig erklärt zugunsten von Verfügung, Verbindung, Vergleich in einem System von sei es theoretischen, sei es praktischen Operationen? Ist nicht das Verständnis von »verstehen« verändert, das hier zugrunde liegt[12]? Und was wird aus dem Anspruch, den die alte Bedeutung von Verstehen vertrat? Leistet Wissenschaft etwas zu seiner Erfüllung, oder muß man die Leistung von Wissenschaft endgültig davon trennen? Die Veränderung und der Verlust beginnen mit der Forderung nach der »unzweideutigen Frage«. Wird sie tatsächlich vorausgesetzt, scheidet Wissenschaft zur Lösung eines überwiegenden Teils unserer Probleme aus, eben weil nach ihnen nicht unzweideutig gefragt werden kann. Das gilt vor allem für die komplexen Probleme des Individuums und der Gesellschaft, bei denen die Eindeutigkeit der Frage und Antwort geradezu bedeuten, daß man sich noch im Vorfeld des Problems befindet. Nicht trotz, sondern wegen der zunehmenden Objektivität der Sozialwissenschaften gewinnen Dichtung und Biographie zunehmend an diagnostischer Bedeutung. Ein Roman wie *Portnoy's Complaint,* ein Film wie *Strawberry Statement* oder *Easy Rider,* ein Bericht wie *Vom Waisenhaus zum Zuchthaus,* ein Stück wie *Wer hat Angst vor Virginia Woolf?* geben uns mehr und unmittelbarer Aufschluß über die Sachverhalte »Minderheit und Sexualität«, »Protestbewegung« und »Hochschule als custodial system«, »Milieusperre und Sozialschicksal«, »Verdrängung und Aggression innerhalb der Intimgruppe« als systematische Analysen und ausführliche Statistiken, weil beide, um ihrerseits verständlich zu werden, in Erfahrbares und in den eigenen Problemhorizont integriert werden müssen[13].

Wie wir gesehen haben, ist die Mathematik die Endstation eines strengen Strukturalismus. Voraussetzung ist, daß das Bewußtsein vom Modellcharakter der mathematischen Strukturen erhalten bleibt und nicht mit der dadurch ausgedrückten Wirklichkeit verwechselt wird; daß es sich in dieser Sprache nie um ontologische Aussagen handelt und daß es tatsächlich

»vollkommene Lexika zwischen den einzelnen Mengen gibt, Lexika, die die Strukturen aufnehmen, wiedergeben, transportieren können – kurz: eine Isomorphie zwischen den Strukturen.«[14]

Vergißt man je, sich dieser Voraussetzungen zu versichern, und wendet man gleichwohl die Mathematik in der genannten Weise an, sie hörte auf, »Sprache« und damit Dienerin der Wissenschaft zu sein. Es würde sich dann vielmehr etwas einstellen, was man als »mathematischen Imperialismus« bezeichnet hat und bekämpfen müßte. In der Tat ist die Mathematisierung der Wissenschaften nicht mit ihrer Historisierung, ihrer Psychologisierung, ihrer Soziologisierung vergleichbar, die es je zu ihrer Zeit auch gegeben hat oder noch gibt. Ja, auch wo die formale Ökonomie oder die Linguistik eine grundlegende und damit beherrschende Position einzunehmen beanspruchen, tun sie es mit einem ganz anderen Sinn als die Mathematik. Sie alle sagen etwa: Ohne uns könnt ihr eure eigenen Gegenstände nicht verstehen. Die Mathematik dagegen sagt: Ohne mich habt ihr kein strenges Verständnis von Verstehen.

Wissenschaft will·ja nicht *mir* Aufschluß geben, sondern dem »Standardbeobachter«; sie ist darum immer auch nur mittelbar relevant. Ihr geht Gewißheit vor Bedeutsamkeit; und *deshalb* – so soll Tolstoi gesagt haben – sei sie »sinnlos«: weil sie auf die für uns allein wichtige Frage »Was sollen wir tun? Wie sollen wir leben?« keine Antwort gibt[15]. Da die Fragen, die wir *an* die Wissenschaft richten, von einem Erkenntnisinteresse geleitet werden, dieses Erkenntnisinteresse aber nicht die Eindeutigkeit hat, die Wissenschaft für ihr mathematisches Geschäft fordert, werden die Fragen der Wissenschaft mit diesen nicht identisch sein und ihre Antworten darum nicht befriedigen – es sei denn, die Reduktion der gegebenen Vieldeutigkeit gehört selbst mit zu einem Erkenntnisinteresse. Man muß sich klarmachen, daß das Problem meist schon so gut wie gelöst ist, wenn man es exakt stellen kann. Wenn Wissenschaft erst dort beginnt, fallen 90% ihrer Tätigkeiten dem vorwissenschaftlichen Bereich zu, und sie selbst wäre kaum mehr als eine Formulierungs-, Verrechnungs- und Registrierkunst. Gerade angesichts der zentralen Rolle, die die Wissenschaft für die Gesellschaft spielt, ist ihre Festlegung auf die Mathematisierbarkeit ihrer Ergebnisse gefährlich. Wissenschaft würde damit notwendig zur Dienerin der Technokratie und nicht zum Instrument der Selbstbestimmung des Menschen. Die so re-konstruierte Einheit würde sie die kritische Funktion kosten, die in der freien Wahl der Frage gründet[16].

Die Einheit der Wissenschaften interessiert uns, weil es Verständigungsschwierigkeiten gibt – nicht zwischen jedermann, sondern zwischen Wissenschaftlern. Wer oder was sind Wissenschaftler? – Menschen, die Erfahrung gemeinverständlich und d. h. intersubjektiv deuten und diese Deutung so anstellen, daß man sieht, wie sie zustandegekommen ist: sie muß überprüfbar sein. Solche Gemeinverständlichkeit impliziert – bei der Fülle der möglichen Gegenstände – immer auch Abstraktion, und insofern haben die Mathematisierer·der Wissenschaft recht, wenn sie ihre »konvexen Funktionen«, »Nullsummen«, »Algorithmen« und die Fülle der Formeln gegen die verteidigen, denen das zu schwierig, zu unanschaulich ist. Man kann diese Begriffe lernen, wie wir alle gelernt haben, was ein Subjekt und ein Prädikatsnomen ist. Aber eben, daß die meisten Menschen es nicht tun, deutet auf das wahre Problem: Abstraktion sollte als Prozeß und nicht als Ergebnis gelehrt werden. Hierbei teilt die Mathematik die Fehler, die die anderen Wissenschaften in ihre Isolierung gebracht haben, und fügt nun den ihren hinzu. Sie alle stoßen mit ihren hochabstrahierten Ergebnissen aufeinander, deren Rückübersetzung in eine gemeinsame »Erfahrung« nicht mehr gelingt. Für Abstraktheit und Exaktheit, für Universalität und Verläßlichkeit muß ein zu hoher Preis gezahlt werden: der Preis der Evidenz und der Relevanz. Wenn Wissen kein Verstehen mehr verspricht, das einem anderen etwas wert sein könnte, ist es gleichgültig, ob es sich um Wissenschaft handelt.

Mathematik wird entweder nur die Sprache einiger Wissenschaften bleiben und die anderen um so endgültiger von diesen trennen, oder Mathematik müßte so allgemein gemacht werden wie die Muttersprache: wir müßten lernen, in ihr zu leben, wahrzunehmen, zu denken, zu kommunizieren. Ich glaube nicht, daß das geht. Die vieldeutige schmuddelige Welt, mit der wir es im Alltag zu tun haben, wäre mit dem eindeutigen Instrument der Mathematik nicht zu handhaben. Aber ich glaube, daß das systematische Lernen, das wir der Schule vorbehalten haben, mathematische Denk- und Wahrnehmungsformen in stärkerem Maß aufnehmen kann – vorausgesetzt, wir lernen Mathematisches in der Tat als Sprache, nämlich als ein Verständigungsmittel, und wie eine Sprache, nämlich sprechend, und über Dinge und Sachverhalte und nicht als stummes, gegenstands- und partnerloses Glasperlenspiel. Ja, wir müßten die Mathematik mehr noch als andere Wissenschaften entzaubern. Ihr Zauber und ihre Zauberei liegen in dem eigentümlichen Verhältnis zwischen der äußeren Exaktheit des geistigen Instruments und der der Inexaktheit der realen Tatbestände, auf die es angewendet wird. Die wissenschaftspropädeutische Chance der Mathematik scheint demnach gerade in dem zu bestehen, was die Mathematiker – bisher – scheuen, wenn nicht verachten: in der Übersetzung von realen Beziehungen in mathematische Sprache und umgekehrt. Sie besteht, wie alle wirklichen didaktischen Chancen, in einer prinzipiellen Schwierigkeit. Lehrte man in der allgemeinbildenden (also u. a. allgemein auf Wissenschaft vorbereitenden) Schule die Mathematik derart als eine »gemischte« und nicht als eine »reine« Wissenschaft, sie hätte Aussicht, eine Gemeinsprache der Erkenntnis zu werden und nicht ein zusätzliches Mittel der Entfremdung.

3. Der Zusammenschluß der Wissenschaften durch Administration und Technik

Nicht erst, wenn die Wiedervereinigung der Disziplinen zu einer »Einheit der Wissenschaften« in der Idee (also in der Philosophie), in den Objekten (also in einem Kosmos), in den Erkenntnismitteln (also in Kategorien, Begriffen, Strukturen), in einer speziellen Wissenschaftssprache (also in der Mathematik) gescheitert ist oder sich als zu schwierig erweist, treten die Wissenschafts-Administratoren auf und bieten ihre guten, unparteilichen technischen Dienste an. Sie beteiligen sich nicht an der philosophischen Analyse; wenn sie klug sind, werden sie das philosophische Problem nicht leugnen, aber sie werden es auch nicht bestätigen; sie werden offen lassen, ob es nicht am Ende doch nur ein praktisch-organisatorisches ist.

Die Rechnung ist trivial aber richtig: falsche Mittel können die Einheit der Wissenschaft stören, ja zerstören; richtige Mittel können sie wiederherstellen; ob die Mittel die Einheit konstituieren können, hängt davon ab, wie man Wissenschaft definiert.

In der hier zu behandelnden Antwort auf unser Problem steckt dazu eine wichtige theoretische Implikation: Wissenschaft ist (auch) ein Informationssystem, und wenn der Informationsfluß stockt, oder zu stark kommt, um verarbeitet zu werden, dann muß das System reguliert werden. Daß Wissenschaft nicht nur ein Produzent von Wissen ist, sondern auch ein Verteiler, geht aus ihrer Bestimmung hervor: gemeinverfügbares, nachprüfbares Wissen hervorzubringen.

Das noch immer eindrucksvollste und eindeutigste Zeugnis dieser Auffassung ist der sogenannte Weinberg-Report[17], der bezeichnenderweise im Auftrag der amerikanischen Regierung erstellt wurde, weil die Bilanz der amerikanischen Forschung nicht befriedigte. Sich überschneidende Anträge im gleichen Forschungsbereich legten nahe, daß es sich um ein Koordinierungsproblem handelte, und die Frage war nun: Soll die Regierung mehr Geld für mehr Wissenschaftler oder für mehr Informationsaustausch oder für mehr Rechenanlagen ausgeben?

Die Untersuchung, die diese Frage klären helfen sollte, eben die Weinberg-Untersuchung, brachte eine Reihe von sehr handfesten wissenschaftsorganisatorischen und -soziologischen Problemen ans Licht: die Tatsache, daß zumal experimentell arbeitende Forscher die Zeit, die sie mit dem Zusammensuchen von Informationen oder dem Aufschreiben ihrer Ergebnisse verbringen müssen, häufig für verschwendet halten und sie lieber auf das Auffinden von neuen Resultaten verwenden (S. 15); daß es unter den gegebenen Umständen objektiv ökonomischer sein könne, bestimmte Ergebnisse neu zu gewinnen, als sie aus den schon gewonnenen herauszusuchen (S. 16); daß umgekehrt viele Forschungen in den Vorarbeiten steckenbleiben, in der Sekundärliteratur, in der Fülle der schon vorliegenden Ergebnisse; und daß darum schon die intra-disziplinäre Kommunikation zusammenbricht, nicht erst die inter-disziplinäre (S. 22).

Der Weinberg-Report kommt zu den Empfehlungen:

– die Informationsketten (Abfassung des Berichts, seine Veröffentlichung, Information über die Publikation, Katalogisierung, Speicherung, Wiederauffindung für den Nutzer) sind zu rationalisieren;

– die Trennung von Autor und Dokumentator ist aufzuheben;

– damit der Autor dies auch leistet, leisten kann und leisten will, muß man ihn während seines Studiums hierin unterweisen (in den Techniken der Informationshandhabung: Benutzung von Lochkarten, Computersprache, Herstellung von abstracts, kein Buch ohne Index, Herstellung von Zitier-Indices etc.), ihn mit einer technischen Apparatur unterstützen (mit standardisierten, formalisierten, kondensierten Speicherungs- und retrieval-Systemen), ihn entlasten (durch »Ausmerzung unnötiger Veröffentlichungen«, S. 43);

– die Regierung soll Daten-Banken, Informationsstellen, Clearinghäuser einrichten (die z. B. Spezialverbindungen herstellen).

Nachdem das Problem des Informationsflusses auf höchster, nämlich gesellschaftspolitischer Ebene aufgegriffen worden ist, verwundert die Naivität dieser Antwort sehr. Probleme der akademischen Lehre, das Theorie-Praxis-Verhältnis, die Isolierung der forschenden Intelligenz von der Verwaltung oder von der produzierenden und konsumierenden Öffentlichkeit, die Fragmentarisierung der Wissenschaft und die Polarisierung der Gruppen von Wissenschaftlern kommen alle in dem Bericht nicht vor. Es war gleichwohl wichtig, sich durch ihn zu vergegenwärtigen, was Wissenschaft als »Informationssystem« für viele einflußreiche Personen und Gruppen bedeutet: eine Einpassung, wenn nicht Umwandlung der eigenbrötlerischen Forschung in ein »Schaltsystem« (S. 21) unter erheblichen Auflagen für den einzelnen und gewaltigen technischen Vereinheitlichungen für alle. Die Frage nach der internen Einheit oder Kommunikationsfähigkeit der Wissenschaft nimmt sich vor diesem Hintergrund anders aus. Clark C. Abt hat im Auftrag der OECD mit Hilfe eines umfassenden Fragebogens im Sommer vorigen Jahres zu ermitteln versucht[18], in welchem Umfang, in welcher Funktion, mit welchem Erfolg und welchen Schwierigkeiten Interdisziplinarität in die Forschung und Lehre amerikanischer Hochschulen eingegangen ist. Der Rücklauf der ausgesandten Fragebogen war sehr dürftig (17 von 76 angeschriebenen Einrichtungen haben voll ausgefüllte Bogen zurückgeschickt; es wird vermutet, daß die Studentenstreiks schuld daran waren, daß 39 Einrichtungen überhaupt nicht geantwortet haben), und so können die Untersuchungsergebnisse nicht verallgemeinert werden. Sie erweitern jedoch das Material- und Meinungsspektrum erheblich, und sie bestätigen vor allem den Typus von »Antwort«, dem dieser Abschnitt gilt. Teilt man die Mittel zur Realisierung der Interdisziplinarität mit Abt ein in: philosophische, methodologische, terminologische, materielle (gemeinsame Wissensdaten) und kommunikationstechnische, dann scheinen den Befragten die letzteren die wichtigsten zu sein; es folgen die Gemeinsamkeit der Information (Daten-Banken, Bibliotheken, Wissensspeicher) und die »methodologische Integration«, während die terminologische und wissenschaftstheoretische keine Rolle spielen, ja die praktische Relevanz der letzteren überhaupt nicht verstanden zu werden scheint (S. 7 f.).

Innerhalb der Kategorie »Kommunikationsverhältnisse« ist die physische Zugänglichkeit der wichtigste Faktor, wichtiger als funktionale Koordination! Ein langsamer Fahrstuhl, der zwei auf verschiedenen Etagen untergebrachte Disziplinen verbindet oder vielmehr trennt, kann mehr zur Verhinderung von Interdisziplinarität tun als bestehende und gewohnte Fakultätsgrenzen oder eine unterschiedliche Begrifflichkeit. Im Gegenteil: über die unterhält man sich dann. Man unterhält sich darüber nicht nur aus Anlaß gemeinsamer Projekte, sondern mit Vorliebe ohne solche Nötigung – vorausgesetzt, es gibt Gelegenheit dazu. So stehen denn die Nachbarschaft der Arbeitsräume und der Labors, das Vorhandensein von unspezifischen Kommunikationsflächen, Foyers, Restaurants, Kaffees und sogar Waschräumen, Spielräumen, Sportgelegenheiten obenan. Die Unterhaltungen werden in erster Linie über Verfahrensprobleme, in zweiter über Begriffe und Theorien, in dritter über Fakten geführt und so gut wie gar nicht über sprachliche Probleme oder Darstellungsprobleme – über die Kommunikation selbst! (S. 9)

In der Kategorie »Daten-Integration« spielen Speicherung und retrieval (Abrufung oder Wiederauffindung) durch Computer die größte Rolle. Dabei scheinen die gemeinsamen Wissensunterlagen, die der Computer auf bestimmte Anforderungen ausgibt, ganz neue Gruppierungen von Disziplinen zu befördern: man entdeckt an der gemeinsamen Antwort, daß die Fragen ähnlich waren. Der Computer hat also zunächst eine dynamisierende Wirkung im Vergleich zu den disziplinär erarbeiteten Wissensaggregaten (Fachbibliotheken z. B.) (S. 34).

Zu einer »methodologischen Integration« finden sich diejenigen Wissenschaftler zusammen, denen es mehr Freude macht, Probleme zu formulieren als ihren Details nachzujagen. Indem ihnen das letztere durch eine technisch gut ausgestattete Wissens-Organisation abgenommen wird, indem vor allem das amorphe Datengut entweder einer politischen oder praktischen Problematisierung oder einer verfahrensmäßigen Verknüpfung ausdrücklich bedarf, sind Wissenschaftler in solcher Funktion nicht nur gerechtfertigt, sondern gefordert.

Die Widerstände gegen eine Ausdehnung der Interdisziplinarität bestehen, wo sie nicht schon in der Negation der fördernden Faktoren bestehen (durch Gebäude, die die Begegnungen erschweren, dezentrale und nach verschiedenen Systemen operierende Wissensspeicher, das Fehlen von Computern), vor allem in Laufbahnbehinderungen (die Examina sind noch immer weitgehend monodisziplinär), Personalbeschränkung, mangelhaften mathematischen Fertigkeiten und fehlenden Experimentalspielräumen (z. B. Simulations-Laboratorien, in denen statt eines kostspieligen »echten« Projekts zunächst einmal ein hypothetisches durchgespielt werden könnte) (S. 10).

Dies alles unterstreicht, was ganz am Anfang (vgl. unten S. 26 ff.) einmal behauptet wurde: daß die Frage der Interdisziplinarität nicht auf einer einzigen Ebene oder auf mehreren Ebenen getrennt angegangen werden sollte – einer wissenschaftstheoretischen, einer administrativen, einer soziologischen, einer psychologischen und so fort. Denn natürlich werden zentrale Computer nicht nur die wissenschaftliche Qualität der Forschungsarbeit einer Universität verändern, sondern auch ihre Selbstverwaltung, die Mitsprachegelegenheiten, die Mittelzuteilung. Helmut Schelsky hat in seiner Streitschrift »Abschied von der Hochschulpolitik«[19] die zwei großen Veränderungen analysiert, die die bisherigen Anforderungen an die Hochschulen durchmachen: die

Verbreiterung der wissenschaftlichen Berufsausbildung und der Wandel der Forschung selbst. Die Fülle der Faktoren, die Schelsky innerhalb dieser beiden Veränderungen wirken sieht und aufzählt, wären alle auch hier aufzuzählen – und alle auch immer wieder in den Begründungen und Plänen für integrierte Gesamthochschulen. Zu verlangen, daß man sie alle und auf einmal berücksichtige, hieße die Hochschulen total überfordern. Das aber bedeutet nicht, daß die Reform aussichtslos sei, sondern nur, daß man sich mehr Zeit nehmen und sehr deutliche Zielvorstellungen machen muß: Wir brauchen zunächst operations research von der Art des Herrn Abt; wir brauchen Experimentalhochschulen, an denen die »Innovationen« unter genauer Beobachtung und mit einem Spielraum dafür vor sich gehen; wir brauchen Alternativen innerhalb der möglichen Reformen, die mit unterschiedlichen Kombinationen von Maßnahmen arbeiten; wir brauchen sehr viel mehr Toleranz, wenn wir denn wirklich meinen, daß es sich um einen Umbruch handelt und nicht nur eine quantitative Ausweitung des Systems. Deshalb bestehe ich darauf, daß die Krise der Hochschule und die Krise der Wissenschaft zusammengesehen werden. Urteile über Erfolg und Mißerfolg bestimmter Neuerungen sollten nur unter Angabe der Kriterien zulässig sein. Ist z. B. Interdisziplinarität dazu da, gesellschaftliche Probleme besser lösen zu helfen, oder das Wissen zu vervollständigen (die Lücken zwischen den Disziplinen zu schließen), oder die Akademiker zu anderen erfreulicheren Formen der Kooperation und Kommunikation anzuregen, oder auch nur eine Basis für ein neues Organisationsprinzip (die Integrierte Gesamthochschule) zu liefern? Je nachdem, wie man hierauf antwortet, wird man anders über den Einsatz von »entlastenden« zentralen technischen Anlagen oder »belastende« gruppenparitätische Diskussionen urteilen. Der beklagte, weil geduldraubende und unruhestiftende Partizipationsdrang von Studenten und Assistenten könnte sich unter entsprechenden Voraussetzungen als eine Folge einer Summe von Veränderungen erweisen, die mehr mit dem Computer als mit den Ideologien zu tun haben. Wenn beispielsweise eine integrierte Datenverarbeitung (und andere technische Mittel, über die man mehr administrativ als wissenschaftlich »verfügt«) die Schranken zwischen den Disziplinen zerbrechen können soll, warum nicht auch die zwischen Forschern, Lehrenden und Lernenden?

Keine einzige der vielen Veränderungen der Forschung, die Schelsky aufzählt, hat etwas mit einer Veränderung des »Wesens« oder des »Ethos« oder auch nur der Philosophie der Wissenschaft zu tun, sondern alle nur mit ihrer Ausdehnung, Spezialisierung, Komplexität, Aufwendigkeit und ihren technischen Apparaturen. Es ist also nicht verwunderlich, wenn die »Ingenieure« die wissenschaftstheoretischen Erörterungen beiseite schieben, sich über die Liste der Notstände hermachen und zusehen, was davon sie mit ihren Mitteln lösen können. Einstweilen scheinen sie zu meinen: so gut wie alles. Auf diesen Optimismus reagieren die nächsten vier Antworten.

4. Der Zusammenschluß von Wissenschaften im »Projekt«

Die »Integration« der Wissenschaften durch organisatorische, methodologische, technische Mittel bringt neben Optimismus und Skepsis, neben unheimlichen Veränderungen und Aufwendungen vor allem eines wieder auf: die Frage »wozu?«. Gerade wenn die Mittel Erfolg haben, wenn alles »reibungslos klappt«, die wissenschaftliche Produktivität, die Ausmaße der Einrichtungen, die Arbeitsteilung und -geteiltheit zunehmen und die Beschäftigung mit dem Nachbarn (und schon gar mit dem »Ganzen«) aufhören kann, weil man in keiner Weise mehr an ihm leidet – weder aus Neugier, noch aus Neid, noch aus Not – und ohnedies alle einschlägigen Probleme über die »Clearingstellen« abwickelt, ist dann nicht die Gefahr, daß die Wissenschaft Zwecken dient, die sie nicht kennt und die sie nicht billigen könnte, besonders groß? Der »Technokratieverdacht« ist schnell zur Hand und erinnert daran, daß Wissenschaft, wenn schon keinen Grund in der Metaphysik, so doch eine Aufgabe, eine Idee, ein über die formalen Kennzeichen hinausgehendes »Ethos« hat, das sie eint. Alle bisher erörterten Antworten haben die Einheit der Wissenschaft in dem wiederherzustellen versucht, was die Zerstörung der Einheit am deutlichsten auswies: in der gestörten Kommunikation zwischen den Teilwissenschaften, in der Interdisziplinarität. Sie haben nichts zu der Einheit gesagt, die in erster Linie zerstört ist: der Einheit des Zweckes. »In erster Linie« – denn die Mittel haben sich nach dem (in der Geschichte wechselnden) Zweck gerichtet.

Max Weber hat in *Wissenschaft als Beruf*[20] eine von vielen möglichen Typologien aufgestellt: Für Platon war die Wissenschaft der *Weg zur Wahrheit*, und so hat er den eindeutigen Begriff zum Mittel und Merkmal der Wissenschaft gemacht. Für die Renaissance, also etwa einen Leonardo, war sie der *Weg zur wahren Natur*, und das Experiment, die Nachahmung der Natur durch den Menschen, war ihr dazu geeignetes Verfahren. Die Verbindung von christlichem Spiritualismus und exakter Naturerkenntnis machte die Wissenschaft (also nicht mehr nur die Offenbarung) zu einem *Weg zu Gott*, zur Theodizee eines Leibniz, und die Systematik wurde ihr Kennzeichen. Als die Wissenschaft aufhörte, sich mit dem »Sinn« der Welt zu befassen, wurde sie ein *Weg zum Glück*, selbst ein Mittel zur Beherrschung des Lebens, und die Kriterien waren solche Eigenschaften, die sich in allen Wissenschaften gemeinsam darauf beziehen ließen: Objektivität, Kontinuität, Praktikabilität. – Dieser von mir leicht adaptierte Überblick von Max Weber endet freilich nicht hier. Er endet vielmehr in der Darlegung, daß die »Voraussetzungen« der Wissenschaft nicht zu dieser gehören, von ihr nicht entschieden werden können und nicht behandelt werden sollten: sie gehören zum »ewigen Kampf der Götter« (S. 32). Er hätte dies wohl nicht so leidenschaftlich vertreten müssen, wenn nicht die Entwicklung schon stark in die andere Richtung gedrängt hätte. In dem Maß, in dem man mit und an Max Weber weiter diskutiert hat, hat man – oder haben viele – immer deutlicher erkannt, daß die »Zweckfreiheit« der Wissenschaft eines ihrer *Mittel* ist, und damit selbst einen Zweck oder Zwecke haben muß.

Das Dilemma, in das die Neutralisierung der Wissensinhalte, die »gleichmäßige Vergegenständlichung aller Natur- und Lebensbereiche« (Jaspers) – gerade aus pragmatischen Gründen – geführt hat, hat außer einer nostalgischen Ahnung von der verlorenen und vertanen Einheit auch kühne Ausbrüche nach vorn hervorgebracht; unbekümmert um die wissenschaftstheoretischen Streitigkeiten, unbekümmert auch um *den* Zweck der Wissenschaft, verfolgen die Ausbrecher ausgewählte Einzelaufgaben. Es gibt inzwischen eine beachtliche Reihe von wissenschaftlichen Gemeinschaften, die sich um Projekte organisieren und darin eine hinreichende Deckung für die Einheit der Wissenschaften sehen, »Wissenschaftliche Gemeinschaften«, die man »Universitäten« eigentlich nicht nennen dürfte, die aber Rang und Ansehen von solchen haben und einen großen Teil von deren Funktionen mittragen.

Als Beispiel möchte ich die University of Wisconsin/Green Bay (UWGB) nennen. Sie ist vor fünf Jahren gegründet und im Jahre 1969 eröffnet worden, um zwei konvergierenden Bedürfnissen zu genügen: *erstens*, den unruhig gewordenen Studenten ein Studium an oder in gesellschaftlich relevanten Gegenständen und Tätigkeiten zu bieten, ein Studium, dessen Ziel sichtbar, unmittelbar überzeugend und in hohem Maße fordernd ist, dessen Mittel alle herkömmlichen einschließen können und an Wirksamkeit übertreffen sollten; *zweitens*, der Gesellschaft oder Gemeinschaft praktische Hilfe zu geben, bei Aufgaben, die das Marktwirtschaftssystem offensichtlich allein nicht löst, insbesondere bei der Umwelterhaltung und -verbesserung durch Umweltforschung:

». . . a university, designed specifically to respond to the needs of an area, which will have as its dominant concern the preservation and improvement of environmental quality for all men.«[21]

». . . eine Universität, die so ausgelegt ist, daß sie insbesondere auf die Bedürfnisse einer bestimmten Region eingehen kann und dabei ihre Aufmerksamkeit in erster Linie der Erhaltung und Verbesserung der Umwelt aller (in ihr lebender) Menschen widmet.«

Sie nennt sich darum auch eine »Communiversität«. Hierzu gliedert sie sich in vier Colleges:

1. das College für Umwelt-Wissenschaften (hier geht es um die natürliche Umwelt);
2. das College für Gesellschafts- oder Gemeinschaftswissenschaften (hier geht es um die soziale Umwelt);
3. das College für Humanbiologie (hier geht es um die Anpassungsfähigkeit des Menschen an die Umwelt und ihre Einwirkung auf ihn);
4. das College für Creative Communication (hier geht es um die Einwirkungen des Individuums auf die Umwelt und darum, dem Studenten das Verhältnis von Analyse/Synthese als Wahrnehmungsvorgang und Mitteilung/Handlung als Gestaltungsvorgang zu erschließen).

Die UWGB versteht sich als eine »pan-disziplinäre« Einrichtung und wäre sehr wohl einer unserer alten Fakultäten vergleichbar – mit dem entscheidenden Unterschied, daß es keine anderen Fakultäten neben ihr gibt, bei denen man Informationen einholen oder in Auftrag geben oder denen man einen ganzen Teil der

Aufgabe zuschieben könnte: UWBG muß für alles aufkommen, was ihr Auftrag berührt und erheischt. Das Thema der Universität ist so gewählt, daß man sich wenig oder gar keine »Disziplinen« vorstellen kann, die nicht im Spiel wären. Sie ist also potentiell eine universitas scientiarum et litterarum. Es ist wohl außerdem sicher, daß ihr Thema dauerhaft ist und nicht eine bloße Mode: wir werden das schwierige Verhältnis von Mensch und Umwelt so wenig endgültig lösen und seinen Stachel damit los werden wie die Probleme der Gesundheit oder der Rechtsordnung oder der Sprache unter den Menschen.

Erich Jantsch zählt in seinem OECD-Referat (vgl. S. 14 und S. 95 ff.) weitere Beispiele für interdisziplinär organisierte Hochschulen und Forschungsstätten auf – getrennt nach solchen, an denen primär interdisziplinär gelehrt oder primär interdisziplinär geforscht, oder beides getan wird. Inzwischen ist ein bemerkenswerter Plan hinzugetreten: der einer internationalen (postgraduate) Universität der UNESCO; sie soll sich auf Probleme konzentrieren, die sich aus der Charta der Vereinten Nationen ergeben[22].

Jantschs Liste ist weder sehr imponierend, noch sind die Beispiele oder Typen in sich überzeugend. Wenn er z. B. das College of Agricultural and Environmental Sciences der University of California, Abteilung Davis, oder das Projekt Metran (metropolitan transportation system, das alle Verkehrsmittel einer Großstadt integrieren soll) oder das ähnliche Glideway System-Projekt des MIT dazuzählt, warum dann nicht jede beliebige Pädagogische Hochschule (oder gar die Klagenfurter Hochschule für Bildungswissenschaften) oder ein Institut für Konflikt- oder Medien- oder Nahrungsforschung?

Aus der Liste von E. Jantsch geht außerdem hervor, daß nur wenige dieser Einrichtungen bisher den extremen Weg der UWGB gehen. Sie begnügen sich mit einer integrierten Forschung oder einem integrierten Lehrangebot inmitten der fortbestehenden disziplinären Grundstruktur herkömmlicher Hochschulen. Auch der Plan von Ernst von Weizsäcker für eine Baukasten-Gesamthochschule[23] fordert zunächst nur interdisziplinäre (Einzel)institute im Bereich der Forschung, die die vorgesehenen Baukasten-Lehrelemente und Projektgruppen »unterstützen«. Er nennt als Themen:

»*Berufsbildungsforschung, Verkehrspolitik, Urbanologie, Um-*

weltforschung, Friedensforschung, Anthropologie, Sozialmedizin, Kybernetik, Kommunikationsforschung, Entwicklungsländerforschung«

und fügt hinzu

»Eine Baukastenhochschule würde die Gründung von größenordnungsmäßig wenigstens 10 interdisziplinären Instituten voraussetzen. Anders ist die erforderliche Kommunikationsdichte am Ort kaum zu erreichen.« (S. 38)

Alle diese Formen von mehr-disziplinärer Forschung und Lehre machen weder die besondere Stärke noch die besondere Schwierigkeit, ja Schwäche der Projekt-Lösung deutlich. Es bleiben *erstens* die alten Disziplinen und damit der inter-disziplinäre Kommunikationsnotstand (durch das Fehlen der philosophischen, wissenschaftstheoretischen, terminologischen, vermittlungstechnischen, propädeutischen und praktischen »Einheit«), er wird sogar zunehmen, indem die neu geschaffenen Interdisziplinen sich ihrerseits zu Disziplinen entwickeln. Die *Stärke* der UWGB liegt darin, daß sie keiner Disziplin mehr einen vor Querfragen und durch »Eigenwert« geschützten Platz einräumt und dadurch Kommunikation erzwingt, ja, die praktische Überwindung der anderen Hindernisse für eine wirkliche Einheit der Wissenschaften nach sich zieht. Interdisziplinarität bedeutet institutionalisierte gegenseitige »Störung« und gerade nicht friedliches Nebeneinander, nicht garantierte Nichteinmischung. *Zweitens* verlagert der UWGB-Plan das Problem der Disziplinen aus der einzelnen Universität auf die nationale oder internationale Ebene. Dies ist ihre *Schwäche.* Irgendwo wird es doch Grundlagenforschung geben müssen; irgendwer muß Kernphysik, Sprachwissenschaft, Mathematik, Krebsforschung, Hegelkritik treiben, irgendwo werden sie also weiter existieren und mit ihnen der Kommunikationsnotstand. Die neuen Universitäten sind Parasiten auf den Fehlern, Einseitigkeiten und Leistungen der anderen. Ihre Schwäche wird alsbald deutlich, wenn man sich vorstellt, alle Hochschulen würden organisiert wie sie – nach welchem Gesamtplan eigentlich und auf Kosten wieviel schwacher aber wichtiger Wissenschaften?! – Eine weitere spezielle Schwäche der UWGB scheint mir im übrigen zu sein, daß sie eine heilsame Bedingung von Projektarbeit preisgibt: Projekte treibt man auf Zeit und nicht – wie die Forschung in Fachdisziplinen – auf Ewigkeit! Man ist deshalb schon mehr auf Hilfe von außen

angewiesen; man muß sich nach Beendigung des Projekts um-
stellen, seine alten Erkenntnisse neuen Mitarbeitern neu mitteilen und kann nicht mit dem rechnen, was der gewohnte Apparat
schon zu einem selbstverständlichen gemeinsamen Besitz gemacht hat. Diskontinuität kann eine Tugend sein: sie kann die
Kommunikation und Interdisziplinarität anregen. Dies hat die
Permanenz des »Projekts« Umweltforschung an der UWGB
ausgeschlossen.

Gleichwohl wäre es in der gegenwärtigen Lage gut, es gäbe auch
auf unserem Kontinent mehr dergleichen Einrichtungen. Es ist
nicht so, daß die Universitäten in den USA und in England eben
unabhängiger und *darum* eher zu solchen Experimenten fähig
sind als die unseren: die dortigen Gesellschaften selbst sind plu-
ralistischer und zahlen mit allen möglichen Unsicherheiten und
einer guten Portion Selbstdisziplin für die Vielfalt und Freiheit
ihrer sozialen Institutionen. Nichts entschuldigt uns hierin – es sei
denn die alte Einsicht, daß »besser werden« nur dem gelingt, der
schon »gut« ist. Innerhalb unserer zentralgeordneten, normier-
ten, verbeamteten Systeme wirken Einrichtungen, in denen die
Zuständigkeiten zu verschwinden scheinen und die Vollzählig-
keit der gewohnten Gegenstände, Abschlüsse und Berechtigungen nicht garantiert wird, als unzumutbares Ärgernis oder als
nutz- und wirkungslose Ausnahme. Die einzige deutsche Universität, die es mit der Projektforschung und dem Projektstudium
ganz ernst meint, wird bezichtigt, damit das Ende des Pluralismus
der Wissenschaften einzuleiten. Es könnte freilich auch der müh-
same, von den anderen nicht erkannte Anfang eines Pluralismus
sein, den wir insgesamt in der Gesellschaft noch aufbringen müssen.

In der Tat sehe ich keinen Sinn darin, noch einmal bei Max Weber
anzufangen: mit dem erneuten Versuch, Wissenschaft und Politik
nicht nur im Prinzip, sondern in der institutionellen Wirklichkeit
wie unvereinbare Elemente zu scheiden. Das kann man nur in der
Theorie und muß sich dann fragen: wozu? Wie hätte man damit
der Wissenschaft und der Gesellschaft geholfen, deren Probleme
aus ihrer Verflechtung kommen?! Die Wissenschaft ist selbst die
vielleicht wirksamste Form von Praxis geworden; sie ist mit ihren
Einrichtungen, ihren Kosten, ihrem Nachwuchsbedarf, ihren Be-
amtenstellen, ihren Forschungsaufträgen, mit der von ihr gelei-
steten Berufsausbildung, den Berechtigungen, der Sprache, die

sie spricht, und mit der Fülle der sachlichen Erwartungen, die man an sie richtet, so tief in die Gesellschaft, ihre Existenz- und Denkmuster, eingelassen, daß die fortgesetzte Beschwörung ihrer Unabhängigkeit ein unaufrichtiger intellektueller Luxus wäre[24]. Die einzelnen Wissenschaftler können sich vornehmen, dem möglichst nahe zu kommen, was Friedrich Tenbruck als die Aufgabe der Wissenschaften gegenüber der Gesellschaft formuliert. Aber man kann nicht die Regulierung und Kontrolle einer so riesigen und machtvollen Institution ganz auf das Gewissen einzelner gründen. Bei Tenbruck heißt es:

»*Die Wissenschaften* stellen rein sachlich alle Forderungen *(der verschiedenen antagonistischen gesellschaftlichen Gruppen)* in die Tatsachenzusammenhänge. *Sie veranstalten gewissermaßen ein Sandkastenspiel, was herauskäme, wenn man die Forderungen erfüllte.*«[25]

Aber das Ergebnis dieses Sandkastenspiels hängt von den Merkmalen, Inhalten, Ausmaßen des Sandkastens ab – von der Genauigkeit und dem Blickpunkt der Simulation, als die die Wissenschaft hier mit Recht dargestellt wird. In dem großen Sandkastenspiel »Wer gehört auf die höhere Schule?« gaben die zuständigen Sandkastenspieler (die Erziehungswissenschaft, die Soziologie und die Psychologie) vor 60 Jahren gar keine, vor 30 Jahren und noch vor 15 Jahren je ganz andere Auskünfte als heute – und das nicht, weil die damalige Wissenschaft es nicht ehrlich meinte oder die heutige die »Tatsachenanalyse« so viel besser zu treiben gelernt hat, sondern weil die gesellschaftlichen Verhältnisse und äußere Beispiele und Anlässe sie genötigt haben, auf anderes und mit anderem Aufwand zu achten als einst: den Sandkasten anders aufzubauen.

Kurz, die Wissenschaft ist kein Sortiment analysierter Tatsachen und die Gesellschaft nicht einfach eine Käuferschaft, die allemal auf ihre subjektive Nachfrage eine objektive Ware erhält, die sie dann zwar wieder subjektiv (in ihrem Interesse) aber nicht ohne Spuren der Objektivität verwendet. Was geschieht, wenn die Käufer die gesuchte Ware nicht finden, weil die Wissenschaft sie nicht führt? Sollen sie sie woanders einkaufen (bei wem?) oder auf die Nachfrage verzichten? Und was wäre dann die Verantwortung der Wissenschaft für die Folgen? Oder hätte sie keine Verantwortung für das, was sie nicht tut?

Es steckt im übrigen ein gefährlicher Widerhaken in der Argumentation von Tenbruck: Indem die Wissenschaft die Tatsächlichkeit feststelle, schaffe sie die Voraussetzungen für die Lösung von gesellschaftlichen Problemen, ja für Planung und Entwurf. Wer »feststellt, was ist«, erhält damit eine ungewollte Entscheidungs- und Schiedsfunktion – nun freilich auf eine Weise, die als solche nicht zu erkennen und schwer abzuwehren ist und die doch die Neutralität nicht haben kann, die ihr unterstellt wird; sie kann sich immer nur auf eine Auswahl berufen, einen Aspekt oder gar nur den Schein der Wirklichkeit – einer Wirklichkeit, die obendrein nicht so sein müßte. »Denn es ist natürlich die illoyalste Art (jemanden zu beeinflussen), wenn man ›die Tatsachen sprechen läßt‹« – so warnte der hierin weise Max Weber[26]. Und Gunnar Myrdal schreibt:

»*Erst müssen Fragen da sein, dann können Antworten gegeben werden. Fragen sind stets ein Ausdruck unseres Interesses an der Welt. Sie sind im Grunde Wertungen. Wertungen sind also mit Notwendigkeit schon dann im Spiel, wenn wir noch Tatsachen beobachten und die theoretische Analyse treiben, und nicht erst in dem Stadium, in dem wir politische Folgerungen aus den Tatsachen ableiten und Wertungen vornehmen.*«[27]

Weil ich auch so denke, scheint mir der Versuch von Wisconsin/ Green Bay nicht falsch, sondern allenfalls ungeschützt. Er darf nur seinerseits nicht behaupten, die herkömmliche Bestimmung und Gliederung der Wissenschaft sei »falsch« und durch die Projekt-Universität zu ersetzen: das wäre wissenschaftstheoretisch wie -politisch gleichermaßen naiv. Er darf sich auch nicht damit begnügen, daß man ihn gewähren läßt: er bliebe dann nicht nur unbedeutend, sondern bewiese, daß seine Idee nicht zu Ende gedacht ist. Die Enge der Zufälligkeit seines Zweckes fordert, daß es viele Projekt-Universitäten mit breiter Streuung der Aufgaben gibt. Die Veränderungen der Gesellschaft durch Fernsehen oder durch Psychoanalyse, die Funktion der »Kunst im politischen Zeitalter« (Schiller) oder der Religion in der säkularisierten Welt, die Sozialpathologie und das Generationsproblem in unserer verwalteten und präfigurativen Zivilisation[28], der Marxismus als simulation-game und in seiner praktischen Wirksamkeit etc. etc. – dies alles könnte und müßte Projekt sein können: nicht nur eines Oberseminars im Rahmen einer interessierten Disziplin, sondern als Gesichtspunkt, unter dem eine Fakultät oder Universität ihre Arbeit langfristig organisiert.

Es erhebt sich sofort die Frage: Wer bezahlt das, und kann das frei, ungeplant vor sich gehen? Wer soll hier planen? – Die Probleme sind gleich ungeheuer groß und entmutigend, und so zieht man sich gern auf die eingegrabenen Frontlinien zurück: auf die Verteufelung der »gesellschaftlich irrelevanten« Grundlagenwissenschaft oder die Verteufelung der »unwissenschaftlichen« Projektwissenschaft. Die innerlich uneinheitliche, ungeeinte Multiversität, die durch äußere Mittel und Nötigung zusammengeschlossene Gesamthochschule, die Umgruppierung der alten *Zweck*-Fakultäten zu neuen formal bestimmten *Fach*-Bereichen beantworten die Probleme so einseitig wie die auf *eine* Aufgabe inhaltlich konzentrierte Projekt-Universität. Die Zwecke der letzteren mögen eng und zufällig erscheinen; die Gesichtspunkte, unter denen der Staat – als sozialer Rechtswalter, als Inhaber des Gewaltmonopols und heute auch als Regulator der Wirtschaft – die Wissenschaft organisiert und finanziert, sind es nicht minder, wir haben uns nur schon auf sie eingestellt.

Es muß nicht nur zweckhafte (Projekt)forschung neben (oder gar statt) der zweckfreien (Grundlagen)forschung geben, sondern beide müssen durch eine dritte von der Wissenschaft mitwahrzunehmenden Tätigkeit systematisch verknüpft werden: durch die institutionalisierte Reflexion über die Funktion der Wissenschaft in der Gesellschaft. Nur so wird die Wissenschaft und ihre verfaßte Form, die Universität, der schlimmen Wahl zwischen der Rolle des Diogenes – »frei aber ohne Wirkung« – und der Rolle der Sophisten – »wirksam aber korrupt« – entgehen.

5. *Die Planungsaufgabe und die Umstrukturierung der Universität*

Ein gemeinsamer Gegenstand kann die Wissenschaften einer Institution einigen. Aber die Wissenschaften insgesamt haben darum noch keine Einheit. Ja, die Ausrichtung der wissenschaftlichen Einrichtungen auf die vorliegenden Zwecke ist im Begriff, die Einheit der Wissenschaft selbst endgültig zu sprengen: *Der* Zweck der Wissenschaften ist nun vollends nicht mehr auszumachen. Denn »die Zwecke« sind notwendig von ganz anderer Art, als es »der Zweck« sein kann und muß.

Die deutsche Universität des 19. Jahrhunderts und noch bewußter die Idee der Universität des Cardinal Newman gründeten auf dem Bewußtsein eines solchen übergeordneten, jedoch nicht nur ideellen, sondern auch praktischen Zweckes. Die in den Universitäten versammelte, durch sie repräsentierte und verfaßte, in Fakultäten und Disziplinen gegliederte Wissenschaft war Folge und Instrument der Aufklärung wie der bürgerlichen Emanzipation; sie sollte der Entfaltung der liberalen Rechts-, Wirtschafts- und Kulturgesellschaft dienen; sie brauchte dazu einen Spielraum, in dem sie nicht nur vor Bevormundung und Eingriffen sicher war, sondern auch allzu direkten Verantwortungen enthoben; sie beanspruchte keine Wirkungen – sie *hatte* Wirkungen, und mehr und andere Wirkungen zu haben, hätte sie ihre Ungestörtheit und Unabhängigkeit gekostet. Auf diese Weise wurde ihre Freiheit zu ihrem Zweck: Nach der liberalen Theorie konnte sie der Gesellschaft um so nützlicher sein, je weniger sie an die Gesellschaft dachte, je unparteilicher und zweckfreier ihre Forschung war und ihre Ausbildung eine Tätigkeit

>*that aims at raising the intellectual tone of society, at cultivating the public mind, at purifying the national taste, at supplying true principles to popular enthusiasm and fixed aims to popular aspirations, at giving enlargement and sobriety to the ideas of the age, at facilitating the exercise of political powers, and refining the intercourse of private life.*«[29]

Das Bewußtsein von diesen Aufgaben einigte die Wissenschaften in jener Zeit sicher mehr als die sich eben damals ausbildenden und trennenden Methoden. Die Zwei Kulturen gab es schon im 19. Jahrhundert, ja die Auflösung der Philosophischen Fakultät in eine philologisch-historische, eine mathematisch-naturwissenschaftliche (und etwas später eine wirtschafts- und sozialwissenschaftliche) Fakultät geben dieser Tatsache sichtbaren Ausdruck. Ein Ulrich von Wilamowitz hat sicher einen Heinrich Hertz nicht mehr verstehen können. Aber umgekehrt konnte Heinrich Hertz Ulrich von Wilamowitz verstehen: auf Grund einer gemeinsamen Bildung, in der es um die weitere, liberale Aufgabe der Wissenschaft ging. Und wo sie sich nicht verstanden, einigte sie die Überzeugung, daß die jeweilige Unverständlichkeit innerhalb der Wissenschaft *prinzipielle* Verständlichkeit impliziere, daß sie nämlich das Produkt jenes gemeinsam gewollten und beschworenen Erkenntnisfortschritts sei: Das Prinzip positiver, wertfreier Forschung hat die Arbeitsteilung in der Wissenschaft ermöglicht;

die Arbeitsteilung hat die Wissensvermehrung hervorgebracht, und diese ergab die Unmöglichkeit, in einer Person und zur gleichen Zeit etwas von kinematischen Begriffen, holonomen Systemen, Vektorengrößen einerseits und griechischen Metren, Verfahren der Textkritik und Rekonstruktion von Bakchylidesfragmenten andererseits zu verstehen. Es einte sie in anderen Worten die Überzeugung, daß Wissen für die Menschheit ein Gut an sich ist.

Dies stimmte freilich mit dem Gebrauch, den die Gesellschaft von der Wissenschaft und den Universitäten machte, nicht überein. Die Wissenschaft nützte nicht »an sich« – sie nützte sehr direkt bestimmten Bedürfnissen. Der Methoden-Positivismus erlaubte es, immer neue Fakultäten und Disziplinen gleich Dominosteinen an die vorhandenen anzusetzen, wie es die Bedürfnisse – ihre offenbarwerdende objektive Dringlichkeit oder die Macht der Interessenten – erforderten. Aus der Einheit des Zweckes wurde die Einheit der »wissenschaftlichen Verfahren«; aus dem Pluralismus der Verfahren der Pluralismus der Einzelzwecke – und dies alles unter dem schützenden Mantel der Autonomie der Wissenschaft.

Folgte das Dominospiel noch gewissen Regeln, konnte man die ausgelegten Steine noch anhand der Logik ihrer Entstehung zu einem Ganzen ordnen, so klagte man in den 30er Jahren unseres Jahrhunderts in den USA schon, daß die Universität als »Organismus der Wissenschaften« einer bloßen »Föderation« von Instituten gewichen sei. Damals stellte Abraham Flexner die »Modern University« der Universität des 19. Jahrhunderts oder genauer der des Cardinal Newman gegenüber – eine moderne Universität

»not outside, but inside the general social fabric of a given area ... It is not something apart, something historic, something that yields as little as possible to forces and influences that are more or less new. It is on the contrary ... an expression of the age as well as an influence operating upon both, present and future.«[30]

»die in den gesellschaftlichen Kontext der jeweiligen Umwelt eingewebt ist und nicht für sich lebt ... Sie hält sich nicht abseits, sie ist kein historisches Relikt, sie versucht nicht, sich so wenig wie möglich den neueren Kräften und Einwirkungen auszusetzen. Im Gegenteil, sie gibt ihrer Zeit Ausdruck und nimmt Einfluß sowohl auf die Gegenwart wie die Zukunft.«

Den »Organismus« konnte er mit der naiven Wiedereingliede-
rung der Wissenschaft in die Geschichte nicht wiederherstellen.
Er hat damit vielmehr die Entwicklung zur Vielzweck-Universi-
tät mit dem Schein einer Absicht, ja, mit dem Segen einer noblen
Theorie versehen. Die Multiversität hatte die Universität schon
abgelöst.

Die Ausweitung der wissenschaftlichen Einrichtungen ist seit
Beginn dieses Jahrhunderts auch bei uns in zunehmendem Maß
nicht mehr nur die Folge des herrschenden Methodismus der
Wissenschaft, sondern in erster Linie des steigenden Bedarfs der
Praxis an Theorie: Es gibt fast keine Tätigkeit, die man »by doing« lernen und beherrschen könnte. Die allenthalben notwendige Planung, Ökonomie und Einfügung in das interdependente
System, fordert, daß die Gegenstände und Sachverhalte in ihrer
allgemeinsten, disponibelsten und wirtschaftlichsten Form erfaßt
und erprobt werden, und das ist die Theorie, die durch Wissenschaft aus Erfahrung gemacht wird. Da der herrschende Wissenschaftsbegriff Wertungen ausschließt, finden sich Kochen, Kor-
respondenz und Keramik neben Physik, Sanskrit und Jurisprudenz ein.

Ja, für sie alle und für die hinter ihnen stehenden gesellschaftlichen Interessen ist es entscheidend, daß keine Hierarchie entsteht, daß die Fragmentarisierung erhalten bleibt, daß kein über-
geordneter Zweck herangezogen werden kann, um sie zu
kritisieren oder ihren Zweck zu bestreiten.

In den USA hat man für diesen ganzen Komplex den Ausdruck
knowledge-industry geprägt. Herstellung, Verteilung und Ver-
brauch von Wissen nahmen schon vor 10 Jahren 30% des Volks-
einkommens ein[31]. Die Bedeutung der Wissenschaft als Produk-
tionsfaktor kann man unmittelbar an den Ausgaben der
Regierungen und der Industrie ablesen, ja sie wird geradezu geo-
graphisch sichtbar: In der Bay von San Francisco im Umkreis der
Berkeley Universität oder entlang der Bundesstraße 128, die in
großem Bogen die Doppelstadt Boston-Cambridge mit der Harvard Universität und dem Massachusetts Institute of Technology
umschließt, haben sich gewaltige Industrien niedergelassen – in
den gleichen Gegenden, die den Löwenanteil an Forschungsaufträgen des amerikanischen Verteidigungsministeriums bekommen.

Die Universitäten nehmen im Zuge dieser Entwicklung monströse Ausmaße an. Die University of California hatte 1964 schon 100 000 Studenten (30 000 davon als graduates, also oberhalb des Collegeabschlusses) und 40 000 Angestellte (erheblich mehr als IBM); sie machte ein Angebot von über 10 000 Kursen und unterhielt Kontakte mit nahezu jeder Industrie, jeder Stufe der Verwaltung, jeder Berufsgruppe[32]. Die Zahlen dürften in den letzten sieben Jahren noch erheblich gestiegen sein.

Nach dem gleichen Prinzip der administrativen Addition, des Statusausgleichs, der Berechtigungskorrelation, nach dem die amerikanische Staats-Multiversität entstanden ist, bauen wir unsere Integrierten Gesamthochschulen zusammen[33]. Die Auflösung der isolierten, linearen Lehrgänge in Baukastenelemente soll helfen, die Durchlässigkeit, Flexibilität und Ökonomie des Gesamtbildes in der Ausbildung zu sichern. Die Verflechtung der Forschung wird durch Projekte und interdisziplinäre Institute angestrebt. Die Öffnung zur praktischen Berufsausbildung wird nachdrücklich erstrebt. Dies mag alles nötig sein, um den Nachwuchs sinnvoller zu verteilen, mehr Chancengleichheit zu verwirklichen, die Kapazitäten besser zu nutzen – aber der Zusammenhang der Wissenschaften wird dadurch gerade nicht wiederhergestellt, was auch immer die Absichten und Behauptungen der Initiatoren sind. Das Dominospiel geht weiter – und wird an der notwendigen kritischen Aufklärungsfunktion der Wissenschaft vorbeigespielt.

Auf diesem Hintergrund muß man die Antwort von Erich Jantsch sehen. Sein Systementwurf geht von der Institution »Universität« und nicht von der Tätigkeit oder dem Begriff »Wissenschaft« aus, nicht nur weil dies sein Auftrag war (sein erster Bericht[34] ist für das MIT abgefaßt worden, das sich im Frühjahr 1969 durch die Studentenrevolte in USA und anderwärts vor die Frage gestellt sah, welche strukturellen Veränderungen geboten seien). Die Form, in der die Wissenschaft institutionell verfaßt ist – die eindimensionale Anordnung von beliebig vielen, beliebig spezialisierten, durch beliebige Interessen bestimmten Disziplinen, zusammengehalten durch einen gemeinsamen Namen, eine Verwaltung und, wie Robert Maynard Hutchins sagt, ein gemeinsames Heizungssystem –, hindert sie an der Wahrnehmung ihres gesellschaftlichen Zweckes: In einer Welt, die durch Wissenschaft und Technik gemacht ist, wäre ihre zentrale Aufgabe: die Menschen befähigen, die Systeme zu kontrollieren, kritisierbar und veränderbar zu halten, die »joint systems«, d. h. den Systemzusammenhang von Gesellschaft und Technik, zu verstehen und zu regeln. Jantsch nennt diese Aufgabe in Anlehnung an John W. Gardner »Selbsterneuerung« der Gesellschaft. Sie ist eine politische Aufgabe und kann seiner entschieden geäußerten Meinung nach nicht von anderen Instanzen, etwa den Regierungen (*IP*, S. 35), geleistet werden. Freilich auch nicht von der Universität, wie sie *heute* ist – und darum wird sie in seinem Plan vollständig umstrukturiert. Ihre Tätigkeiten und Einrichtungen müssen so verändert und ergänzt werden, daß sie nicht nur Theorien zu einer vorhandenen Praxis macht, sondern in der Lage ist, zusammenschließende Systemplanung vorzunehmen (integrative planning und social engineering). Dazu müssen ihre drei Funktionen: Ausbildung (education), Forschung (research) und Dienstleistung (service) in eine neue Einheit gezwungen werden. Dies alles gelingt Jantsch mit Hilfe eines Schichtenaufbaus – also dem Gegenteil von dem, was die Wissenschaft zu ihrer Integration bisher für richtig gehalten hat.

»Geschichtet« werden zunächst die *Aufgaben* der Universität, und zwar in vier Ebenen; sodann die *Einrichtungen,* und zwar so, daß eine Einrichtung stets die Vermittlung der einen Aufgabenschicht übernimmt. Die vier *Aufgaben*-Ebenen sind: (1) die empirische (auf ihr werden die Daten erhoben), (2) die pragmatische (auf ihr werden Handlungsentwürfe gemacht), (3) eine normative (auf ihr entstehen die Systementwürfe) und' (4) eine Ebene der Zwecke und Werte (purposive level) (auf ihr geht es um die Selbstinterpretation der Gesellschaft, ihre Ziele, Maßstäbe, deren Wandel und die Rückwirkungen auf das Erkenntnisinstrument – die Universität).

Jeder dieser Ebenen schreibt Jantsch eine eigene »*organisierende Sprache*« zu und bricht dadurch mit einem Grundsatz der positivistischen Wissenschaftstheorie, der für die gegenwärtige Universität wohl noch bestimmender ist als die eindimensionale Anordnung der Gegenstände und Disziplinen. Auf der ersten Ebene ist die *Logik* maßgebend, die die Eindeutigkeit der Beziehung von beschriebenem Objekt und Beschreibung in Gemeinbegriffen herstellt; auf der zweiten Ebene gilt die *Kybernetik,* die die Beziehungen zwischen ganzen Tatsachen- und Begriffskomplexen (Technik, Natur, Gesellschaft), also von Erkenntnis- und Tätigkeitsmodellen ganz verschiedener Art, zueinander regelt; die

Sprache der dritten Ebene nennt er *Planung,* also die Fixierung des Verhältnisses von Erkenntnis und Handeln in einem besonderen Verfahren, das die Einheit von Technik (technology) und Gesellschaft als Systeme und Systemmöglichkeiten in begründeten Entwürfen – unter Einschluß politischer Entscheidungsprozesse – herstellt; auf der obersten Ebene geht es um *Anthropologie,* die man freilich nur dann als eine »Sprache« erkennt, wenn man sie als die Wissenschaft davon versteht, wie eine »menschengemäße« (anthropomorphe) Umwelt aussieht – also das, was man einst eine Kultur genannt hat; denn dann gehören Geschichte und Literatur, Philosophie und Moral, Erkenntniskritik und Psychologie dazu und das ganze Arsenal der sogenannten hermeneutischen Disziplinen.

Die *organisatorischen Einheiten* der Universität (und damit der Wissenschaft) sind so angelegt, daß sie die Übergänge von der einen Ebene zur anderen umfassen: (1) Abteilungen, die an den Disziplinen orientiert sind (sie vermitteln das Verhältnis von spezialisierten Erkenntnisweisen und den einfacheren interdisziplinären Handlungskomplexen, in denen sie Anwendung finden; sie gleichen den gegenwärtigen Forschungseinheiten der Universitäten am meisten); (2) Abteilungen, die an Funktionen orientiert sind (sie vermitteln das Verhältnis von technischen »Funktionen« – Verkehr, Wohnung, Lehren und Lernen, Automation, Information etc. – zu den Systemen, denen sie dienen); und (3) Laboratorien für System-Entwürfe (systems design laboratories) (sie vermitteln das Verhältnis von solchen Systemen, wie sie auch in Wisconsin/Green Bay behandelt werden, zu den gesellschaftlichen Werten und Zwecken, also von Bildungssystem, Wirtschaftssystem, Produktion-Abfall-System, Gesundheitssystem, Nachrichtensystem, Verwaltungssystem etc. zu den Werten Demokratie, Würde des Einzelnen, soziale Gerechtigkeit, Freiheit von XYZ).

Bei dieser Anordnung kommt es ganz offensichtlich auf vertikale und horizontale Überschneidungen, Rückkoppelungsmöglichkeiten, Interaktionen an. Das wirkt sich unmittelbar auf die drei angestammten Funktionen der Universität aus.

Die drei *Funktionen* der Universität a) Ausbildung, b) Forschung und c) Dienstleistung (service) werden durch diese Anordnung nicht nur gründlich verändert, sondern eng aufeinander angewiesen, ja z. T. miteinander identisch.

a) Alle Studierenden durchlaufen alle Einheiten und lernen, die Aufgabenebenen systematisch miteinander zu verbinden, ohne sie miteinander zu verwechseln oder zu vermischen. War ihre Ausbildung bisher durch den Weg vom Allgemeinen zur (zunehmenden) Spezialisierung gekennzeichnet, so soll er jetzt durch eine Art Zyklus bestimmt sein[35]: vom Unspezialisierten über die Spezialisierung zur Generalisierung: also zurück in den größeren Zusammenhang der Bedeutung und Handlungsmöglichkeiten. Dadurch wird nicht nur die Beziehung zwischen verschiedenen Disziplinen hergestellt, sondern auch von Theorie und Praxis, von Datum und Deutung, von wertfreier Methode und allgemeiner und individueller »Relevanz«. Ja, es ist anzunehmen, daß dadurch die Einstellung zum Studium eine grundsätzliche Wandlung erfährt: Bestärkte die Spezialisierung das Bemühen um Aneignung, so ermutigt die Generalisierung, in die die Ausbildungsgänge münden, zu produktiver Entäußerung.

b) In der Forschung wird man die Grenzen der Disziplinen um so leichter überschreiten, als man sie ja nicht aufgibt und als ihre »Eigenständigkeit« zugleich nur auf der untersten, dienstbarsten Ebene gilt; man wird über das Aufstellen von Gesetzen hinaus die Möglichkeiten und Bedingungen ihrer Anwendung (nach unten) und die Einordnung in das verantwortete Planen (nach oben) erforschen; man wird aus den anderen Ebenen Aufgaben, Probleme, Anregungen, Kontrolle beziehen; man wird sich auch bestimmter Verführungen oder Vergewaltigungen besser erwehren können, wenn man über die Ebene der Fachforschung im engsten Sinn hinausblickt; würde man freilich die Unterscheidungen zwischen den Ebenen aufheben, man geriete in die Gefahr, in der die von jedermann beanspruchte Soziologie heute schon ist: Dort sei die Fachsoziologie im Begriff, von einer »Weltbildsoziologie« geschluckt zu werden, sagt Dahrendorf, und mit solchen Verwandlungen ist niemandem genützt.

c) Vor allem aber der *service,* den die Universität der Gesellschaft leistet, wird in der neuen Konstruktion gründlich verändert und erweitert – über die Ausbildung des Nachwuchses, die Bereitstellung von Erkenntnissen und Fertigkeiten, von problemsolving hinaus: zu normativer Kritik, zu Entwurf und Alternative. Wissenschaft wird die Gesellschaft nicht mehr nur mit know-how und know-what, sondern vor allem mit know-what-for versehen, was man bisher den Priestern, Poeten und Politikern zu willkürlicher, unverantworteter, mit den Tatsachen und Systemen nicht verbundener Auslegung überlassen hat. Nur dies wird der Gesellschaft ermöglichen, ihren eigenen Systemzwängen zu entrinnen, die Phantasie und Aufklärung zu Anführern der Entwicklungen machen statt zu ständigen Vollziehern oder Ausbesserern der von Wirtschaft und Technik eingeleiteten Veränderungen. Ja, nur dies wird die Universitäten und damit die Wissenschaft vor dem zornigen und irrationalen Rück-Schlag der frustrierten Studenten retten, die die »affirmative« Rolle der Wissenschaft aufgedeckt haben, die die Begünstigung der etablierten pressure groups, die unkritische Auftragsforschung, die Unfähigkeit des »sauberen Forschungsgeldes«, Prioritäten zu setzen, anklagen und die daraus Anlaß und Waffen für ihren Kampf um die Universität schmieden[36].

Wenn die Voraussagen für die nach-industrielle Gesellschaft zutreffen, dann wird sie eine »geistige« Gesellschaft sein, d. h. technische, administrative und wirtschaftliche Entscheidungen werden geistigen Entscheidungen unterworfen sein oder von ihnen abgeleitet: Kosten-Nutzen-Analysen, Effektivitätsprognosen, Wertdiskussionen, Alternativentwürfe werden in höherem Maß als heute voraufgehen, wenn denn die Bezeichnung »geistig« einen Sinn haben soll. Man wird es dabei mit hochkomplexen, langfristigen, ambivalenten und reversiblen Systemprozessen zu tun haben. Man wird gleichsam die »Evolution« der Gesellschaft selbst in die Hand nehmen müssen. Man wird von der Herstellung einer technischen »hardware« zur Präokkupation mit gesellschaftlicher »software« übergehen (*IP*, S. 34). Und das wiederum heißt, daß Selbsterneuerung und Bildung, innovation und education, eins werden. In der Zusammenfassung und systematischen Verflechtung von »organisierenden Sprachen« (aufeinander bezogenen Fixierungssystemen in den verschiedenen Erkenntnisebenen), von deduktiven Systemtheorien und induktiven Organisationstheorien sieht Erich Jantsch die notwendige Voraussetzung dafür, daß die Universität jene große einigende Aufgabe in der Gesellschaft übernimmt[37]. Gelingt dies nicht, wird die Zukunft nicht eintreten, und das Schicksal des Zauberlehrlings – Entmachtung und Selbstzerstörung des Menschen durch seine eigene Schöpfung – nimmt seinen Lauf.

Dieser imponierende, durch meine Zusammenfassung um seine kühneren Ausblicke, seine geistreicheren Analysen und Bezüge gestutzte Entwurf von Jantsch scheint mir gleichwohl keine Aussicht auf Erfüllung zu haben, keine Aussicht auf Lösung der uns gestellten Aufgaben zu geben und, sogar wenn beides der Fall wäre, nicht glückbringend zu sein. Er bleibt gleichwohl das belehrendste analytische Modell für die Probleme und sollte darum gründlich studiert und diskutiert werden.

Was Jantsch uns vorzeichnet, wird nicht eintreten: es fehlt ihm jede Theorie davon, wie man von hier nach dort gelangt, von den horizontal gegliederten, auf Eigenständigkeit, Methodismus und Gleichheit eingeschworenen Disziplinen und der historisch begründeten Trennung von Datenerhebung und Datenvermittlung fort zu dem hierarchischen System mit gemischter Forschung, Lehre und Produktivität und mit transdisziplinären Aufgaben. Man braucht sein System schon, um es zu bekommen, oder doch die Mentalität, die seine systems design laboratories erst erzeugen sollen. Die Ministerien, Gründungssenate, Planungsstäbe werden durch Jantschs Aufsätze allein nicht dazu gebracht!

Die Probleme, die uns gestellt sind, löst das Jantsch'sche Modell somit nur in der Theorie. Aber in der Theorie hat es zugleich einen Mangel, der ihm auch dort den Boden entzieht. Die neue Universität bekommt einen normativen Auftrag (*I&T*, S. 8); sie soll eine politische Institution sein (*IP*, S. 38); sie muß eine »teleologische Interdisziplinarität« treiben (*I&T*, S. 18); sie soll schließlich ein »multi-level multigoal system« sein (*I&T*, S. 11); ja es ist ihre ausdrückliche Aufgabe, den Pluralismus in der Gesellschaft zu fördern (*IP*, S. 38). – Warum soll all dies, wenn es denn nötig und sinnvoll ist, ausgerechnet von einer Einrichtung geleistet werden, deren Selbstverständnis und Geschichte ihr das Gegenteil vorzuschreiben scheinen? Politik, Wertsetzung für die gesellschaftlichen Teilsysteme, Teleologie – dies soll die verfaßte Wissenschaft treiben, die sich bisher durch Objektivität, Wertfreiheit und politische Exterritorialität definiert und sich von der Gesellschaft eine teuere Autonomie bezahlen läßt dafür, daß diese ihr nicht dreinredet?

Jantsch anwortet: daß die Rolle der Wissenschaft und damit der Universität sich geändert habe – und eine Reihe von erkenntnistheoretischen Voraussetzungen, die das alte Selbstverständnis bestimmten. Er bestreitet, daß Wissenschaft – verstanden als ein System von Relationen – unabhängig von menschlichen und gesellschaftlichen Zwecken möglich sei (*I&T*, S. 1); er bestreitet, daß er isomorphe unzweideutige Entsprechungen zwischen den Erkenntnisstrukturen und den Objekten gibt (*I&T*, S. 2); er bestreitet, daß es nur *ein* System der Wissenschaft gibt – es gebe vielmehr so viele, wie man Zwecke aufstellen kann (*I&T*, S. 3), und so ist denn Wissenschaft eine kreative, setzende, per definitionem nicht-objektive und nur vermöge Konsens »objektivierende« Tätigkeit. Man kann also und muß innerhalb jeder wissenschaftlichen Operation zunächst den Zweck einsetzen – auf der obersten Aufgabenebene –, etwa den Zweck »Fortschritt« oder »ökologische Balance« oder auch »zyklische Wiederkehr« (die bekanntlich im Buddhismus und Hinduismus als Zweck enthalten ist). Und jenachdem wird man dann die Mittel und Organisationsformen anders und besser bestimmen (nämlich, wenn man sich des Zwecks wirklich bewußt ist). Weil wir unsere eigenen Zwecke nicht auf diese Weise in die wissenschaftliche Reflexion einbezogen haben, verstehen wir sie so schlecht:

»*We lack a deeper understanding of purpose and thus an unambiguous direction for our organisational efforts ... We cannot hope to act with a true purpose ... if we do not search for and bring into play values and norms, a policy for mankind, to guide education and innovation.*« *(I & T*, S. 11)

»*Wir haben nur ein höchst oberflächliches Verständnis von dem, was Zwecke sein können, und so fehlt unseren organisatorischen Anstrengungen auch eine eindeutige Richtung... Wir können nicht hoffen, wirklich zweck-voll zu handeln, wenn wir nicht Werte und Normen aufsuchen und ins Spiel bringen, ein politisches Programm für die Menschheit haben, nach dem sich die Bildungs- und Veränderungsmaßnahmen richten können.*«

Alledem möchte man zustimmen, auch dem Plädoyer für eine gewisse »Parteilichkeit« (*I&T*, S. 8) der Wissenschaft, die hier aus einer Analyse der Wissenschaft als anthropomorphischer Umwelterfassung und -gestaltung und nicht aus einer ideologischen Vorliebe für bestimmte bessere Welten stammt, – man stimmte zu, wenn es nur zu irgend etwas nutze wäre, wenn sein »Anthropomorphismus« ein nur annähernd gewisser und gemeinsamer Maßstab wäre, wenn nur eines der damit angerührten Probleme erfaßt und gelöst würde. Aber was allein geschieht, wenn die Leute auf den unteren Ebenen die »oben« – wenn auch nur hypothetisch – getroffenen Entscheidungen nicht mitmachen? Auf welchen gemeinsamen Wert beruft man sich dann? Oder übt von

»oben« Gewalt? Und wie viele Zwecke können nebeneinander, wie lange, mit welchem Ernst und Aufwand verfolgt, erprobt, weiterverfolgt werden? Bisher galt die wie auch immer definierte Wissenschaftlichkeit allen gemeinsam als das Maß für Freiheit, Einspruch und Zensur. Nun wird mit dem Hinweis auf die unentrinnbare Gesellschaftsbezogenheit der Wissenschaft nicht nur der Schutz der einzelnen Disziplinen gegeneinander und der Schutz der Erkenntnis gegen das Interesse preisgegeben, sondern obendrein der Status quo bestätigt: Wenn Wissenschaft prinzipiell nicht auf sich selbst steht, dann auch oder gerade jetzt nicht – dann hat sie die Form und die Aufgaben, die ihr die Gesellschaft heute zuweist, zu Recht: Produktivität im Dienst der Produktivität mit einem fragmentarisierten Bewußtsein. Dann muß man nicht die verfaßte Wissenschaft ändern, sondern die verfaßte Gesellschaft – die Politik. Die Hypothesen »Sozialismus« oder »Anarchismus« oder »Maoismus« ließen sich in der Universität ohne eine solche Änderung nicht durchspielen – nicht zuletzt, weil es kein Spiel wäre: bei den Kosten, den Fristen, den tiefgreifenden Konsequenzen selbst für die eigene Struktur, die Erich Jantsch ihr eben gegeben hat. – Das »Wenn X, dann ? Spiel« läßt sich vor allem immer dann nicht spielen, wenn wir es am nötigsten brauchen. In Clark Kerrs schon mehrfach zitiertem Buch findet sich folgender Passus:

»*Der organisierte Intellekt ist eine große Maschine . . . Sie stößt unzählige Stücke neuen Wissens aus, bringt aber wenig Nachdenken über die Folgen hervor . . . Trägt sie den Keim der Selbstzerstörung in sich? Oder kann sie eine umfassende Rationalität erzeugen? Lee DuBridge hat einmal gesagt: ›Wissenschaftler und Techniker machen sich sehr wohl Gedanken über die Folgen ihrer Arbeit. Aber weder sie noch irgend jemand sonst hat bisher entdeckt, wie man die Folgen vermeidet oder auch nur vorhersagt.‹*«

Und dann fügt Kerr dies hinzu:

»*Der Prozeß kann nicht aufgehalten werden. Die Folgen können nicht vorausgesehen werden. Es bleibt nur, sich anzupassen.*«[38]

So spricht einer der mutigsten und gescheitesten Analytiker und Kritiker des Wissenschaftssystems und seiner Kritiker – ein Mann, der Wissenschaft weder mit einem Kloster noch mit einer Zelle der Revolution verwechselt.

Und weil er nicht allein so denkt und weil andere, die zuversichtlicher denken, eher Törichtes denken – darum vor allem fällt es schwer, den Optimismus zu teilen, mit dem Erich Jantsch ausgerechnet den Universitäten zutraut, die politische Führung über die geistigen Planungs- und Entscheidungsprozesse zu übernehmen. Sie vermögen heute ihre eigene Selbstverwaltung und die begrenzten Ziele ihrer Arbeit nicht mit ihrem Wissenschaftsbegriff in Einklang zu bringen. Ihre Mitglieder schwanken zwischen einer Zwangsbeglückung der Menschheit durch Aufklärung, Fortschritt und kritisches Bewußtsein einerseits und Flucht in die totale Wirkungs- und Machtenthaltung. In der Mitte aber haben sie sich durch den Glauben an das Heil durch Curriculumreform, durch vorgeordnete Lehre korrumpieren lassen. Auch die Hochschule wird »eskalieren« und durch eine gewaltige Vermehrung der Mittel, Maßnahmen, Beziehungen und Kosten zu erfüllen trachten, was Wladimir Solowjew vor 80 Jahren geweissagt hat: daß der Antichrist und Herrscher der Welt ein Universitätsdirektor sein werde.

Jantsch wird das nicht gemeint haben. Sein Entwurf legt gleichwohl solche Befürchtungen nahe. Warum hat er für die an Risiken so reiche, an Bestätigung so arme Tätigkeit, die Platon den Philosophen, den unermüdlichen Forschern nach dem Gemeinwohl, aufgetragen hat, just »social engineering« genannt?

Wir brauchen nicht eine Superorganisation, sondern in erster Linie die Wiederherstellung einer Dialektik der Funktionen: Grundlagenwissenschaften, Projektwissenschaften, Systemwissenschaften, Planungswissenschaften, Wertdiskussion, freies Entwerfen von Möglichkeiten, Maßstäbe, Utopien – und eine Möglichkeit zu geschützter Simulation. »Spezialisierte Einrichtungen und einen unspezialisierten Menschen«[39] – das hat Robert Maynard Hutchins einmal gefordert. Will man seine Forderung in unserer Gesellschaft erfüllen, dann sollte man die Menschen in Schulen und Hochschulen ausbilden, die die Jantsch'schen Aufgabenebenen unterscheiden, verbinden und aneinander kritisieren. Diese Schulen und Hochschulen sollten aber in keinem Augenblick in irgendeinem Menschen das Gefühl aufkommen lassen, daß man in unserer Welt das Philosophieren und die Politik anderen überlassen könne, auch diesen Einrichtungen nicht.

Die Lehre von der Parteilichkeit der Wissenschaft – das weiß inzwischen jeder, auch der, der sie vertritt – leiht sich dem Mißbrauch.

»*Das Zeitalter der ›reinen Vernunft‹, der ›voraussetzungslosen‹ und ›wertfreien‹ Wissenschaft ist beendet.* Die Wissenschaft hat ein Bewußtsein ihrer mannigfachen Voraussetzungen gewonnen, und, indem sie sich bewußt der Wirklichkeit eingliedert, aus der sie sich vorher vergeblich zu lösen trachtete, *erlangte sie nach vorwärts auch wieder ihren aufbauenden Sinn . . .*«

Diesen Satz, oder doch die von mir hervorgehobenen weltanschaulich weniger stark eingefärbten Teile könnte ebensogut ein Marxist aus der DDR wie ein skeptischer Pragmatist aus den USA gesagt haben. Tatsächlich stammt er von dem Nationalsozialisten Ernst Krieck[40]. Aber die für wertfrei und voraussetzungslos erklärte Wissenschaft ist darum vor Mißbrauch noch nicht sicher, ja sie ist doppelt gefährdet: sie kann sich selbst in der Annahme ihrer Voraussetzungslosigkeit täuschen, und sie kann benutzt werden, um andere über einen Zweck zu täuschen. Daß in diesem Konzept auch noch gänzlich andere Gefahren lauern, sollten die liberalen Streiter für die Freiheit der Wissenschaft wissen und anerkennen, bevor sie die berechtigte Kritik an den bestehenden und vermuteten totalitären Denkweisen einfach erneuern; sie sollten sie vor allem in diesem Augenblick aussprechen, in dem sich zu wiederholen droht, was bei uns schon einmal die freie Wissenschaft unfrei gemacht hat: Die Feinde oder Herausforderer des positivistischen Wissenschaftsbegriffs sind dies nicht immer aus vorgefaßten ideologischen, chiliastischen, utopischen, essentialistischen Absichten heraus gewesen, die entschlosseneren unter ihnen sind es aus Reaktion geworden: aus Enttäuschung und Unmut über die Banalisierung und Willfährigkeit der unpolitischen Wissenschaft im Angesicht ungeheurer, nur durch sie zu lösender »politischer« Aufgaben. Carl Schmitt und Ernst Bloch haben ihren anti-bürgerlichen Affekt mitgebracht – und haben konsequenterweise nicht die neutrale, sondern die scheinneutrale Wissenschaft bekämpft[41]. Herbert Marcuse, Th. W. Adorno und Jürgen Habermas dagegen, obwohl auch sie Marxisten sind oder waren, empören sich über die entfremdete, veraltete, eindimensionale und in Autonomie unmündig gewordene Wissenschaft. Daß sie je dem Faschismus oder Stalinismus dienen konnte, führen sie auf die Sterilisierung der Wissenschaft durch den Posivitismus zurück. Daß die überdimensionierte akademische Ausbildungsindustrie ohne Bewußtsein und Struktur (außer der ererbten), daß die unöffentlich arbeitende fragmentarisierte Forschung dies nicht wieder tun werde, wird durch nichts garantiert. Nicht nur der Mißbrauch (»dem Totalitarismus dienen«) ist nie ausgeschlossen, sondern – erst recht – Versäumnisse nicht (ich habe in Teil I davon gesprochen). »Versäumt« werden schon jetzt oder schon immer sowohl mögliche und nötige Erkenntnisse wie mögliche und nötige Kritik. Wie kommt es, daß wir uns erst seit etwa zwei Jahren wirklich ernsthaft über die Umweltverseuchung aufregen, sie gleichsam jetzt erst entdecken? Warum fehlt eine verläßliche und konkrete Erforschung der dauerhaften Konfliktherde unserer Welt – etwa des Nahostkonflikts? (Ich meine nicht Monographien einzelner Historiker, Kriegsjournalisten, Diplomaten, sondern, wie das die Sache erfordert, eine umfassende Analyse und Koordinierung der synchronen und diachronen Faktoren – eine interdisziplinäre Untersuchung, die zugleich ein Modell für die Entstehung von internationalen Konflikten wie für interdisziplinäre Forschung sein könnte.) Warum wendet sich die Wissenschaft nicht dem doch schon absehbaren Übergang aus dem »Zeitalter der Schulpädagogik« in das »Zeitalter der Sozialpädagogik« zu – der Ordnung und Kritik, der Reinigung und Rettung der zahllosen und machtvollen Entfaltungshilfen, die das Leben selbst den Menschen aller Lebensalter gewährt oder versagt?

Gunnar Myrdal – auf der ständigen Suche nach dem Regulator der Wissenschaftsentwicklung – stößt immer wieder auf die Notwendigkeit dessen, was er eine »created harmony«, eine hergestellte Übereinstimmung, nennt, im Gegensatz zu der natürlichen oder prästabilierten, die dem Naturrechtsdenken wie dem Utilitarismus zugrunde liegt. Aus einer solchen Notwendigkeit folgt eine andere: daß Veränderungen in zunehmendem Maß prophylaktisch – auch gegen die eigenen Auswirkungen – sein müssen. Die präventive oder prophylaktische Reform[42] ist gleichwohl noch immer so gut wie unbekannt.

Die Probleme kommen der Wissenschaft aus der Wirklichkeit zu, und das um so mehr – und nicht um so weniger! –, als diese von ihr geschaffen ist. Man gibt sich der Illusion hin: Dies haben wir unter Kontrolle, weil wir es gemacht haben; dies ist rational, weil es durch Rationalität hervorgebracht worden ist. Selbst wenn man annimmt, es sei dabei reine Rationalität – also begründete Zwecke und begründete Mittel – am Werke gewesen, als die Produkte und Einrichtungen, die Verbindungen und Trennungen hergestellt wurden, und läßt man die Frage beiseite, ob Rationalität ohne Humanität (was auch immer das sei) dem Menschen bekommt – so werden die rational gemachten Dinge darum noch längst nicht nach dem Prinzip der Rationalität verwendet und verwaltet. Die Folgen sind oft geradezu irrational:

– Es mag sinnvoll sein, daß auch diejenigen Menschen Autos bekommen, die noch keine haben, zumal wenn ein Land sich das leisten kann, weil es sehr groß und sehr reich ist; aber der Präsident der Vereinigten Staaten hat im vorigen Jahr die Erhöhung der Automobilproduktion um mehrere hunderttausend Stück befürwortet und durch fiskalische Maßnahmen gefördert, mit dem erklärten Zweck: die Zahl der Arbeitsplätze zu erhalten.

– Es mag sinnvoll sein und Freude bereiten, wenn Ehen nicht kinderlos bleiben, wieder vorausgesetzt, daß die Personen sich das leisten können und die Zeiten dem Leben der Kinder eine Chance und einen Sinn zu lassen versprechen; aber die Propagierung der Mindestens-zwei-Kinder-Familie erfolgt mit Argumenten wie: wenn die Bevölkerungspyramide sich wesentlich ändert, können wir in zwanzig Jahren die jetzt bewilligten Renten nicht zahlen, oder: solange die Neger in Afrika ihre Geburten nicht regeln *können, dürfen* wir es nicht.

– Es ist erfreulich und belehrend, sich Bilder von Dürer anzusehen; aber man tut es im Jahre 1971, weil Dürer im Jahre 1471 geboren worden ist, und darüber hinaus, weil es aus diesem Anlaß (fast) vollständige Ausstellungen seines Gesamtwerkes gibt.

– Es ist sinnvoll, wenn Kinder das lernen *wollen,* was für sie zu lernen nützlich ist, wenn es also den Lehrenden gelingt, sie dafür zu »motivieren«; aber diese Kunst muß sich in erster Linie auf den Gegenstand erstrecken und nicht auf das Kind; es hat keinen Sinn, ein Kind mit einem appetitanregenden Mittel zum Essen einer ungenießbaren Mahlzeit zu bringen – man muß eine anständige Mahlzeit kochen; es hat keinen Sinn, das Kind zur Hinnahme eines schlechten Systems bereitzumachen –

man sollte zugleich das System so ändern, daß man es wollen kann.

Dies alles stellt ein neues Problem der Wissenschaft angesichts der von ihr »gemachten« Welt dar: sie muß die ihre jeweiligen Erkenntnisinteressen transzendierenden Zwecke mit bedenken, so sehr das ihrem positiven Verfahren widerstrebt. Diesem Verfahren zufolge müssen die in den Erkenntnisprozeß eingehenden Faktoren je für sich eindeutig bestimmt sein. Der transzendierende Zweck ist seiner Natur nach nicht eindeutig bestimmbar. Die Wissenschaftler werden nicht umhinkommen, dieser Schwierigkeit – dieser notwendigen Wandlung ihrer Aufgabe und Arbeitsprinzipien – größte Aufmerksamkeit und Anstrengungen zu widmen, wenn sie nicht wollen, daß man ihre Arbeit von außen reguliert. Vermutlich wird eine ganze Generation von ihnen in ungewohnter bejahter Unsicherheit arbeiten müssen.

Heute stehen wir vor einem Phänomen, das man in Amerika »the relevance gap« (die total verschiedene Bewertung der Aufgaben durch Lehrende und Lernende) nennt[43] und für die schwerste Gefahr der freien Wissenschaft ansieht; man spricht aus anderen – gesellschaftlichen – Gründen von der Notwendigkeit einer »Mobilmachung der Wissenschaftler«[44]; man läßt nicht nur zu, daß die Wissenschaft »ein Bewußtsein ihrer mannigfachen Voraussetzungen hat« – man tut alles dafür, daß sie keinen Augenblick die an sie gerichteten Erwartungen der Gesellschaft und umgekehrt ihre Abhängigkeit von dieser vergißt; man kann die Universitäten geradezu beliebig politisieren, weil man sie nicht zur Politik befähigt und legitimiert hat. – Wie entgeht die Wissenschaft dem Verdikt, Gehilfin der Macht, der Wirtschaft, des Bestehenden und ihrer aller Fehler zu sein – affirmativ und irrelevant? Henry Steele Commager soll auf einer Konferenz in Aspen im vorigen Jahr gesagt haben: »It is not the purpose of the universe to be relevant.« »Es ist nicht der Zweck des Universums, relevant zu sein.«[45] Aber dieses Wort verfehlt seinen Anlaß – die Klage über die Trivialität von Academia. Das Universum muß nicht relevant sein – aber die »Aufgaben« des Menschen, zumal seine geistigen, müssen es sein, damit er sie tut. Es ist genau umgekehrt: Wenn Gott oder eine andere Instanz für den Sinn der Welt aufkommt, *dann* können wir leben wie die Lilien auf dem Felde!

Die Frage nach der Zweckhaftigkeit der Wissenschaften ist nach dem Zweiten Weltkrieg mit Recht bei den Sozialwissenschaften wieder aufgebrochen, weil sich dort am ehesten der Zweifel einstellt: Hat es eigentlich Sinn, hier etwas wissen zu wollen, wenn man das Wissen nicht anwenden will? und weil hier zugleich die Erkenntnis mitspricht: Kein Wissen auf diesem Gebiet bleibt ohne Folgen für das Objekt dieses Wissens – für die Menschen, ihr Bewußtsein und ihr Verhalten. In der Auseinandersetzung zwischen den Neopositivisten und den Vertretern der Frankfurter Schule – vereinfacht: zwischen denen, die behaupten, man müsse gesellschaftliche Ziele vor Augen haben und angeben, wenn man mit der Forschung beginnt, und denen, die die Beobachtung und Analyse möglichst lange ohne Ziel treiben wollen – bleibt der Vernunft nach Anhörung der Gründe nur übrig, beiden recht zu geben. Es kommt nicht darauf an, die eine Prozedur durch die andere zu widerlegen, sondern vom jeweils einen Standpunkt aus dafür zu sorgen, daß die des anderen nicht mißbraucht wird.

Im »dialektischen« Verfahren ist man – d. h. der durchschnittliche Forscher – geneigt, angesichts des bedeutenden Zieles, das er sich gesetzt hat, die Daten einseitig auszulesen; die besondere Hilfe, die ihm Wissenschaft bei der Verfolgung seines Zweckes leisten kann – nämlich die Aufdeckung der eigenen Wahrnehmungsschwächen, -verzerrungen, -irrtümer, der Alternativen und der harten Folgen –, wird sie ihm so nur mäßig gewähren.

Das positivistische Verfahren legt dagegen die Erkenntnis auf die Mittel fest. Kritik ist nur innerhalb der durch sie definierten Rationalität möglich. Dies wäre unter drei Voraussetzungen in Ordnung: daß diese Rationalität ungeschichtlich ist, daß ihr instrumenteller Charakter gewahrt wird und daß die Wissenschaft als Ganzes funktionsfähig ist. Die letzte Voraussetzung muß für das positivistische Verfahren nicht nur gemacht werden, weil jede Forschung auf anderen Forschungen vor und neben ihr beruht, sondern weil der »reinen« Wissenschaft keine andere Aufgabe bleibt, als mit Hilfe all ihrer Teildisziplinen die über die objektive Welt auszumachende Erkenntnis zu vervollständigen; nichts sonst legitimiert und motiviert sie.

Nimmt man einmal die beiden ersten Voraussetzungen als erfüllt an (widerlegen kann man sie jedenfalls schlecht) – die dritte Bedingung ist sicher nicht gegeben. Davon jedenfalls geht diese Abhandlung aus. Sie handelt von dem Mißbrauch des Positivismus in einer Lage, in der die nach seiner Theorie organisierte und arbeitende Wissenschaft die Kontrollfunktion über sich selbst nicht mehr garantieren kann, weil die Kommunikation zu versagen beginnt.

Auch der dialektische Wissenschaftsbegriff ist auf die Funktionsfähigkeit der *republic of scientists* angewiesen. Eben darum wehrt sich Jürgen Habermas auch gegen die spezielle Verfassung unserer Wissenschaft, die die Funktionsfähigkeit jener »Republik« blockiert. Diese Verfassung produziert in sich die Widersprüche zu den behaupteten und geglaubten Prinzipien unserer Universität. Diese Prinzipien lauten nach wie vor: Einheit der Wissenschaft, Einheit von Forschung und Lehre und Freiheit von Lehren und Lernen. Tatsächlich wird die Universität beherrscht von der Spezialisierung und der Autonomie der Einzelwissenschaften, von der Bürokratisierung und der Subsumption des einzelnen Forschers unter ein arbeitsteiliges System und von der Scholarisierung oder Verschulung, d. h. vor allem der fortschreitenden Beschränkung der Zahl derer, die an der Forschung lernen können[46]. Alle drei Merkmale der verfaßten Wissenschaft machen es nicht nur schwer oder unmöglich, ihre Prinzipien zu erfüllen – sie verhelfen der Wissenschaft zu einer fast unbeschränkten Produktivität, deren Folgen dann wieder jene Merkmale (oder Maßnahmen) rechtfertigen, wenn nicht erzwingen.

Aus dieser Lage wird die Universität sich nur retten können, indem sie sich zur Politik – zur Universitätsinnenpolitik wie -außenpolitik – befähigt. Das ist nicht in erster Linie eine Frage, ob es eine stichhaltige Theorie dafür gibt oder geben kann – etwa von der Einheit der Wissenschaft und des Criticist Frame, des logischen Kritizismus, zu dem sich alle Wissenschaften gemeinsam verpflichten ließen –, sondern eine Frage der Bereitschaft, diese Theorie zu hören und zu beherzigen. Es genügt nicht, daß im Hause der Wissenschaft eine obere Etage eingerichtet wird, auf der man philosophiert, politisiert und hypothetisch plant (wie bei Erich Jantsch) unter Einführung der von Ernst Topitsch geforderten »einigermaßen verläßlichen Methoden«[47] (die nämlich garantieren, daß das politische Engagement die wissenschaftliche Wahrheit nicht überfährt – so daß man von da an·der »Politisierung« ihren Lauf lassen könnte). Es genügt nichts, was den Gegensatz zwischen Politik und Wissenschaft verschleiert – keine Formel, die dem Wissenschaftler seine politische Verantwortung leicht macht, weil sie entweder gar nicht hier bei ihm liege, sondern bei den Politikern, oder schon impliziert sei. Es genügt nur, was die politische Aufgabe ausdrücklich macht und persönlich wie kollektiv austragbar.

Aus der Begründung für eine neue Hochschulverfassung, die die Professoren Denninger, v. Friedeburg, Habermas und Wiethölter im Sommer 1968 gegeben haben, sei ein Passus zitiert:

»Das Prinzip der Freiheit von Lehre und Forschung kann heute nicht mehr nur negativ als Abschirmung individueller Gelehrsamkeit gegen interessierte Einwirkung von außen gesichert werden. Es muß auch im Sinne von Teilhaberrechten Anwendung finden. Die Autonomie der Wissenschaft kann nicht unpolitisch gewahrt werden. Erst die Diskussion über Ziele der Studiengänge, über Kriterien der Auswahl von Forschungsprojekten, über den sozialen Zusammenhang der wissenschaftlichen Qualifikationen und der im Forschungsprozeß erzeugten Informationen kann die an Lehre und Forschung unmittelbar beteiligten Gruppen instand setzen, vermeidbare und unvermeidbare gesellschaftliche Abhängigkeiten zu reflektieren.«[48]

Dies – die Möglichkeit, die Unabhängigkeit der Wissenschaft wirklich, nicht nur scheinbar, zu wahren, indem man ihre Abhängigkeiten kennt, einberechnen oder bestreiten kann – war der Grund für die Einführung eines handlungsfähigen Gremiums der hochschulpolitischen Willensbildung: des Konzils mit Vertretungen der drei Gruppen von Hochschulangehörigen im Verhältnis 5 : 3 : 2.

Über die Form, in der die politische Willensbildung vor sich geht[49], kann und muß man sich streiten. Man wird heute nach einiger praktischer Erfahrung anders urteilen als vor drei oder vier Jahren, als man die Forderung von der schieren Theorie her aufstellte. Entscheidend ist, daß die Wissenschaftler Ort und Anlaß haben,

– über die weiteren gesellschaftlichen und philosophischen Voraussetzungen und Ziele ihrer Arbeit zu diskutieren (vgl. unten S. 155 ff.),

– Einwirkungen auf ihre Arbeit gemeinsam abzuwehren, wenn diese die Freiheit und kritische Funktion der Wissenschaft einzuschränken drohen,

– die Erkenntnisse der Wissenschaft, die für die Gesellschaft wichtig sind, gemeinsam zur Geltung zu bringen, zumal wenn

man sie flagrant, vorsätzlich und mit Folgen für alle mißachtet,
– die Verbesserung ihrer eigenen Verfassung, ihrer Mittelverteilung, ihrer Aufgabenbestimmung durch Konsens vorzunehmen,
– den Nachwuchs am »Prozeß der Selbstreflexion«[50] zu beteiligen,
– innere Kontroversen mit Hilfe rationaler politischer Entscheidungsprozesse auszutragen,
– die unter ihnen bestehenden unterschiedlichen Auffassungen von Funktion und Methode der Wissenschaft ans Licht zu heben, wozu es u. a. der Gruppenvertretung bedarf.

Es geht um etwas wie *Wahrheit*, die wir in der Wissenschaft und anderwärts um so leichter verlieren, je geordneter die Tätigkeit ist. Es geht darum, dem Wissenschaftler die Verantwortung für das, was er tut, durch die Gemeinschaft der Wissenschaftler wahrnehmbar und tragbar zu machen. Es geht um die dem Wissenschaftler fälschlich abgenommene Gelegenheit, seine Spezialkenntnis in dem Zusammenhang zu sehen und zu reflektieren, in dem allein sie Bedeutung hat – oder bedeutungslos oder gefährlich ist.

Wenn dies der Sinn der von John Platt geforderten »Mobilmachung der Wissenschaftler«[51] sein könnte (er ist sogar der Meinung, sie werde zur Bewältigung der Probleme nicht ausreichen), dann müßte man sie begrüßen. Es ist freilich offenbar, daß er das nicht meint, sondern in der Tat ein massenhaftes und rationalisiertes Zwangsaufgebot an Forschern. Einstweilen jedoch scheint Platts Analyse der Lage uns noch andere, wie ich meine, bessere Chancen zu geben. Platt errechnet eine zu erwartende Verlangsamung des technischen Fortschritts; wir sind an einer Stelle, an der sich die S-förmige Wachstumskurve abzuflachen beginnt: man wird nicht schneller kommunizieren können als mit dem Fernsehapparat, nicht gründlicher zerstören können als mit der H-Bombe, nicht schnellere Autos gebrauchen können, nicht dichteren Flugverkehr usf. Diese Verlangsamung der technischen Entwicklung sollte zur Stabilisierung des sozialen Systems genutzt werden, von der Platt meint: »Nur der Einsatz der gesamten Intelligenz unserer Gesellschaft dürfte dafür ausreichend sein.« (S. 163) Das könnte vor allem bedeuten, daß wir die Trennung von Wissenschaftlern und Nicht-Wissenschaftlern hinter uns lassen[52], daß die ersteren den falschen Schutz abstrakter, isolierter

Wissenschaftlichkeit verlieren und den richtigen einer kooperativen Rationalität und gegenseitiger Rechenschaft gewinnen. In der »geistigen« Zukunftsgesellschaft der Daniel Bell und der John Platt werden dann die Prioritäten neu gesetzt werden können. Platt selbst stellt eine Tabelle auf, an der abzulesen ist, welches »Niveau«, welche Intensität und welche Dauer die Krisen unserer Gesellschaft und ihrer Subsysteme haben werden. Legt man die Forschungen, die wir treiben, darüber, so ergibt sich, welche Probleme noch nicht, welche ausreichend und welche übermäßig erforscht werden. »In die Liste der ›überforschten‹ Probleme muß man, glaube ich, die meisten Grundlagenforschungen einreihen.«(S. 170)

Die Plattschen Überlegungen sind durch eine sich abzeichnende Katastrophenlage bestimmt. Seine Kriterien sind neu, überlegt, aber auch einseitig – Notstandskriterien. Seine Sprache ist militärisch: Einsatzgruppen, Krisenstab, Überlebenschance, Mobilmachung.

Man sähe den Wissenschaftler lieber als Bürger, dessen Beruf eine politische Bewandtnis hat wie jeder andere auch in der interdependenten Gesellschaft. Aber man muß auch zugeben, daß Platt einen Weg zeigt, wie man zu diesem Wissenschaftsbürger kommt: Es wird nicht ohne die Alarmstimmung gehen. Ohne die damit einsetzende systematische Ideenproduktion, ohne die Krisenuntersuchung, ohne die Erforschung der Erfindungs- und Entwicklungsprozesse der Wissenschaft selbst, ohne Beunruhigung und zugleich Disziplinierung der wissenschaftlichen Methodologie, ohne die Zumutung der Kommunikation (gleichrangig neben Friedensforschung, Ökologie, Biotechnologie, Entscheidungstheorie, psychologischen und sozialen Theorien etc.) wird es bei der *compartmentalisation* der Wissenschaft bleiben und damit bei ihrer Irrelevanz und Willfährigkeit.

Wir brauchen nicht die Mobilmachung der Wissenschaftler *als* Spezialisten, sondern als Bürger *mit* einer Spezialisierung: mit der Fähigkeit, in einem Bereich gültige und verständliche Abstraktionen vorzunehmen. Gunnar Myrdal nennt die Wissenschaft einen »highly sophisticated common sense«[53]. Und C. West Churchman hat den sich immer weiter aufteilenden Sozialwissenschaften vorgehalten, sie seien überhaupt keine Wissenschaften, bis sie nicht »ein normaler Bestandteil der Tätigkeiten des Menschen in der Gemeinschaft« würden[54]. Falsch ist allemal

112

– das spiegelt sich in diesen Äußerungen – wenn der Wissenschaftler, um Wissenschaftler sein zu können, sich vom »Menschen« trennen muß. In anderen Zeiten mochte die Anstrengung des Wissenschaftlers zur Objektivität so schwer gewesen sein wie die des Mönches zum Seelenheil, weshalb beide sich in unnatürliche Isolierung von der Welt und von sich selbst begeben mußten. Wissenschaftlichkeit ist heute eine Technik, die jedermann lernen kann. Was uns heute Schwierigkeiten macht, ist die Rückverbindung aus den Labors, von den Computerzeichen, aus der künstlichen Modell- und Als-ob-Haltung in die Realität – die Rückkehr aus dem Ideenhimmel in die Höhle, in die Anschauung, die gemeinsame, politische, schmuddelige, nicht im Begriff aufgehende Erfahrung. Nicht ohne guten Sinn hat Gerard Radnitzky in seinem Versuch, eine Brücke zwischen den zerstrittenen »logischen Empiristen« und den »hermeneutisch-dialektischen« Wissenschaftlern zu schlagen[55], ausgerechnet die psychoanalytische Begegnung zu seinem Grundmodell gemacht – wie vor ihm schon Carl Friedrich von Weizsäcker. Dieser spricht in seinem Aufsatz »Wohin führt uns die Wissenschaft?«[56] u. a. von der Gefahr der Spezialisierung und dann, da sie nicht mehr aufhebbar, sondern eine Rückwirkung des Wachstums der Wissenschaft auf die Wissenschaft selbst sei, von der Möglichkeit, ihren schädlichen Wirkungen zu begegnen. *Erstens* gibt es einen »lebendigen Ring der Forscher«, in dem sie sich gegenseitig Kritik, Hilfe, Herausforderung geben. Daß der Ring der Forscher »lebendig« bleibt oder wird, ist eine Frage ihrer menschlichen Haltung – der Offenheit für den anderen, der Bereitschaft, seine Sprache zu lernen, des Bewußtseins, daß man selbst nur einen Teil eines Ganzen beherrscht und vertritt. *Zweitens* gibt es eine Verantwortung für die Folgen des Tuns, und die liegen meist außerhalb der eigenen Spezialisierung; das Bewußtsein von dieser Verantwortung kommt nicht aus der Wissenschaft selbst, sondern aus der Person, ihren Lebensumständen, der Erziehung, der Gemeinschaft. Und *drittens* gibt es die Erfahrung, daß Erkennen immer auch ein Eingriff, ein Handeln ist. Auch sie ist nicht durch die Wissenschaft begründet. Wir in unserer Zeit sind durch die Erfahrung der Psychotherapie daran erinnert worden,

»daß es kein Kenntnisnehmen von den wesentlichen Vorgängen in der Seele eines anderen Menschen gibt ohne eine persönliche Beziehung zu ihm.«[57]

Prinzipiell kann jedes Objekt eines Erkenntnisaktes in eine Kommunikation mit dem Subjekt treten: in einen Dialog. Der Wissenschaftler, der weiß, daß die Objektivität, die spezialisierte Betrachtungsweise, die Abstraktion, derer er sich bedient, diesen Dialog nicht nur fördert, sondern in entscheidenden Punkten auch vergewaltigt oder zerstört, wird, um seiner Wissenschaftlichkeit willen, nach und neben der kunstvollen Objektivierung immer wieder die ungeschützte Begegnung mit seinem Objekt aufsuchen, die naive Anschauung, die Gemeinsprache, die persönliche Beziehung. Er wird darum der Selbstisolierung und der mit ihr gegebenen »spezialisierten Ohnmacht« nicht so leicht verfallen wie der Kollege, der sich ausschließlich der »reinen Wissenschaft« widmet. In anderen Worten: der gute Mediziner braucht mehr als seine eigenen Disziplinen (von der Anatomie bis zur Neurologie oder zur Pharmakologie), er braucht auch mehr als die ergänzenden und ihm widerstreitenden Disziplinen (vom Chemiker über den Urbanologen, den Ökologen, den Technologen bis zum Sozialpsychologen, zum Analytiker, ja zum Theologen)[58] – er braucht die Selbsterfahrung, das Gespräch, den Alltag, die Tageszeitung: für seine Sache. Der Jurist, der Pädagoge, der Literaturwissenschaftler, der Historiker – sie brauchen alle (neben ihren Stammwissenschaften) das, was ihnen die »Interdisziplinarität« bietet, aber sie werden es ernstlich wahrnehmen und verlangen erst, wenn sie die wohlgeordnete Ebene der Disziplinen überhaupt verlassen. Die horizontale Öffnung, die Mischung der Ausbildungsgänge, die Freiheit des Baukastensystems könnten, statt die Kommunikation wiederherzustellen, die Orientierung erschweren, die Profile verwischen, eine Scheineinheit erzeugen, die das Auffinden der wichtigeren Aufgabe weiter verhindert: *die Wiederherstellung der vertikalen Einheit* – von der Philosophie über die Systemtheorien, die Fachwissenschaften, die Anwendung bis zu Gemeinerfahrung. Mit der »Philosophie« ist nicht die so bezeichnete Disziplin in der heutigen Wissenschaftsgliederung gemeint (die ist teils eine »Systemtheorie«, teils eine »Fachwissenschaft«), sondern das *dialegesthai* Platons – die strenge Erörterung der Bedingungen für die Möglichkeit der Wissenschaft, der praktischen wie der theoretischen Bedingungen.

Alle Wissenschaft scheint also am Ende einer gemeinsamen Forderung ausgesetzt zu sein, die auf das zurückführt, wovon sie die

Ausnahme sein sollte. Sie wird nicht durch Theorien, Methoden, Einrichtungen, sondern durch eine *moralische Bedingung* zusammengehalten und zu ihren Aufgaben befähigt. Wissenschaft gründet im Wissenschaftler und dieser in der Gemeinschaft seinesgleichen.

Die »wissenschaftliche Person« ist die Gemeinschaft. Henry Nathan hat folglich in der Gemeinschaft der Forscher ein Vorbild politischer Gemeinschaften gesehen, statt umgekehrt – wie das meist geschieht – die Attribute der politischen Gemeinschaft auf die »Republik der Wissenschaftler« zu übertragen:

»Modern scientific practice is a political innovation in the sense that it provides an example of an extreme case of effective social control through a minimum of informal sanktions.«[59]

»Die Praxis der modernen Wissenschaft bereichert auch die Politik um ein neues Modell: es zeigt, wie man eine wirksame soziale Kontrolle durch ein Mindestmaß an informellen Sanktionen ausüben kann.«

Die gleiche Praxis zeigt freilich auch, wie die Wissenschaftler sich der Gemeinschaft versagen, der sie ihre Bestimmung und Freiheit verdanken – mag ihnen die geringe soziale Kontrolle zu viel sein oder zu selbstverständlich. Eine Republik wollen sie haben, aber auf das Forum wollen sie nicht gehen. Die Schwierigkeiten sollen durch Institutionen, Abstraktionen, Regeln gelöst werden. Der Sprachgebrauch hat es längst verraten: Man sagt »die Wissenschaft«, wo man »die Wissenschaftler« sagen sollte – und alle Kritiker machen das mit, auch dieser hier.

7. Die Einheit der Wissenschaft durch das Lernen der »Wissenschaft als Hervorbringen von Lehrbarem«

Daß die Einheit der Wissenschaft in der Gemeinschaft der Wissenschaftler zu begründen ist, wie es die Antworten des letzten Abschnittes nahelegen, weckt den Einwand: damit versage man der Wissenschaft die Möglichkeit, sich selbst zu bestimmen. Charakter, Erziehung, Auslese, Geschichte, Opportunität, Demagogie – eine Fülle von irrationalen Faktoren werde über den Zusammenhalt und die Gesinnung jener Gemeinschaft entscheiden; die von den einzelnen in ihren Disziplinen befolgten Prinzipien und gewonnenen Erkenntnisse werden sich ohne den Schutz einer strengen gemeinsamen Rationalität, einer verbindlichen Methodik, kommunizierbarer Theorien und überpersönlicher Institutionen nicht durchsetzen können. Die größere und skrupellosere Zahl werde über die anderen hinwegstimmen und die »Einheit durch Gleichschaltung« herstellen.

An dieser Übertreibung wird zweierlei sichtbar: a) was nicht gemeint gewesen sein kann und b) daß eine entscheidende Dimension in der gesamten Erörterung noch fehlt, etwas, was erklärt, wieso den Betroffenen so Verschiedenes wie Strukturalismus und Projekte, Computer und politische Verantwortung als Lösung des einen Problems hat einfallen können und daß sie sich gleichwohl weiter der gleichen Kategorie zurechnen – den Wissenschaftlern.

a) Die »moralische Bedingung« der Wissenschaft – die zuletzt behandelte Bereitschaft der Wissenschaftler, aufeinander zu hören – setzt keine einzige der anderen Klammern, Kommunikationsmittel und Sicherungen außer Kraft, im Gegenteil: es setzt sie in hohem Maße voraus. Die Behauptung ist doch vielmehr: Keine Datenbank mit gemeinsamem Abrufungssystem, keine neue Fachbereichsgliederung, keine noch so glückliche Architektur, keine interdisziplinäre Theorie, ja nicht einmal ein gemeinsames Problem und Problembewußtsein garantiert die praktische Einheit inmitten von soviel Apparatur, Anstrengung und Ablenkung – wenn nicht jene Bereitschaft zur Offenheit und Gegenseitigkeit besteht. Diese Bereitschaft allein aber wäre nicht nur machtlos – sie wäre zur Stiftung der »Einheit« von allem und jeglichem nützlich: sie bezeichnet Wissenschaft und Wissenschaftlichkeit nur in Kombination mit anderen Voraussetzungen.

b) Was aber macht diese Verbindung aus, was ist gleichsam das »Wissenschaftssyndrom«? Wissenschaft ist ein Prozeß zum Hervorbringen von Wissen. Von was für Wissen? Von Wissen, das sich als solches mitteilen, lehren und lernen läßt. »Als solches« meint: In der Form, in der es »fertig« ist, muß es verständlich sein, es darf nicht noch auf »Erfahrung«, »Kontext«, »Genie«, »Intuition« oder anderes angewiesen sein, wohl aber auf Auslegung, die selbst die Form der verständlichen Mitteilung oder Lehre annimmt und also mit zum Ergebnis gehört. Dies ist die didaktische Dimension, die in aller Wissenschaft steckt und der wir alle immer schon durch unsere »wissenschaftliche« Schulbildung ausgesetzt gewesen sind. Auf dem Grund dieser unausdrücklichen und unbewußten Gemeinsamkeit konnten die extrem verschiedenen Lösungen als Antworten auf dieselbe Schwierigkeit vorgebracht werden. Ich habe die Didaktik-in-der-Wissenschaft an anderer Stelle genauer analysiert[60]; hier will ich Folgerungen daraus für die Kooperation und Einheit der Wissenschaften ziehen.

Es geht nun darum aufzuzeigen, daß das Lernen von »Lehrbarem«, d. h. in der Absicht, selbst wieder Lehrbares, Mitteilbares hervorzubringen, sehr andere Wirkungen hat als das Lernen von »Gelehrtem«, d. h. unter dem Gesichtspunkt, das schon Bekannte bruchlos zu übernehmen, zu behalten und anwenden zu können.

Das Lernen der ersten Art erzeugt a) eine *Einstellung,* die die Kommunikation und soziale Kontrolle befördert (man hat diese und ihre Funktionen und Schwierigkeiten ja im Sinn); es greift b) auf die gemeinsame *Erfahrung* zurück, innerhalb derer oder auf die hin man dem anderen etwas verständlich macht, und da unser frühes Lernen experimentell und kreativ ist (bis zum 11. oder 12. Lebensjahr nach Piaget) und alles Weitere hierauf aufbaut, wird das Verhältnis von Anschauung und Abstraktion zum Hauptgegenstand dieses Verfahrens; es benutzt c) alle wissenschaftlichen Einrichtungen, Sprachen, Spezialisierungen, Theorien nicht als Zwecke, sondern als Mittel innerhalb eines fortlaufenden *Prozesses,* der die Einheit der Wissenschaften in ihrer horizontalen wie in ihrer vertikalen Gliederung ausmacht – wodurch Wissenschaft zu Planung, Handeln und Politik befähigt wird; es mündet d) – als Lernen von Wissenschaft und nicht einer wissenschaftlich begründeten Handlung – in philosophischer und politischer *Kritik.* Diese Kritik ließe sich zu einem Teil wenigstens als das bestimmen, was Jürgen Habermas »Diskurs«[61] genannt hat; ich könnte auch schlicht Philosophie dazu sagen, soweit man darunter eine fortlaufende (diskursive) Verständigung über das am Gelernten problematisch Gebliebene versteht: genau das, was Sokrates unter Dialog oder Dialektik verstand.

Das Lernen der zweiten Art erlaubt a) größere Produktivität, b) genauere Kontrolle des Lernerfolgs, c) eine hohe Spezialisierung und Ausweitung der Wissenschaft – und bringt mit ihnen den Zustand hervor, der unser Problem konstituiert: das Bedürfnis nach ungestörter, durch Methoden prinzipiell verbundener, durch Konzentration auf sich selbst praktisch isolierter und sich weiter isolierender Einzelarbeit[62] – wodurch die Wissenschaften auch politisch unmündig, ja bewußt politisch abstinent werden und eben dadurch »manipulierbar«. Das Lernen dieser zweiten Art mündet d) auch in einer anderen Form und damit bei einer anderen Einstellung: in ein Besitzverhältnis, zu dem dann ganz andere Lebens-, Arbeits- und Organisationsbedingungen gehören.

Wenn ich vorhin von der Form, in der Wissen als »fertig« aus dem Forschungsprozeß entlassen wird, nur in Anführungszeichen gesprochen habe, dann weil dieses »Fertigsein« mit unseren gewohnten Vorstellungen davon nicht übereinstimmt: Es handelt sich nicht um unveränderliche Behauptungssätze, sondern um hypothetisch-operationale Sätze, die etwa so aussehen: »Wenn man das und das tut / wenn man in der und der Lage so und so beobachtet / wenn man die und die Voraussetzung gelten läßt / wenn man unter X und XY verstehen will – dann gelangt man mit den und den Mitteln, in der und der Weise, unter den und den möglichen Abweichungen zu der und der Feststellung / Verallgemeinerung / Wahrscheinlichkeit, die man sich so und so veranschaulichen kann.« Zu einem wissenschaftlichen Ergebnis gehört die Offenlegung des Erkenntnisweges immer dazu; das ist nichts Neues. Entsprechend hat man seit langem das Lernen der Wissenschaften »genetisch« zu machen versucht[63]. Aber die guten Prinzipien verfallen immer wieder den schlechten Gewohnheiten. Wenn wir im Lernen der Wissenschaft »Ergebnisse« grundsätzlich als Operationen erführen und formulierten, könnte sich ein deutlicheres Bewußtsein davon bilden, was wir *verlieren,* wenn wir uns endgültiger, einfacher, »magischer« Formeln bedienen. Zaubern können ist eine sehr einsame Kunst. Eben weil es sicher nicht mit der »Konditionierung« durch genetisches Lernen getan ist, weil wir aus reiner Arbeitsökonomie doch immer wieder zu abkürzenden Darstellungen greifen werden, gehört zu dem Lernen von Lehrbarem neben den Momenten a), b) und c) am Ende immer die Anleitung zum Diskurs. Jürgen Habermas hat in seiner Theorie der kommunikativen Kompetenz – also einer Lehre über die Voraussetzungen der Verständigung, die für die Frage dieses Buches eine zentrale Rolle spielt – deutlich gemacht, wie sich Diskurs von »Informationsaustausch« und von »kommunikativem« Handeln« (gegenseitiger Mitteilung, die an einen Handlungszusammenhang gebunden ist und manchmal ganz in ihm aufgeht, also auch stumm sein kann) unterscheidet. Diskurse sind immer sprachlich und haben es nicht mit Informationen, sondern mit »problematisierten Geltungsansprüchen« zu tun. In anderen Worten, man setzt weder sie noch den Kontext voraus, sondern macht ihn zum ausdrücklichen Gegenstand der gegenseitigen Verständigung; man verlangt Begründungen von der Art: Warum sagst du das? Warum hast du dich dann nicht anders verhalten? und macht damit Vorbehalte gegenüber dem, was wir im »kommunikativen Handeln« (im Umgang, wie man bisher sagte) hinnehmen oder ablehnen, ohne gleich die ganze Situation in Frage zu stellen.

Habermas gibt die Sicherungen an, deren ein Diskurs bedarf. Wenn ich eine anschauliche Darstellung seiner komplizierten Theorie zu geben hätte, ich würde sie in Platons Bestimmungen des Philosophierens suchen – etwa im 7. Brief oder in den erkenntnistheoretischen Erörterungen und Gleichnissen des 6. und 7. Buches der Politeia. Auch die Forderung, der Diskurs müsse »herrschaftsfrei« vor sich gehen, ist bei Platon mit größter Präzision begründet und die Bedingung seiner Möglichkeit dargelegt worden: er wird nicht unter dem Preis zu haben sein, den die Wächterphilosophen in seinem Staat mit ihrer Erziehung und Existenz zahlen. Und der Preis ist erschreckend hoch! – In unserem Zusammenhang ist wichtig: daß sogenannte »sachliche« Ergebnisse der Wissenschaften immer nur eine dürftige Vorform von intersubjektiver Gewißheit und Verständigung gewähren, wenn sie nicht in den philosophischen Diskurs eingebracht und dort der »idealen Sprechsituation« ausgesetzt werden – dem Anspruch nämlich, den der »Umgang« nie erfüllt und doch ständig voraussetzt: ».... wir supponieren, daß die Subjekte sagen können, welcher Norm sie folgen und *warum* sie diese Norm als gerechtfertigt akzeptieren.«[64] Was das heißt, wird mit einem Schlage erhellt, wenn jene Norm die »Wissenschaftlichkeit« ist und unser Partner oder wir diese Frage nicht nur mit logischer, sondern mit existentieller Konsequenz beantworten sollen.

Wer dagegen seine »Informationen« in der Ebene des »sicheren Wissens« und der »eindeutigen Definitionen« *besitzt* und undiskutiert *weitergeben* kann – und wer seine Einrichtungen in dieser Welt danach trifft: die Erziehung und Ausbildung, die Umsetzung von Wissenschaft in Technik und Verhalten, die Begründung und Planung von Politik, die Analyse von Beziehungen und Zuständen der Menschen –, der wird sich und seinen Handlungen gegenüber genau die Distanz und Kritik nicht gewinnen, sondern verlieren, die zu geben die Hauptaufgabe, die wahre Tugend der Wissenschaft ist. Insofern ist die Unterscheidung jener beiden Formen des Lernens der Wissenschaft (als Hervorbringen von Lehrbarem oder als Übernahme von Gelehrtem) von fundamentaler politischer und pädagogischer Bedeutung.

Nicht nur die Wirkungen und Formen dieser beiden Arten des Lernens sind anders, auch ihre Inhalte und Bestandteile: Das Wissen des einen wird, weil es auf Verständlichkeit (das Einfügen in das, was wir schon verstehen) gerichtet ist, andere Gegenstände und Aspekte auswählen als das Wissen des anderen, dem es um Gewißheit (die Eindeutigkeit und Dauerhaftigkeit jeder Einzelaussage) geht. Das erstere Wissen wird immer auch Ganzheit, System, Geschichte, »Bedeutung für uns« enthalten. In der Welt, in der wir leben und die ich in Teil I etwas zu kennzeichnen versucht habe, wird der Nutzen und der Genuß, den wir von der zweiten Art von Wissen und Lernen haben, davon abhängen, ob wir nur Gewißheiten und nicht auch Formen der Ungewißheit lernen, zumindest diese vier:

1. Wir müssen lernen, in Modellen zu denken, das heißt in allgemeinen Strukturen, in Hypothesen und Utopien, die uns von den Gegebenheiten distanzieren. Dies ist die eine Seite des wissenschaftlichen Verfahrens.

2. Wir müssen lernen, in Alternativen zu denken, also in Vorstellungen, die durch die andere Seite der Wissenschaft, die Verifikation fordert, ergänzt werden.

3. Wir müssen in Optionen denken lernen und damit vor allem in Prioritäten; das heißt, wir müssen lernen, uns Ziele zu setzen; denn man kann keine Optionen ohne vorherige Zielsetzung und Projektionen treffen.

4. Wir müssen lernen, in Prozessen zu denken, also Entscheidungen zu fällen und sie gegebenenfalls auch wieder aufzuheben. Wo lernt man eigentlich, sich selbst zurückzunehmen?[65]

Dies kommt nicht zu den anderen Gründen für die Wiederherstellung der Kommunikation oder Einheit der Wissenschaft durch das *Lernen* der Wissenschaft hinzu, es ist ein unlösbarer Bestandteil der Überlegung: da doch die Wissenschaft der einen Art einen Zustand der Welt geschaffen hat, in dem wir nichts dringender brauchen als eine Wissenschaft der anderen Art: eine, die Übersicht und gegenseitige Kritik und Entscheidungshilfe ermöglicht.

In diesem Schlußabschnitt möchte ich nun die vier wichtigsten Merkmale des Lernens der »Wissenschaft als Hervorbringen von Lehrbarem« behandeln – mehr an Exempeln als systematisch, wozu es selbst eines entsprechenden Wissenschaftsprozesses bedürfte. Die vier schon erwähnten Merkmale sind:

a) die Offenheit für die Mitlernenden, Mitwissenden, Mithandelnden – *eine Einstellung,*

b) die Anschauung als Basis für die Abstraktion – *eine Sprache,*

c) die Prozeßhaftigkeit von Wissen und Lernen, durch die die Vielseitigkeit und Vielschichtigkeit der wissenschaftlichen Tätigkeiten (von der Theorie des Systems über die Spezialdisziplin bis zur kooperativen konkreten Anwendung) ständig verbunden und bequeme und schädliche »Gleichschaltungen« vermieden werden – *eine Organisationsstruktur,*

d) die politische und philosophische Problematisierung des Geltungsanspruchs der Fragen, Wertprämissen, Verfahren, Ergebnisse und Ziele – *eine diskursive Kritik.*

a) Die Offenheit gegenüber anderen ist keine Charaktereigenschaft, sondern lernbar, auf Lernen geradezu angewiesen und darauf, daß die Mittel und Anlässe dies fordern und fördern.

Da gibt es ein Unterrichtsprogramm von Ronald Lippitt und seinen Mitarbeitern, durch das Kinder im Alter von 11 und 12 die Verfahren der Sozialwissenschaften lernen – nicht damit sie auch dies können (bei uns würde man – mit Recht – sagen: um ein »Bildungsdefizit« zu beseitigen), sondern weil ihnen diese Verfahren ihre here-and-now Erfahrungen mit der Gesellschaft und sich selbst erschließen. Sie bekommen ein Instrumentarium in die Hand, mit dessen Hilfe sie ihre Umwelt (auch die Schule und die veranstaltete Pädagogik, die ihnen dies bietet) besser durchschauen und entweder bewußt mitmachen oder bewußt abwehren können. In unserem Zusammenhang kommt es vor allem hierauf an: dieses Instrumentarium ist »Wissenschaft« – aber es wird nicht um der Wissenschaft willen eingeführt, sondern weil es mir etwas bedeuten kann. Es wird so eingeführt und dargestellt, daß die Kinder einerseits nicht in eine völlig neue Dimension ihrer Wirklichkeit eintreten (die wissenschaftliche), sondern nur – mit Myrdal gesprochen – ihren common sense verfeinern und problematisieren, andererseits aber deutlich die Vorteile erkennen, die ein solches Verfahren gegenüber der naiven Beobachtung hat – und welche Opfer man dabei bringt. Dabei lernen sie, wie diese Instrumente gemacht werden, ja sie werden ständig ermutigt, selber solche Instrumente zu erfinden. Und immer wieder klingt mit: dies ist es, was die Forscher, Erfinder, Wissenschaftler auch treiben – und ihr und sie, ihr könnt einander nun verstehen. Ja, es werden die Gemeinsamkeit und Verschiedenheit sowohl der einzelnen Forschungseinrichtungen (Chemiker und Verhaltensforscher tun Vergleichbares, haben beide so etwas wie »Labors«, trennen Beobachtung von Folgerung und Wertung – aber immer ein wenig anders) wie auch ihrer Stufen (von der Hypothese bis zur Anwendung) systematisch herausgearbeitet. Schließlich geschieht dies Ganze in einer Gemeinschaft – in Arbeitsteilung und Mitteilung: das gemeinsame Lernen am gemeinsamen Projekt bildet die Gemeinsamkeit der Wissenschaft vor[66]. Lauten dann die Themen der einzelnen Unterrichtseinheiten auch noch »Wir entdecken Unterschiede«, »Freundliches und unfreundliches Verhalten«, »So-sein und sich verändern«, »Einzelne und Gruppen«, »Entscheiden und Handeln«, »Wir beeinflussen einander«, wird vollends klar, daß hier eine Wissenschaft zugleich auch »Einstellungen« hervorbringen kann und wird – nicht nur Kenntnisse und Fertigkeiten – und wie sehr diese Einstellung mit der Bestimmung dieser Wissenschaft zu tun hat. Ihre Bestimmung ist: eine Offenheit für Phänomene zu erzeugen, die unsere Empfindungen, Gewohnheiten und Interessen uns entweder verbergen oder uns anderes erkennen lassen als andere Menschen, und uns bereit und fähig zu machen, über diese Verschiedenheit mit ihnen zu reden und sie gemeinsam zu ergründen. In dem Maß, in dem die Distanzierung zu den eigenen Wahrnehmungen und die Annäherung zu den gemeinsamen Erkenntnismöglichkeiten verständlich, annehmbar und vor allem selbst zum Objekt der Erkenntnis gemacht werden, hat das ganze Verfahren Aussicht, über die besondere Wissenschaft hinauszuwirken: der Transfer, wie man heute sagt, wird selbst ins Bewußtsein gehoben und dadurch erst zu einem dauerhaften Handlungsmuster.

Die Bereitschaft zur Kommunikation und Objektivierung hängt von einem bestimmten Maß an Ordnung und Unordnung, an Zuversicht und Nötigung ab. Sind alle Lernbereiche systematisch vollkommen aufeinander abgestimmt (oder geben sie vor, es zu sein), kommt diese Bereitschaft ebensowenig auf, wie wenn prinzipielle Unvereinbarkeit waltet. Unsere Schul-Unterrichtsfächer

sind ein Relikt des Enzyklopädismus, einer Lehre, die behauptete und glaubte, der aufgeklärte, gebildete Mensch solle und könne »alles« wissen – nur eben nicht alles mit gleicher Genauigkeit und Intensität. Es komme darauf an, daß in der Vorstellung des Menschen »alles«, nämlich jeder Sektor des »Kreises« oder Zyklus[67] der vorhandenen Dinge, vertreten sei. Ein anderer Ausdruck für diese »allround«-Bildung war das Speculum (Maius) – der größere Spiegel der Welt[68]. Die Welt und ihre »natürlichen« Bereiche waren das Maß der Vollständigkeit. Nicht in dieses Abbild gehörte das Spezialwissen. In anderen Worten: diese Aufklärung war gänzlich unaufgeklärt über die Geschichtlichkeit ihrer Denkform, über die logische Willkür der Zuordnungen und Trennungen, die in erster Linie die gesellschaftlichen Wertungen wiedergaben. Aber genau deshalb konnten sie sich halten und entgingen aller Kritik. Man mutete den Schülern – zumal den Gymnasiasten – zu, lateinische Grammatik und nationale Geschichte, klassische Physik und klassische Literatur nebeneinander aufzunehmen als *eine* Bildung, ohne je in einem »Fach« auf das andere Bezug zu nehmen. Kommunikation oder gar Übertragung (Transfer) waren kein Problem, weil ja alles wichtige Wissen selbst in dem Zyklus der Bildung mitenthalten war. Die »Einstellung«, die durch die enzyklopädische – vorgängig zu einem Kreis geschlossene – Bildung erzeugt wird, ist genau die, die die Zwei Kulturen hat entstehen lassen: die Zerstörung der Einheit und gemeinsamen oder gegenseitigen Verantwortlichkeit schon in den Vorhöfen der Wissenschaft. Man muß nicht verstehen, was man weiß, und das meint: man muß nicht den Stellenwert eines Wissensgegenstandes bestimmen können, oder eine Einsicht im Bereich X auf eine entsprechende im Bereich Y beziehen, oder eine Gesetzlichkeit im Fach A in eine Gesetzlichkeit im Fach B transformieren (dies wären Kriterien wirklichen Verstehens!) – weil ja für beides das vorgeordnete und vollständige System aufkommt.
Die Erweiterung und Veränderung des Wissens durch den Fortschritt der Wissenschaft hat sich auf die Bildung folgerichtig als ein Organisationsproblem niedergeschlagen: es kam darauf an, die zunehmenden Stoffmassen in den vorgegebenen Bereichen in immer kleinere Einheiten abzupacken, damit neues, unentbehrliches Wissen noch in dem ganzen Bündel Platz hatte.
Die Kluft zur Praxis blieb bis in die neueste Zeit. Anwendungsprobleme kamen als »didaktische« Einstiege vor, aber nicht, weil

man sie selbst ernst nahm – und also fehlte der sonst in ihnen gegebene Anlaß zur interdisziplinären Kommunikation oder zu erkenntniskritischem Vergleich oder zu politischer Bewertung und Entscheidung.

Ich will diesem durch unglückliche Gleichschaltung und unglückliche Trennung gleichermaßen sterilen Zyklus einen anderen gegenüberstellen, der eine »Einstellung« auf Kommunikation, Transformation, Verantwortung geradezu erzwingt, weil er keine Ordnungen vorgibt, sondern im Gegenteil Lücken und Konfliktstellen bezeichnet und gegenseitige Abhängigkeit. In einer englischen Elementarschule wird den Lehrern gesagt, es komme darauf an, daß jedes Kind seine Aufmerksamkeit zu ähnlich großen Teilen jedem der folgenden »Sektoren« die ich hier gleich in ihrer zyklischen Anordnung wiedergebe und zugleich mit den Personen umgebe, die in ihm Partner oder Erkenntnisquelle sind:

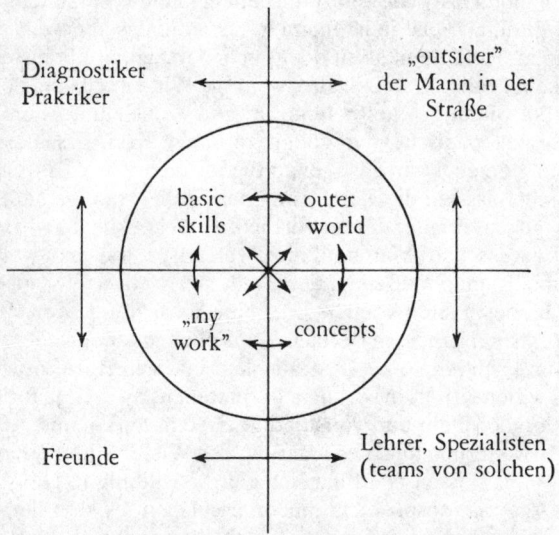

Die Pfeile bezeichnen zugleich Zusammenhänge und Schwierigkeiten, Gegensätze, Interaktionsgelegenheiten oder -notwendigkeiten.

Dies ist kein überwältigend originelles Schema, wohl aber eines, das gerade in seiner Einfachheit zeigt, wie prinzipiell man von dem enzyklopädischen Muster abweichen muß, wenn man erreichen will, daß Wissenschaft nicht als eine abgepackte Tätigkeit unter anderen gelernt und in sich selbst wieder homogenisiert wird. Die Vierteilung (ich, Umwelt, Begriff, Handlung) ist auch in der Wissenschaft enthalten (Eigenmotivation oder »Standortbezogenheit« / natürliche »Sachen« und gesellschaftliche Zwecke / das theoretische Instrumentarium / die praktischen Fertigkeiten bzw. die Probleme der Eignung und der Anwendung); sie repräsentiert darüber hinaus die sechs schwierigen und aufregenden Wechselbeziehungen, die in ihr verarbeitet werden und bewußt sein sollten – und alles dies wird vom ersten Schultag an berücksichtigt und ernst genommen!

Nicht weniger entscheidend als die gleichmäßige Bestärkung solcher sich gegenseitig herausfordernder »Welten in der Welt« der frühen Lernjahre ist das spätere Vorgehen – auch noch auf der Tertiärstufe, von der wir leider meist annehmen, hier lasse sich alles direkt vermitteln, da man es ja mit erwachsenen rationalen Menschen zu tun habe; die Frage der Anordnung spiele also keine Rolle mehr, solange das Angebot vollständig sei. Wo, wie, von wem wird die Integration vollzogen? – das ist seit langem eine Kernfrage der Hochschuldidaktik.

Die neue Universität Sussex hat sich infolge solcher Überlegungen von vornherein anders gegliedert – in neun »Schulen«: für biologische, angewandte, mathematische, molekulare Wissenschaften, für Sozialwissenschaften, für »Kultur und Gemeinschaft«, für Europäische Studien, für Afro-Asiatische Studien, für Englische und Amerikanische Studien. Diese wiederum bestehen aus insgesamt 54 Gegenstandsgruppen, die quer zu diesen Schulen angeordnet sind, und 14 Forschungs- und Studienzentren, die sich um dauerhafte Projekte organisiert haben. Die Studienpläne sehen strenge und lockere Bündelungen von Themen und Arbeitsformen vor. Das ganze ist ein sehr englischer Kompromiß zwischen Enzyklopädie, Spezialistentum, Projekten und der Möglichkeit, »my work« fortzusetzen oder Concepts (ein Kurs in der Schule für Social Sciences heißt z. B. Concepts/Methods/Values und wird von allen Studenten genommen) oder Basic Skills oder Outer World. Die heilsame pädagogische Folge dieses unübersichtlichen Nicht-Systems ist, daß es keine eindeutigen Ordnungen und Sicherheiten bietet und jedenfalls die Eindimensionalität unserer Disziplinen und Studiengänge vermeidet. Freilich nötigt am Ende das englische Prüfungswesen doch dazu, dieses vielschichtige und gemischte Angebot zu entmischen und auf eine Ausbildung in der einen Ebene disziplinärer Kompetenz hin auszulegen.

Es müßten also versteckte, unvermeidbare Nötigungen zu vertikaler und horizonaler Kommunikation, gleichsam didaktische Fallen, eingebaut werden, etwa durch unterschiedliche und wechselnde Übertragungsrhythmen von Dozenten auf den Studenten, was ich auch am besten zunächst graphisch darstelle:

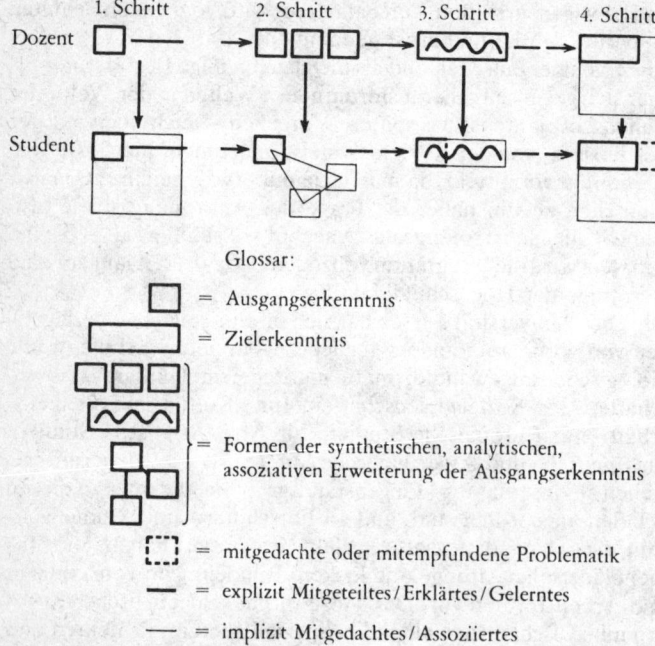

Gemeint ist folgendes: Was der Dozent tut und lehrt, geht anders vor sich und hat eine andere Funktion als das, was der Student gleichzeitig dabei tut und lernt. Die Akzente, der Umfang, die Anordnung (und sowieso die jeweilige Dauer) sind verschieden.

126

Vor allem aber: die Phasen sind verschieden und verschiebbar, ja, das so aufgeteilte Verfahren kann in einem benachbarten Bereich oder an einem anderen Gegenstand gleichzeitig in der umgekehrten Richtung verlaufen.

Im ersten Schritt stellt der Dozent seine Disziplin dar – ihre Aufgaben, Prinzipien, Methoden, Strukturen, einige Beispiele. Für den Studenten bedeutet dies aber zunächst und zumeist: diese Disziplin aus einer nicht oder anders gegliederten Vorerfahrung oder Vorkenntnis herauslösen. In einem zweiten Schritt holt der Dozent sich weitere »fertige« Disziplinen hinzu, die einer gedachten späteren Aufgabe gemeinsam mit der seinen dienen sollen; sie werden von Fachkollegen dargestellt. Der Student lernt an dieser Konfiguration die spezifischen Funktionen seiner ersten Disziplin erkennen. In einem dritten Schritt verbinden die Dozenten ihre Disziplinen auf eine Aufgabe hin. Dies gelingt ihnen, weil ihre Mittel ja schon früher auf die methodische Vereinbarkeit hin angelegt sind. Der Student erkennt hierbei in erster Linie eine für die ungleichen Disziplinen gemeinsame Aufgabe und zieht erst im letzten Schritt mit den Dozenten gleich, in dem die interdisziplinäre Arbeit der Einzelwissenschaften in einen größeren Erkenntnis- oder Handlungszweck eingebaut wird, wo dann die nächsten Probleme auftauchen – die der Student vielleicht alleine weiterverfolgt. Dies ist ein grobes Funktionsmodell und kein Muster – schon gar nicht dafür, wie der Dozent verfahren *soll*. Es macht nur auf ein »Einstellungsproblem« aufmerksam, das bei den linearen Lehrbeziehungen auf Grund eines linearen Verständnisses der Disziplinen unterschlagen wird.

Es läßt auch ahnen, wie man verhindert, daß die Form, in der gelernt wird, den Formen, in denen umgelernt werden kann oder muß, im Wege steht: dieses Lernen ist selbst von vornherein ein bewußtes und bejahtes Umlernen. In der Untersuchung von Abt (vgl. S. 83 ff.) hat sich gezeigt, daß die Auswahl und Mischung der Studenten für das Gelingen eines interdisziplinären Lehrganges oder Studien-Projekts entscheidender war als die Zusammenstellung des Dozententeams. Für die Dozenten enthält dieses Verfahren immer schon *zuviel* »Umlernen«, für die Studenten dagegen bedeutet die Mischung der Disziplinen die Aufhebung des Autoritätsgefälles und die Möglichkeit, Fragen zu verfolgen, die sie sonst zurückstellen oder unterdrücken müssen.

Ludwig Huber hat einmal einen Katalog von Ausbildungs- oder

Studienzielen hinsichtlich der Interdisziplinarität aufgestellt; ich gebe ihn hier vollständig wieder:

»Die Studierenden sollen

- *die Probleme eines Tätigkeitsfeldes bearbeiten, nicht nur den Aufbau einer Disziplin reproduzieren können;*
- *Probleme der Forschung wie der Praxis nicht durch die enge Brille des ›Fachidioten‹, sondern mit offenem Blick für die Interdependenzen sehen und analysieren können;*
- *den Stellenwert ihrer Disziplin, ihre Eigentümlichkeiten im Vergleich zu anderen desselben Fachbereichs oder anderer Fachbereiche, kennen;*
- *die Verfahren ihrer Disziplin erkenntnistheoretisch einordnen können;*
- *die Verfahren und Ergebnisse ihrer Disziplinen so weit formalisieren können und / oder die formalen Verfahren wenigstens der benachbarten Disziplin so weit kennen, daß ihnen ein Transfer ihrer Kenntnisse, Kommunikation mit den Vertretern anderer Disziplinen und evtl. auch der förmliche Wechsel, also ›Mobilität‹, möglich ist;*
- *als Spezialisten mit anderen Spezialisten an einem Projekt kooperieren können;*
- *Spezialisten anderer Disziplinen annähernd kritisieren oder kontrollieren können.*«[69]

Diese Liste verständiger Forderungen, die man auch unabhängig von der Frage aufstellen müßte, ob sie heute schon (oder überhaupt) genau operationalisiert werden können, lehrt zweierlei: Es wird ungeheurer Arbeit und schmerzlicher Umstellungen und Opfer bedürfen, bis man dies alles lehren kann: neben oder vielmehr mit der Altphilologie, der Psychologie, der Jurisprudenz, der Mathematik. Sodann: Es geht auch hier immer wieder um »Einstellungen«. Das griechische Wort für Einstellung, Haltung, Attitüde ist »Ethos«. Wenn man darunter nicht Abrichtung, frühe unfreiwillige Habitualisierung oder einen moralischen Imperativ, sondern ein bewußt eingenommenes, begründetes Verhalten meint, muß sie immer wieder mit Einsicht, ausdrücklicher und kritisierbarer Zweckbestimmung verbunden werden und das heißt in den wissenschaftlichen Aufgaben und Verfahren selbst stecken. Die Disziplinen können sich nicht auf die Belehrungen und ergänzenden Übungen in interdisziplinären Instituten an interdisziplinären Aufgaben verlassen.

Wissenschaftler hören heute nicht mehr gern, daß es Einstellungen gibt, die sie haben und ergo lernen müssen: sie kennen nur Verfahren und Gegenstände. Die bloße, von jedermann beobachtbare Tatsache, daß, wie es Huber ausdrückt,

»die Vertreter der Disziplin B den Vertretern der Disziplin A als Orakel gelten und umgekehrt; daß das innerhalb von A hochentwickelte Problembewußtsein gegenüber den Auskünften von B nicht wirksam, sondern vielmehr kritiklos eingebaut wird.« [70]
belehrt über die Doppelseitigkeit der hier geforderten Qualität. Es gibt so viele Möglichkeiten, durch Rationalisierung an der Rationalität vorbeizukommen, daß man sich besser nicht auf die wohldefinierten Verfahrensregeln allein beruft, sondern die *praktische Einübung* der Offenheit zu Hilfe nimmt und die Wirklichkeit der sozialen Sanktionen.

Dies wird um so notwendiger für die kommenden Generationen, die in Marshal McLuhans electronic age heranwachsen und das Lesen, die lineare Aufnahme einer linear dargestellten Welt, zunehmend schwer und unnötig finden. McLuhans These ist bekanntlich, daß wir aus dem Zeitalter der Schrift und der durch sie bestimmten Kultur eines gleichgeordneten Nach- oder Nebeneinander der Dinge, Gedanken, Äußerungen in ein Zeitalter der bildlichen Gleichzeitigkeit – also struktureller Zusammenfassungen, am deutlichsten veranschaulicht durch den elektronischen Bildschirm – übergehen. Wichtig an dieser mit falschem Anspruch vorgetragenen Ansicht ist, daß es hochwirksame Medien gibt wie das Fernsehen mit geringer visueller Dichte und hoher innerer »Beteiligung« (involvement), die in diametralem Gegensatz zu den expliziten abstrahierenden Kommunikations-, Lehr- und Wissensformen der Vergangenheit stehen. Unsere Wissenschaften, beispielsweise die Theologie oder die Pädagogik oder die Medizin, behandeln ihren Gegenstand in einer linearen Form, während sie doch wissen, daß er so nicht ist. Wir sagen »und... und...«, »wenn... dann...«, »weil... deshalb...« und so fort, während sich der gemeinte Gegenstand in zahllosen Richtungen »verhält«.

In der Dahlemer Bildersammlung befindet sich ein mittelalterliches Bild, auf dem vorn rechts Jesus in Gethsemane betend zu sehen ist; vorne links schlafen die Jünger; oben rechts küßt Judas den Herrn, während hinter ihm die Schergen auftauchen; oben links sitzt Petrus im Vorhof des Palastes von Pilatus, in dem Jesus verhört wird – über ihm kräht ein Hahn. Das ist so etwas wie die elektronische Welt McLuhans[71]: drei örtlich und zeitlich verschiedene Dinge sind auf einmal da und wollen als Einheit aufgenommen werden – auf Grund einer tieferliegenden gemeinsamen »Struktur«. Die Struktur heißt Verrat – die drei Formen, in denen der Mensch sein Heil ausschlägt: schlafend, verkaufend, verleugnend.

Wir werden es zunehmend mit einer neuen Wahrnehmungs- und Erkenntnisweise zu tun haben und mit Widersprüchen zu der uns geläufigen Trennung von Phänomen, Gesetz und Bedeutung. Die Erkenntnisweise ändert sich einerseits auf Grund einer massiven Bestärkung unserer zweckrationalen Wahrnehmungen und Handlungen durch die von uns gemachte Umwelt (wir erfahren die Natur nicht mehr als Herausforderung), auf Grund der dadurch induzierten Selbstbeobachtung (wir sind uns selber »Objekt«) und auf Grund des McLuhan-Syndroms (wir synchronisieren bzw. enthistorisieren, standardisieren und totalisieren jegliche Gemeinerfahrung) – also auf Grund einer Wandlung ihrer Gegenstände andererseits – und vor allem – verändert sich die Erkenntnisweise durch sich selbst: durch die theoretischen Voraussetzungen, die wir auf dem Grund der Wissenschaftsprozesse entdecken. Wem die perfektionierte Wissenschaft nicht die Bestätigung des Determinismus oder des Dezisionismus sein soll, der muß seine Annahmen über den Zusammenhang vom Zustand der Welt mit den Formen unserer Erkenntnis gewissenhaft prüfen; er wird die Kategorie des Möglichen genauer fassen, höher bewerten und eine »kontingente Welt« annehmen müssen. Hierüber ist weiter unten ausführlicher die Rede (vgl. S. 165 ff.).

Wir sind in Gefahr, die Rationalität (und die ihr zugeordnete Humanität unserer Welt), an der die Aufklärung seit den Sophisten gearbeitet hat, zu verlieren, wenn wir uns nicht auf diese Erweiterung einstellen, in dem wir schon heute dialogische, logomythische, integrierende Darstellungsweisen aus der logischen herausentwickeln und ihr streng zuordnen[72].

b) Neben jener »Einstellung« braucht man für die Kommunikation in der Wissenschaft eine gemeinsame Basis für die Abstraktionssysteme.

Ich habe in meinen Hypothesen in Teil I (S. 31 ff.) gesagt, daß die Strukturierung der Wissenschaften nach den Mustern der allgemeinen Wahrnehmungs-, Denk- und Handlungsmuster unserer Zivilisation vorgenommen werden müßte. Ich habe dies abkürzend »Anschauung« genannt. Die »Grammatik« der Wissenschaften muß so beschaffen sein, daß sie den unterschiedlichen Ansprüchen der Wissenschaften genügt und zugleich alle verbindet; da sie aus vielen Gründen früh lernbar sein soll – und u. a. aus den unter a) erörterten –, darf sie die Gemeinsamkeit nicht in einer sie alle überschreitenden Abstraktheit suchen (so hat man es bisher getan), sondern in einer sie »unterschreitenden« Konkretheit – in der ungefächerten Erfahrung; sie darf nicht prinzipiell entfremden, d. h. die Wissenschaft nicht zur Un-Natur machen; der Prozeß »die Wissenschaft lernen« darf den Prozeß »das Leben lernen« nicht stören, sondern sollte ihn fördern. Die Fächer sind – wie die Grammatik oder die Geschichtstabellen oder die verschiedenen Klassifikationsschemata – Erkenntnishilfen, die für die Lösung eines Problems nützlich, für den Umgang mit der Lösung aber hinderlich sind. Aller Unterricht sollte in dem Abbau der Hilfskonstruktionen enden, die er eingeführt hat – mit der Rückkehr zur Ausgangslage, in der sich das Problem stellte.

»In der Realität gibt es keine ökonomischen, soziologischen oder psychologischen Probleme, sondern eben nur Probleme – und in der Regel sind sie recht komplex.«[73]
So hat das Gunnar Myrdal für sich begründet.

Die Aussicht auf eine gemeinsame Grundlegung der Wissenschaften in der Erfahrung hat sich zugleich mit ihrer Notwendigkeit in den letzten zehn bis zwanzig Jahren erhöht. Die Vorschule ist heute ein Sammelpunkt von Forschern aller Disziplinen, weil sie hier die Elementarisierung ihrer eigenen Begriffe und Ordnungen lernen. Die Mengenlehre ist zugleich fundamentaler und weiterreichend als die Arithmetik und kann von Vierjährigen aufgenommen werden. Die »Stammbäume«, die man in der Transformationsgrammatik verwendet, sind dem Täter-Tat-Modell der Kindersprache näher und gelten allgemeiner als die Kategorien des alten Mensing, mit deren Hilfe wir die aristotelischen Denkformen in unsere Muttersprache hineinlasen. Die Grundschemata, nach denen die Biologie die anwachsende Fülle ihrer Phänomene ordnet – Nahrungsketten, Reproduktionsmuster, Anlage-Umwelt-Entsprechungen etc. –, sind anschaulicher, einfacher und universaler als die großen morphologischen oder genetischen Systeme. Eine (in all diesen Fällen zutreffende) Voraussetzung muß man freilich machen, wenn man das, was ich Anschauung nenne, der Grammatik der Wissenschaften zugrundelegen will: daß Anschauung selbst nicht naiv ist und schon gar nicht einfach, sondern selbst strukturiert, und zwar in einer zweckhaften Ordnung, die wir in unseren Lernprozessen wiedererkennen können; diese »Anschauung« ist geradezu definiert als ›unsere natürlichen Anlagen konditioniert durch die Kultur‹.

Das quantitativ und vermutlich auch qualitativ wichtigste Moment dieser Lernprozesse ist die Sprache – die Umgangssprache. Die Wissenschaft und die wissenschaftliche Schulbildung haben darum auch immer wieder versucht, die Einheit der Wissenschaften in der Sprache zu fundieren. Wie sie will ich zunächst fragen: Woher kommen die Gesetzlichkeiten der verschiedenen Zeichen- und Begriffssysteme, deren sich die einzelnen Disziplinen oder Disziplingruppen bedienen? Was legitimiert die Zeichen als Zeichen? Je nachdem, wie die Antwort hierauf lautet, werden wir wissen, ob wir eine »Wissenschaftspropädeutik« in dieser Hinsicht *machen* dürfen, oder ob wir die gewordenen, bestehenden und noch möglichen Systeme aus den Händen der Einzeldisziplinen hinnehmen und uns mit ihnen arrangieren müssen. Das Interesse an dieser Möglichkeit beruht schon allein darauf, daß die meisten Zeichensysteme offensichtlich in erster Linie der Speicherung dienen, schon weniger der Abrufung, sehr unvollkommen der Kommunikation und dem Lernen und so gut wie gar nicht der Anregung, Herausforderung, Kritik oder gar Freude. Von den drei Funktionen der Sprache, die Karl Bühler aufgestellt hat – Darstellung, Auslösung und Kundgabe –, ist in die Wissenschaftssprache nur die erste eingegangen![74]

Die Frage nach der Legitimation der Zeichen hat eine lange Geschichte von Platon bis Popper – über die verschiedenen Mißverständnisse beider Positionen, der platonisch-idealistischen und der sophistisch-positivistischen, bis zu ihrer falschen Versöhnung. Dabei ist es nicht wichtig, daß die Idealisten die Wahrheit der Entitäten behaupten und die Positivisten sie leugnen, sondern daß die Idealisten wie ihre Opponenten an der Sicherung der verunsicherten Erkenntnisprozesse interessiert sind. Ich meine also, daß Platon dem Naturwissenschaftler Heinrich Hertz sehr wohl hätte zustimmen können, als dieser in den Vorbetrachtungen zu den »Prinzipien der Mechanik«[75] das Erkenntnismodell der modernen Physik seiner Zeit wie folgt beschrieb:

Die wichtigste Aufgabe der Naturwissenschaft sei, uns zu befähigen, zukünftige Erfahrungen vorauszusehen; das Verfahren dazu bestehe darin, daß wir uns »innere Scheinbilder oder Symbole« der äußeren Gegenstände machen, die von solcher Art sind, daß die denknotwendigen Folgen der Bilder stets wie die Bilder von den naturnotwendigen Folgen der abgebildeten Gegenstände seien. Und nun wörtlich:

»Ist es uns einmal geglückt, aus der angesammelten bisherigen Erfahrung Bilder von der verlangten Beschaffenheit abzuleiten, so können wir an ihnen wie an Modellen in kurzer Zeit die Folgen entwickeln, welche in der äußeren Welt erst in längerer Zeit oder als Folgen unseres eigenen Eingreifens auftreten werden... Die Bilder ... haben mit den Dingen die eine wesentliche Übereinstimmung, *welche in der Erfüllung der genannten Forderung liegt, aber es ist* für ihren Zweck *nicht nötig, daß sie irgendeine weitere Übereinstimmung mit den Dingen haben.«*

Dieses Modell ist praktisch von allen Wissenschaften übernommen worden – gerade auch von den Sozialwissenschaften. Ja, man ist dort unter dem Eindruck der Wiener Schule in der Loslösung der Zeichen von den Dingen noch weitergegangen: Aus den »Bildern« sind »Spiele« geworden:

»Man kann die Wissenschaften als ›Sprachspiele‹ ansehen, die wir konstruieren, um uns in der Wirklichkeit besser zurechtzufinden, als wir es auf Grund unserer Alltagserfahrung zu tun vermöchten.«[76]

Die Spielregeln für die Spiele sind verschieden, je nach dem Gebrauch, den man von ihm machen will – für Erklärung und Prognose andere als für Rechtfertigung. (Das Wort »Spiel« büßt damit freilich seinen unterscheidenden Sinn ein: Spiel meint zweckloses, sich selbst gehörendes Handeln; hier drückt es nur aus: daß seine Bedingungen beliebig sind.) Die Richtigkeit erweist sich in der Erfahrung, wie Aristoteles schon sagt. Die Aufgabe beruht darin,

»... unsere Erfahrung derart sprachlich zu organisieren, daß bei der Anwendung des so konstruierten Systems zutreffende Erwartungen resultieren.« (S. 127)

Beide, der klassische Naturwissenschaftler Hertz und der Sozialwissenschaftler und Wissenschaftstheoretiker Albert, bezweifeln, daß es überhaupt eine andere Übereinstimmung als die so intendierte und hergestellte für uns geben könne, worin ihnen Platon nicht gefolgt wäre. Gemeinsam bleibt ihnen allen,

– daß die Bilder/Metaphern/Zeichen der bisherigen Erfahrung entstammen und Scheincharakter haben (also auch »gemacht« werden können),
– daß sie einer Entsprechung Ausdruck geben, die man begründen können muß,
– daß diese Begründung Zwecke ausweist, die nicht aus dem Erkenntnisprozeß hervorgehen und nicht aus dem Gegenstand.

Die konsequenten Idealisten wie die konsequenten Positivisten wissen, daß es kein unmittelbares Erkennen der Wirklichkeit gibt. Und auch die modernen Systemtheoretiker – wie etwa Niklas Luhmann (vgl. unten S. 161ff.) – räumen diese Skepsis nicht aus, sondern bestätigen sie vielmehr durch den Strukturbegriff, der seiner Bedeutung nach den Essenzbegriff leugnet. Platon bestand aber darauf, daß es für den Zusammenhang von Schein und Sein einen aufweisbaren Grund geben müsse: er war hierin der radikalere Sophist.

In seiner mittleren Phase hat er die »Entsprechung« von Erscheinung und Wahrheit *logos* genannt und diesen allein für »wißbar« im strengen Sinn gehalten. Die richtige Übersetzung von *logos* ist »Verhältnis« (lateinisch: *ratio*), zweckvoller Zusammenhang und *zugleich* »sinnvolle Rede« und nicht – je nachdem – das eine oder das andere, oder etwas Drittes! Alle »Objektivierung«, die die Wissenschaft einst und jetzt als die Lehre von solchen Entsprechungen zu vollziehen vermag, ist in Wahrheit »Vermittlung«.

Unsere Frage läßt sich hiermit nicht beantworten, wohl aber deutlicher stellen, sie lautet jetzt: *Woher* stammen die Bilder und *woraufhin* sind sie Entsprechungen? Denn wird die Metaphorik nur aus den Einzeldisziplinen gewonnen – gleichsam maßgeschneidert für das Phänomen oder die Phänomengruppe (auf immanente Zwecke hin) –, dann gäbe es nur Einzelwissenschaften und der Begriff »der« Wissenschaft wäre zerstört. Ja, die Verführung zu solchen Verfahren liegt so nahe, daß man sich eigentlich wundern muß, wie groß die Einheit der Wissenschaft noch ist, wieviel Kommunikationsmöglichkeit sich bei so geringer Nötigung dazu noch erhalten hat.

Diesem Wundern wäre zu antworten:

- Auch unsere bis zum äußersten formalisierten Wissenschaften dienen so sehr außerwissenschaftlichen *gemeinsamen Problemen und Zwecken,* daß das Woher und Wofür der Bilder/Metaphern/Zeichen sich in bezug darauf noch immer zur Deckung bringen läßt.
- Die Bildersprache, die dabei verwendet wird, stammt aus der *Gemeinsprache,* weil wir in ihr die Wirklichkeit verstehen.
- Wir verstehen die Wirklichkeit in der Sprache, weil wir die Wirklichkeit in der Sprache *gelernt haben.*

Wenn ich somit die Systeme der Wissenschaften qua Zeichensysteme auf Lebenssituationen, auf Lernen und Problemlösen zurückführe, dann bringe ich damit nicht die Sach-Darstellung der Kommunikation und den Zwecken zum Opfer, ich erinnere nur daran, daß die Sachdarstellung immer schon auf Kommunikation und Handlungszwecke gerichtet ist. Wissenschaftliche Systeme sind nicht unabhängig von Kommunikationszwecken und -systemen. Lernstrukturen, Handlungsstrukturen und Wissensstrukturen bestimmen sich gegenseitig, ja, weil die Abhängigkeit der Wissens- und Wissenschaftsstrukturen von den beiden anderen so wenig bewußt ist, muß man sie für schwererwiegend halten und um so sorgfältiger beobachten.

Entscheidend an dieser Denkfigur ist, daß sie nicht behauptet, die Zeichensysteme seien unvollkommene Abbilder der Sachverhalte und sollten diesen so nahe kommen wie möglich (eine Vorstellung, die nicht nur von naiven Idealisten und Sprachrealisten vertreten wird, sondern auch von »sophisticated« Strukturalisten wie Lichnerowicz und Piaget[77]; vielmehr gelten hier die Zeichensysteme als geeignete Vermittler ausgewählter Merkmale auf bestimmte Zwecke hin.

Es kommt hinzu, daß die Gegenstände von sehr unterschiedlicher Komplexität sind. Die soziale Welt des Menschen oder seine Individualität sind derart vielseitig und vielschichtig, daß kein Zeichensystem ihnen gerecht werden kann. Schon ihre Kodierung in der Sprache, dem umfassendsten Abstraktionssystem, das wir haben, bedeutet eine Vereinfachung. Ihre vollständige Beschreibung mit Hilfe direkterer Mittel[78] kommt ihrer zeitlichen Reproduktion nahe und hebt dadurch die Erkenntnisfunktion auf, denn Erkenntnis ist nicht nur Verfremdung, sondern auch zeitliche Verkürzung der Erfahrung. Man kann also die genannten Gegenstände nur auf einen beschränkten Zweck hin abbilden und muß die Zeichen, deren man sich bedient, daraufhin anlegen. Zwecklose Ganzheiten muß man der Dichtung überlassen – und auch diese gibt aus der Fülle der tatsächlichen Begebenheiten nur eine Auswahl wieder, sosehr sie den Schein der Vollständigkeit wahrt. Da ihre Gegenstände fiktiv sind, haben wir ohnedies keine Möglichkeit der Kontrolle. Gleichwohl: Welche Seite aus Krieg und Frieden, aus Lord Jim, aus Madame Bovary ist entbehrlich zur Darstellung und zum Verständnis ihrer Helden? Und wie könnten wissenschaftliche Beschreibungen und Analysen kürzer sein? Ein psychoanalytisches Protokoll *ist* ein Roman, so wie Gibbons *Decline and Fall of the Roman Empire* oder Marx' *Kapital*. In größerer Abstraktion würden sie weniger, vielleicht nichts Verständliches mehr vermitteln.

Die soziale Welt ist anders als die natürliche, nicht weil sie »frei« ist, sondern weil wir durch Introspektion soviel mehr Fragen, soviel mehr Erkenntniszwecke und -möglichkeiten in ihr haben. Man bilde sich nicht ein, eine deterministische Auffassung vom Menschen nähme einem das Problem ab oder hülfe auch nur, es zu lösen. Eine vollkommen eindeutige Beschreibung könnte im sozialen Bereich geradezu verfehlen, worauf es dem Erkennenden ankommt. Wer wissen will, was in der heutigen Jugend vor sich geht, tut nicht gut, sich allein auf jene Darstellungen zu verlassen, die in einem geschlossenen Modell, widerspruchsfrei und in Zahlen zusammenfassen, was sich nur in Abläufen, Spannungen, Antithesen, Vieldeutigkeiten verstehen läßt.

Wenn darüber die praktische Einheit der Wissenschaften nicht preisgegeben werden soll,

– damit sie gemeinsam und von möglichst vielen gelernt, rational gewählt und sinnvoll gewechselt werden können,

– damit die spezialisierten Disziplinen in der Lösung unspezialisierter Aufgaben kooperieren können,

– damit neue Wissenschaften für neue Aufgaben zwischen oder jenseits der alten Wissenschaften entstehen können,

– damit der Systemcharakter von Gesellschaft und Wissenschaft aufgeklärt und das System selbst gesteuert werden kann,

dann müssen die einzelnen Wissenschaften in erster Linie ihre Disziplinarität überprüfen, und das heißt, ihre unbewußten Zwecke aufdecken, ihre bewußten Zwecke deklarieren, ihre Mittel danach auswählen und ausrichten und ihre Berechtigung, ihre Ansprüche, ihre möglichen Folgen öffentlich und verständlich darlegen und *dazu* ihren Erkenntnisweg und ihre Ergebnisse über die Gemeinsprache (die von mir sogenannte »Anschauung«) zugänglich machen. Es ist denkbar, daß die Gemeinsprache zu dem Zweck erweitert und verändert werden muß. Dies ist z. B. hinsichtlich der Mathematik und einiger anderer Wissenschaften schon geschehen – weil man ihre allgemeine Relevanz erkannt, weil die gemeinte »Entsprechung« sichtbar geworden ist, weil sich der Logos der betreffenden Disziplin insgesamt verständlich gemacht hat. Falsch scheint es mir dagegen zu sein, um der Homogenität der Ergebnisse willen eine einzige Wissenschaftssprache, ein Esperanto aller Disziplinen, einzuführen und die Fragen der Wissenschaften von diesem Mittel her zu beschränken. Die Lösung des Einheitsproblems liegt gerade nicht in der Aufstellung semantischer Gleichungen. Dafür, was eine Standardabweichung, ein Korrelationskoeffizient, ein t-Faktor ist, gibt es keine »Übersetzung«. Der Nicht-Fachmann wird sie solange nicht verstehen oder sich sträuben, sie zu verstehen, wie er die damit verbundenen Operationen und Zwecke nicht kennt und nicht durchschauen kann. Die Zahlenwerte 100 000 oder 15 % oder 399 vor Christus durchschaut und benutzt er – und das tut er, weil er ihr Prinzip oder System kennt und ihre Brauchbarkeit im täglichen Umfang erfährt.

Die amerikanischen Fachdidaktiker haben folglich begonnen, ihre Wissenschaften (a) in unmittelbare Beziehung zur gemeinen Erfahrung zu setzen und schon zu diesem Zweck möglichst früh an die Kinder heranzutragen und (b) sie in der Form einfacher, umfassender, operationaler Modelle zu konstruieren, die sich spiralförmig erweitern: in jedem Augenblick hat man das Erkenntnissystem der gesamten Disziplin – freilich in unterschiedlicher Differenziertheit und Abstraktion. Dies ist der sogenannte systems approach, der sich struktural er Mittel bedient und die Disziplin, ihre Gegenstände und Verfahren als differenzierbares Beziehungsmodell darstellt, das in erster Linie der gemeinsamen Kommunikation dient[79].

Die Schwierigkeiten, die beim Lernen einer Disziplin auftreten, sind zunächst zwiefältig: sie bestehen einerseits im Erfassen von Erscheinungen und Daten (man könnte sie »semantische« Probleme nennen: Wie hoch ist X? Wann gefriert Y? Wie bezeichnet man Z? Woher kommt A? – Oder: Wer war und was tat Tiberius Gracchus? – oder: Was ist ein Sonett?); sie bestehen andererseits im Erfassen von Beziehungen und Systemen (man könnte sie »syntaktische« Probleme nennen: Verhältnis von spezifischem Gewicht, Druck, Dichte, Temperatur; oder: Imperialismus, Klassenkampf, Revolution; oder: werkimmanente Interpretation, Formengeschichte, Metrik ...).

Verständnisschwierigkeiten zwischen Disziplinen, die im Bereich der »semantischen« Probleme auftreten, müssen prinzipiell mit Hilfe der Syntax gelöst werden – durch Rekurs auf ein gemeinsames Struktursystem. Was aber, wenn es dies nicht (mehr) gibt oder kein Verlaß auf sein Funktionieren ist – oder nur um den Preis totaler Entfremdung? Wie lernt man eine Syntax ohne gemeinsame Semantik?

Jerome Bruner, Psychologe an der Harvard University, der das Schlagwort von der structure of the disciplines geprägt oder doch wenigstens popularisiert hat, verweist die Disziplinen auf eine bestimmte Auslegung des Lernprozesses: Lernen geschieht erst durch Problem-Erkenntnis[80]. Nur in der Problem-Erkenntnis ist es möglich, eine Fertigkeit (ein »skill«) zu erwerben – alternative Lösungen zu erkennen und die gewählte zu begründen. Das gilt auch – ja vor allem – für das sensomotorische Vermögen. Eine Ratte, die von einem Verhalten auf ein anderes umdressiert worden ist, hat noch nichts gelernt, sie ist nur anders geworden. Lernen ist also nicht der Erwerb eines *response,* sondern gleichsam dessen Hervorbringung (construction), genauer: die Möglichkeit, ihn hervorzubringen. Über einen Sachverhalt werden wir nur Herr durch ein Symbolsystem; über ein Symbolsystem verfügen wir auf Grund eines allgemeineren Vermögens (competence), nicht eines aktuellen Vollzugs (performance), wie die konventionellen Lerntheoretiker behaupten. Erkennen, was ein Problem ist und warum ein Problem ein Problem ist, wird so zum entscheidenden Kriterium für das Lernen überhaupt, und von dorther muß das Curriculum einer Wissenschaft konstruiert, die Wissenschaft selbst strukturiert werden. Daß Achill die Schildkröte überholen kann, ist ohne Zweifel. Daß Achill die Schildkröte nicht überholen kann, ist ohne Sinn – bis ich das Problem entdecke, das darin liegt, und damit den Ansatz für die Wissenschaft, die es löst. Werden Wissenschaften als Instrumentensammlungen zur Erhebung, Formulierung und Lösung von *Problemen* eingeführt – und dies in einem sehr frühen Alter, werden sie zu einem Denkmodus, zu einem Element der Gemeinsprache:

» *Physics becomes now an operation of the human mind and phy-sics thinking becomes a psychological topic. It is an instrument of thought or a skill rather than a (factual) ›topic‹.* «[81]

» *Nun wird Physik eine Verfahrensweise des menschlichen Geistes, und physikalisches Denken wird seinerseits ein Gegenstand der Psychologie. Physik ist ein geistiges Instrument, eine Fertigkeit und nicht ein Sachgebiet oder -objekt.* «

Diese Ansicht von Bruner ist nicht nur sehr optimistisch, sie un-terläuft auch die Frage, die wir uns vorher gestellt haben: Mit welcher Begründung wir eine Wissenschaftspropädeutik *machen dürfen.* Daß sich Kinder abrichten lassen, so daß sie nur noch so wahrnehmen und denken, wie es unserem Wissenschaftssystem bekömmlich ist, daran muß man nicht zweifeln. Zweifelhaft war vielmehr, auf Grund wovon die verschiedenen Zeichensysteme gelten und ob sie auf eines reduzierbar sind? Gelten sie auf Grund der Sachangemessenheit, dann gibt es so viele Zeichensysteme, wie es Sachen, Sachbereiche oder Disziplinen gibt, und keine ge-meinsame Wissenschaftssprache. Gelten sie auf Grund eines Er-kenntnisprinzips, auf das hin alle Sachbeschreibung abstrahiert werden muß, dann ist die Gemeinsamkeit gerettet, aber um den Preis der Entfremdung: Wissenschaftspropädeutik ist in beiden Fällen nicht anders möglich als durch Abrichtung auf Nichtver-einbares oder Nichtaneigenbares.

Unsere Hypothese dagegen war, daß die Zeichensysteme gelten, weil wir die Welt in den Ordnungen der Sprache gelernt haben, die ihrerseits auf bestimmten Handlungsbedingungen oder -not-wendigkeiten beruhen, und weil die Zeichensysteme der Wissen-schaft wiederum aus diesen entwickelt worden sind. Auf diese Weise haben die disziplinären Systeme einen gemeinsamen Be-zugspunkt und sind gemeinsam lernbar.

Die Untersuchungen von Jean Piaget unterstützen diese Hypo-these in ihrem wesentlichen Teil: darin, daß die Grundbegriffe der Wissenschaften Axiomatisierungen früherer intuitiver Daten darstellen (vgl. oben S. 70 f.); sie bestreiten – schon auf Grund der Experimentalanordnung – die Rolle der Sprache, freilich mehr hinsichtlich der Syntax als hinsichtlich der Semantik, also der Zeichen und des dazugehörigen Bühlerschen Zeigefeldes[82]:

» *So sind die Ursprünge unserer logischen Operationen nicht in der Syntax der Sprache, sondern tiefer in den allgemeinen Koordina-toren unserer Handlungen zu suchen.* «[83]

Dies aber läßt die Frage offen, woher und wie diese Koordinatoren und »dynamischen Operatoren« (vgl. oben S. 70) kommen. Teils weisen unsere Nervenbahnen eine bestimmte und bestimmende Organisation auf, so daß biologische, nicht psychogenetische Ursachen angenommen werden müssen. Teils weichen bestimmte Kulturmerkmale von den gemeinsamen physiologischen Voraussetzungen ab. Teils konvergiert beides: Nachdem man festgestellt hatte, daß die Vorliebe des Europäers für die pythagoräischen Intervalle in der Tat auf eine proportionale Entsprechung der Oszillarmembran des Gehörs zurückzuführen ist, Polynesier aber eine ihrer chromatischen Musik entsprechende Oszillarmembran haben, mußte man notwendig die Frage stellen, was was hervorgebracht hat[84].

Die verschiedenen Modelle, die man für die Gedächtnis- und Denkstruktur des Menschen entworfen hat, sind bisher nur plausible unverifizierte Annahmen. Was sie gemeinsam auszeichnet, ist, daß sie bekannten, sprachlich formulierten Erfahrungen entnommen sind: Die einen stellen das Gehirn als eine Kodiermaschine dar, die die sinnlichen Reizungen in einem eins-zu-eins-Verhältnis umsetzt und behält, die anderen als ein großes Schaltwerk, das die Wahrnehmungen nicht als solche (und sei es in kodierter Form) aufnimmt, sondern sie in ihren Bestandteilen enthält und nur die Verbindungen zwischen diesen herstellt[85].

Beide Modelle orientieren sich an etwas, was der Mensch gemacht hat und daher von seinen Zwecken und Mitteln her durchschaut. Nimmt man den metaphorischen Charakter aller Sprachen hinzu, ihre Grundorientierung in Raum und Zeit (ich rede *über* ein Thema, verstehe etwas *unter* ›Wissenschaft‹, *durch* einen Trugschluß, *nach* jener Regel) und an der sinnlich erfahrenen Welt, dann bekommen die Piagetschen Erklärungen einen tautologischen Charakter. Piaget hat bekanntlich die »natürliche« Entstehungsabfolge der verschiedenen geistigen Operationen des Menschen an Kindern untersucht, von den Objektbeziehungen zu den ästhetischen Empfindungen und den moralischen Urteilen. Vor allem aber hat er sich dem Entstehen der Denkprozesse und der Konzeptualisierung zugewandt. Seine Ergebnisse sind *erstens:* es gibt festgelegte und begründbare Reihenfolgen in der Ausbildung des Denkvermögens[86]; und *zweitens:* diese Reihenfolgen sind je nach den Gegenständen und Erprobungsarten zeitlich und strukturell verschieden. Eine Erklärung dieser »dé-calages« (Verschiebungen) hat er nicht gegeben.

Will man Piagets Untersuchungen für die interdisziplinäre Inte-gration der Wissenschaften heranziehen, dann wäre gerade der systematische Vergleich und die Aufklärung der Verschieden-heiten unter den genetischen Sequenzen wichtig. Mit den Hand-lungs-Koordinatoren hat Piaget nicht an die gemeinsamen Wur-zeln der disziplinären Denkweisen geführt, sondern vermutlich schon wieder über sie hinaus. Eine Gruppe von Kritikern hat darum auf der mehrfach erwähnten Tagung über Interdisziplina-rität in Nizza angeregt, daß man mit der Untersuchung der Grundbegriffe (Organismus, Leben, Sprache, Bewußtsein, Per-son, Gruppe) beginnen solle, die den biologischen, sozialwissen-schaftlichen und psychologischen Disziplinen gemeinsam sind. Sie hoffen offensichtlich, daß es diesseits der Nervenbahnen doch noch Ansätze für eine geistige oder psychogenetische Gemein-samkeit gibt[87]; Piaget sollte also nach den Gründen seiner Ent-deckung weiterfragen – sie könnten in der Psychogenese seiner eigenen Begriffe liegen.

Ich habe selber früher mit dem Terminus »Sinnstruktur« ope-riert[88]. Er diente mir dazu, »Sprachstrukturen« zu isolieren und zu indentifizieren, und hätte ebenso gut auch dazu dienen kön-nen, »Logikstrukturen« auszugrenzen. Im Rahmen einer kriti-schen Sprachdidaktik, vor allem bei der Aufstellung induktiver Fremdsprachengrammatiken, tritt die Frage auf: Wieso, mit wel-chen Mitteln, unter welchen Umständen vermitteln verschiedene sprachliche Gebilde den gleichen Sinn? Dies ist eine Vorform der Frage, wie Verständigung zustande kommt. Es ist damit zugleich eine Frage nach der Grundfunktion von Wissenschaft, wenn diese systematisierte Verständigung ist. Als die antiken Grammatiker die hinter den sprachlichen Erscheinungen stehenden logischen Ordnungen und Regeln aufstellten, haben auch sie »Sinnstruktu-ren« gemeint – das, was bei wechselnden Lautungen gleichblei-bende Bedeutung hinterließ. Nur war ihnen entgangen, daß ihre »Logik« ihrerseits aus den Ordnungen der indogermanischen Sprache, insbesondere des Griechischen, entnommen war. Die formalisierte Urteilslogik, die sich schon bei Aristoteles von der Sprachlogik unterschied, die mathematische Logik von Euklid bis Frege, die psychologische, phänomenologische, intuitionistische Logik und was es seither noch für »Logiken« gibt, haben dann den Rückgang auf die grammatische Logik zur Beantwortung der Frage, wie Sinn zustande kommt und kommuniziert wird, zunehmend erschwert und verwirrt. Der Nachweis nichtsprachlicher Kommunikation (z. B. durch Edward T. Hall[89]), nichtsprachlichen Denkens (z. B. durch Eric Buyssens[90]), ja, die bewußte Ablösung logischer Axiome als bequeme Konvention (z. B. durch J. H. Poincaré[91]) zugunsten operativer Definition (z. B. durch H. Dingler[92]) und vollends die Entdeckung und Untersuchung von Sprachen, deren Struktur sich nicht in der klassischen Logik abbilden läßt (wie die von B. L. Whorf dargestellten Sprachen der Hopi oder Nootka[93]), in denen aber gleichwohl diese gemeinsame Welt verstanden wird, zwingen dazu, so etwas wie Verständnis- oder Sinnstrukturen anzunehmen. Das mag einstweilen eine Leerformel sein; ihr Sinn ist es, keine andere Größe voreilig an ihre Stelle treten zu lassen. Im übrigen lassen sie sich mit sprachlichen Mitteln umschreiben – mit Recht, solange man daraus keine semantischen Gleichungen macht. Sie ergeben sich aus Zuordnungen in bestimmten Ebenen und Gruppen: haben – sein – tun; sein – nichtsein – möglichsein; handeln – erleiden – geschehen; ich – hier – jetzt; jetzt – früher – später; Sprecher – Angesprochener – Besprochener etc.[94].

Diese Sinnstrukturen sind durch zweierlei geprägt: (1) unseren Organismus (die Sinneswerkzeuge, die Raum-Zeit-Erfahrung, die Koordination der Wahrnehmung in einem einheitlichen Bewußtsein; eine Wanze hat andere »Sinnstrukturen«, weil sie andere Sinnesstrukturen hat) und (2) durch die Kultur, in der wir leben (die Ordnungen unserer Sprache, die Sozialisationsformen, die Zwecke und Mittel z. B. der technischen Zivilisation).

»Sinnstrukturen« sind nicht identisch mit dem, was man »Code« genannt hat, weil dieses Wort eigens eingeführt worden ist, um nichteinsehbare Transformationsleistungen zwischen stimulus und response zu bezeichnen, also einem bestimmten Erklärungsmodell der Sprache dient. Aber die Verwandtschaft der beiden Termini ist evident. Der Ausdruck »Sinnstrukturen« bleibt nützlich, wenn man nicht ein bestimmtes Erklärungsmodell bevorzugen will; er bleibt notwendig als ein Klammerbegriff, wenn man sich nicht im voraus für Sprache als Anlage oder als Kulturerscheinung entscheiden will und ihre Grenzen zu Kommunikationsformen anderer Lebewesen festlegen will. »Sinnstrukturen« fordern vor allem heraus, nach dem zu suchen, was Wissenschaftsstrukturen sind: Abbildungen von Objektmerkmalen oder Verständigungskonventionen oder Erkenntniskategorien oder Elemente in einem diskursiven Vergleich von Theorie und Praxis. Die Piagetschen Koordinatoren haben dieses Suchen eher erschwert.

In ihrer oberflächlichsten und populärsten Formulierung – daß die Wissenschaftsstrukturen ihren Ursprung in den Lernstrukturen des Kindes haben – finden Theorie und Befunde von Piaget die freudige Zustimmung der Pädagogen in aller Welt, nicht zuletzt, weil sie ihre Lieblingsvorstellung von sich selbst bestätigen. Der Lehrer kann und bewirkt alles; an ihm hängt nicht nur das Schicksal des Einzelnen, sondern auch der Bestand der Kultur, die Verständlichkeit der Wissenschaft, die Wirksamkeit des objektiven Geistes, wenn dieser denn überhaupt von etwas abhängen kann. Aber die Lehrer sollten sich klarmachen, daß sie damit auch die Verantwortung für jeden Mißerfolg tragen.

In einer weniger oberflächlichen Darstellung ist die Piagetsche Lehre alles andere als ermutigend. Piaget hat seine Untersuchungen über die vorwissenschaftliche Begriffsbildung bei Kindern a) in einer gänzlich verwissenschaftlichten Welt durchgeführt und b) im Alter von 11 bis 12 Jahren enden lassen. In diesem Alter hört das Kind auf, seine Begriffe zu erfinden, und das ist – so schreibt Henry Nathan – nicht verwunderlich:

»*Vorwissenschaftliche (vor-Galileische) Begriffe sind ›natürlich‹, insofern als sie ›by doing‹ gelernt werden können*«[95],

oder durch »Anschauung«, Erfahrung, unmittelbare Versuche, zumal die formalen Momente wissenschaftlichen Denkens in unserer technischen Umwelt so massiv verdichtet, die Trassen für die Bahnen der empirisch-rationalen Bewältigung der Erfahrung überall ausgelegt sind: es gibt überall wirklich gerade Linien, ganz glatte Ebenen, völlig runde Kreise, genaue Zeiten, eine unendliche Fülle »teleologischer« Mittel, die das »um-zu-Denken« anleiten, eine Fülle von verfügbaren »Systemen«, die unfehlbare »wenn-dann-Wahrnehmungen« erlauben: *immer* wenn ich an diesem Schalter knipse, geht das Licht an oder aus – und *nie* geschieht etwas ganz anderes.

Aber dies alles reicht nicht an unser Problem heran, ja die »dynamischen Operatoren« einer vorsprachlichen Koordination haben noch weniger mit den Kommunikationsschwierigkeiten zu tun, die heute zwischen den wissenschaftlichen Disziplinen bestehen, als die vorwissenschaftlichen Begriffe der Kinder. Was die Wissenschaft, wie sie heute getrieben wird, von alledem trennt, ist gerade, daß sie nicht by doing gelernt werden kann. Myrdals Satz: Wissenschaft sei »highly sophisticated common sense«, überspringt eine beträchtliche Kluft zwischen dem »common common sense« und dem »schooled common sense«.

H. L. Zetterberg ist der These vom »gesunden Menschenverstand« nachgegangen[96] und bestätigt sie zunächst (in seinem Bereich der Sozialwissenschaften). Die Soziologie bestehe zu einem großen Teil aus der präzisen und höchst informativen Neuformulierung sehr einfacher Vorstellungen: »Das Denken und Sprechen einer Person wird beeinflußt von anderen, mit denen sie zusammentrifft«, »Die Leute tun meistens, was ihnen gesagt wird«, »Niemand hat die Zeit oder Energie, alles zu tun oder zu sehen«, »Leute, die etwas haben, klammern sich an das, was sie haben, und Leute, die nichts haben, versuchen vorwärtszukommen«, »Personen in gleicher Lebenslage denken gleich«. All dies könnte schon Herodot gesagt haben oder auch meine Gemüsefrau. Aber dem »Alltagsdenken« gelingt das richtige Zusammensetzen dieser Feststellungen nicht.

»Und dies ist eben recht typisch: die soziologische Theorie bedient sich einer systematischen Kombination von Thesen, auf die das Laiendenken wahrscheinlich nie kommen würde.«[97]

Eine andere Fehlerquelle des »gesunden Menschenverstandes« ist die leichtfertige Übertragung der Erfahrungen aus dem eigenen kleinen Lebensbereich auf den großen makrosoziologischen Zusammenhang: man kann auch einfach sagen: der gesunde Menschenverstand ist unfähig, in ganz großen Zahlen und abstrakten Systemen zu denken. Das läßt die von den Theorien bestimmte Wirklichkeit so absurd und geradezu unmoralisch erscheinen. Was uns die Wirtschaftswissenschaft als gesellschaftlich vernünftiges Verhalten vorschreibt: »Schulden sind gesund«, »Ausgeben macht reich«, »Konjunkturen sind gefährlich«, widerspricht unseren persönlichen Erfahrungen diametral!

In dieser Entfernung von der Alltagserfahrung haben sich die Systeme der Einzeldisziplinen auch so weit voneinander entfernen können. Eine unmittelbare Rückkehr oder Rückverbindung zur Gemeinerfahrung und Gemeinsprache ist darum nicht möglich. Sie sind ja definiert dadurch, daß sie Abstraktionen erster Ordnung und nicht zweiter und dritter Ordnung sind.

Die Übereinstimmung von Sache und Wissen, wie Platon sie suchte, war an eine spezielle Voraussetzung gebunden. An seiner Vorstellung von einem *kosmos* ist nicht so sehr interessant, daß er geordnet ist, sondern daß seine Ordnung von der gleichen Art ist wie die, die wir in uns finden – daß sich kosmos und logos von sich aus entsprechen: Wir denken in Zuordnungen, Subsumptionen, Kausalitäten und Zweckhaftigkeit; wir empfinden in geordneten Gegensätzen – Lust und Unlust, Haß und Liebe, Hunger und Sättigung. Und diese Ordnungen fand Platon in der »Welt« wieder – eine keineswegs selbstverständliche Verständlichkeit.

Diese Voraussetzung gilt für uns nicht mehr, genauer: Indem wir sie radikal ernst genommen haben, haben wir sie zerstört. Wir haben um der »Logosqualität« der Welt willen die irrationalen Zahlen, die Infinitesimalrechnung, die Statistik, die Fülle der Abstraktionen zweiter und dritter Ordnung erfunden. Sodann, das, wonach wir diese Systeme oder Modelle schaffen und wonach Wissenschaft sich bisher und unumkehrbar gerichtet hat, sind die Zwecke unseres Lebens: sie hängen inzwischen ab von der Denkweise, die ihren Unterbau, ihre Ordnungen und Mittel hervorgebracht hat. Sogar die Lernstrukturen sind ihrerseits Zweckstrukturen innerhalb dieser vom Menschen gemachten Welt, also nicht »natürlich«. Die Umgangssprache schließlich enthält die Zeichen nicht, die wir für jene Zweckstrukturen gebrauchen, weil diese spezialisiert sind – nicht im »Umgang« vorkommen. Sie verschwindet also aus den Lernstrukturen, die damit aufhören, gemeinsamer Verständigungsgrund für die Wissenschaftssprachen zu sein.

Aber wir brauchen auch die platonische Voraussetzung nicht: kosmos und logos, Welt und Erkenntnis müssen nicht nach *einem* Prinzip geschaffen sein, es braucht keine prästabilierte Harmonie zu geben, *damit wir die Welt verstehen* können. Der logos der modernen Wissenschaft, d. h. wörtlich: das Verhältnis, die Proportion, die Entsprechung, in der der Sachverhalt abstrahiert und fixiert wird, ist so vielseitig, differenziert und anpassungsfähig, daß er auch das Nicht-mehr-Vorstellbare einfängt. Unser Problem ist vielmehr, daß logos und empeiria, Erkenntnis und Erfahrung, auseinanderfallen; sie müssen neu verbunden werden, *damit wir die Wissenschaft verstehen.* Die Rückkehr der Wissenschaften in die Umgangssprache und die »Anschauung« sind dazu kein außergewöhnliches Mittel – sie sind nur nicht gesichert, z. B. im

Lernprozeß der Schule. Dort vernachlässigt man sie aus der Vorstellung heraus, man müsse auf die Wissenschaften vorbereiten, wie sie sind: isoliert, spezialisiert, abstrahiert und auf die Probleme, die sie *hat*. Statt dessen sollte das Lernen der Wissenschaften zugleich ein Lernen *der* Wissenschaft, ihrer Einheit, ihres Prinzips sein, es sollte in sie einführen, wie sie sein könnte, in das, was sie bedeutet und was sie nicht leistet – also in erster Linie auch in die Probleme, die sie *bereitet*.

Wie der Rückgriff der Wissenschaften auf die Anschauung, so ist umgekehrt auch die Erfahrung von dem Vorgriff unseres Lebens auf die Wissenschaft nicht gesichert. Das kann nur durch Verfremdungsvorgänge geschehen, an die unsere auf »Einführung«, »Vorbereitung«, »Vertrautmachen-mit« eingestellte Pädagogik einstweilen wenig denkt. Die Wissenschaften, die allein für diese Rück- und Vorgriffe sorgen könnten, beginnen erst jetzt und zögernd, sich um diese praktische Voraussetzung ihrer Verständlichkeit zu kümmern. Wissenschaftsdidaktik und -propädeutik haben hier ihre große Aufgabe: Das Lernen der Wissenschaft muß auf einer *ersten* Stufe bewußt in der Umgangssprache und Anschauung vor sich gehen, auf einer *zweiten* Stufe in der Aneignung der Fachsprache, also der speziellen Abstraktionssysteme, in einem ständigen Vergleich mit der Umgangssprache bestehen, auf einer *dritten* Stufe der Verwendung der Umgangssprache als Metasprache zu den Fachsprachen gelten: in ihr verständigen wir uns nicht über die komplexen Sachverhalte, sondern über die Zeichensysteme, die die Wissenschaften auf ihre Weise von ihnen gemacht haben. Diesen Vorgang, der die Auflösung der Erfahrung in abstrakte logische Verhältnisse wieder umkehrt und aus diesen wieder Anschauung macht, nenne ich Mythisierung des logos oder Logomythie. Ich habe dieses der Logisierung des Mythos entsprechende gegenläufige Verfahren – das Wiederzusammenfassen der »logischen« Einzelergebnisse zu einem »mythischen«, d. h. erzählenden Bild – an anderer Stelle genauer beschrieben[98].

Verständlichkeit ist nicht ein Zustand, sondern begleitet einen Prozeß: die Transformation aus einzelner sinnlicher Wahrnehmung in allgemeinverfügbare Ordnungen und aus diesen zurück in die Anschauung. Soll dies Bestandteil unserer frühen – kindlichen und schulischen – Lernprozesse werden, dann bedürfen diese bestimmter institutioneller Veränderungen.

146

c) Die Wissenschaftspropädeutik, deren Aufgaben ich in den voraufgehenden Abschnitten über die wissenschaftliche »Einstellung« (a) und über die Wissenschafts-»Sprache«, genauer: die notwendige Ausbildung einer Zweisprachigkeit (b) umrissen habe, ist auf organisatorische Hilfen angewiesen. Die Institutionen, an denen Wissenschaftspropädeutik getrieben wird, müssen die Einheit der Wissenschaft *als Prozeß* ermöglichen und darstellen. In Bielefeld geschieht das an zwei Einrichtungen der Universität, der Laborschule und dem Oberstufen-Kolleg. Die Laborschule dient der pädagogischen Forschung, ähnlich wie Kliniken der medizinischen Forschung dienen. Sie ermöglicht das, was man action research nennt: die Untersuchung einer Tätigkeit, indem man sie tut und die Ergebnisse der Untersuchung in geeigneter Form in die Tätigkeit einbringt. Die Laborschule hat daher ihren Namen: sie ist ein Laboratorium. Das Oberstufen-Kolleg erfüllt formal ähnliche Zwecke, seine inhaltliche Aufgabe ist jedoch stärker spezialisiert: hier soll eine Wissenschaftspropädeutik in einem engeren Sinn – als Vorbereitung auf das wissenschaftliche Studium – erprobt werden, nicht ohne dieses dadurch neu zu definieren.

Die Laborschule umfaßt die Altersjahrgänge 5 bis 16, das Oberstufen-Kolleg in der Regel die Altersjahrgänge 17 bis 21; während die Laborschule als Gesamtschule organisiert ist und alle Kinder des Wohnkreises aufnimmt, ungeachtet ihrer Herkunft, Bildungsvorstellungen, Berufsziele und Begabungen, nimmt das Oberstufen-Kolleg nur Schüler auf, die vorhaben, an wissenschaftlichen Hochschulen weiterzustudieren: es mündet etwa dort, wo die vom Wissenschaftsrat empfohlene Vorprüfung stattfinden soll, am Ende des vierten Semesters, am Beginn des Hauptstudiums[99]. Dies mag zur Orientierung genügen. Die besonderen didaktischen Prinzipien der Laborschule, um derentwillen sie im Rahmen einer Schrift über die Einheit der Wissenschaft aufgeführt wird, sind:

- die Schule stellt eine sich systematisch erweiternde und differenzierende Umwelt dar;
- Erfahrungsbereiche treten an die Stelle von Fächern;
- die Fächer oder Disziplinen werden von den Kindern als Mittel zur Bewältigung, Ordnung, Mitteilung und Anwendung von Erfahrung »erfunden« und allmählich ausgebaut;
- jede so entstehende Spezialisierung bleibt in einer Verbindung

zu dem unspezialisierten Zusammenhang, aus dem sie entstanden ist: zu dem »Erfahrungsbereich«, der nicht nach den
großen herkömmlichen Wissenschaftsgruppen (Naturwissenschaften, Gesellschaftswissenschaften, Geisteswissenschaften)
und deren Methodengemeinschaft konstituiert ist, sondern
nach den Problemen des Menschen in unserer Zeit: Gemeinschaft, Gesundheit, Freizeit, Beruf, Technik, die Eine Welt,
das Leben mit anderen Generationen usf. – nach Problemen
und Chancen, die wechseln werden.

Die Schule macht u. a. die Einheit und Vielfalt der Tätigkeiten
und die Probleme ihrer Koordination zu ihrem ausdrücklichen
Gegenstand: Abstraktion, Kommunikation und Kooperation
sind neben der Selbstbestimmung (dem Aufstellen und Begründen von Zielen, denen jene anderen drei als Mittel dienen) und
dem Wählen (der Kombinationen, der Projekte und der Lehrer)
das eigentliche Lernpensum. Sie versucht, auf diese Weise Erfahrung und Wissenschaft unmittelbar aufeinander zu beziehen und
die Wissenschaftsstruktur in der Lernstruktur zu verankern.

Die Hauptintentionen des Oberstufen-Kolleg sind:

»– *zwischen der notwendigen allgemeinen Bildung und der not-*
wendigen Spezialausbildung zu vermitteln,

– *der Spezialisierung einen breiten Raum zu geben, in dem der*
Kollegiat es zu einem starken Engagement und zu deutlicher
Bewährung bringen kann, ohne daß darüber die Vorbereitung
auf die allgemeinen Aufgaben, die gemeinsamen Verantwor-
tungen, Verfahren und Handlungssituationen zur Farce wird,

– *die Spezialisierung auch im Bereich der wissenschaftlichen*
Studien früher zu ermöglichen als bisher, ohne den Kollegiaten
dadurch auch früh auf den Gegenstand seiner Wahl festzule-
gen,

– *die Funktion der Spezialisierung in einem weiteren Zusam-*
menhang – hier vor allem dem wissenschaftlichen – erfahrbar
und bewußt zu machen und

– *den Übergang zu anderen Disziplinen systematisch offen zu*
halten.« [100]

Das Hauptmittel des Oberstufen-Kollegs ist die dreischichtige
Aufteilung des Lernens, innerhalb derer (und ihr untergeordnet)
die horizontale Gliederung der Disziplinen weiterbesteht. Es gibt
am Oberstufen-Kolleg keinen gemeinverbindlichen Fächerka-
non mehr, weil von keiner Auswahl von Gegenständen oder Dis-

ziplinen gesagt werden kann, sie »repräsentiere« *die* Wissenschaft und, sie absolviert zu haben, garantiere die »Hochschuloder Wissenschaftsreife«.

Die drei Schichten sind so angelegt, daß sie in sich und im Verhältnis zueinander die gemeinsamen und wichtigsten Schwierigkeiten der Wissenschaft enthalten. Alle Kollegiaten nehmen in einem vorbestimmten Verhältnis an allen drei Unterrichts- oder Lernarten teil. Es handelt sich um

– herkömmliche Disziplinen (der Kollegiat wählt zwei aus einem Angebot von einstweilen 35, die die Grundstudien der meisten an wissenschaftlichen Hochschulen studierbaren Einzelwissenschaften darstellen – in Bielefeld »Wahlfachunterricht« genannt),

– eine methodische Behandlung der Wissenschaft als System anhand extrapolierter Tätigkeiten, Methoden und Probleme, die in allen Wissenschaften vorkommen (in Bielefeld aus historischen Gründen »Ergänzungs-Unterricht« genannt),

– eine Zusammenfassung verschiedener Disziplinen zu wechselnden Projekten, wobei der Kollegiat mit typischen Anwendungssituationen konfrontiert wird, seine Spezialkenntnisse wie seine Wissenschaftssystematik erproben, den praktischen Zusammenhang der Wissenschaften erfahren und die außerwissenschaftlichen Voraussetzungen und Folgen wissenschaftlicher Tätigkeit erkennen und erörtern kann (in Bielefeld »Gesamtunterricht« genannt).

Diese Anordnung nötigt den Kollegiaten, das Verhältnis von Einzeldisziplin, Wissenschaft als prinzipielle Einheit und Praxis in den verschiedenen Bedeutungen des Wortes dauernd zu »reflektieren«; es verwehrt ihm das Ausweichen vor den Kommunikationsschwierigkeiten; es läßt ihn den theoretischen und praktischen Zusammenhang von Wissenschaft als Problem sehen.

Daß das Kolleg seine Kollegiaten mit dem Wahlfachunterricht zunächst vor das Wahl- und Kombinationsproblem stellt und das Wählen in einer flexiblen Organisation, vor allem aber durch die breite gemeinsame Basis[101] im Ergänzungs- und Gesamtunterricht, lernbar und lösbar macht; daß der Gesamtunterricht im Team geplant und erteilt wird und zu beträchtlichen Teilen außerhalb der »Schule« vor sich geht, wo ihn dann Kosten-, Kompetenz- und politische Probleme erwarten; daß die Disziplinen dem Projekt, das Projekt den Disziplinen Aufgaben und Korrektur erteilt – all dies ist nicht so neu und in Bielefeld nur mit etwas mehr Konsequenz und vor allem in enger Zusammenarbeit mit einer Universität verwirklicht worden (wobei die Fachdisziplinen der Universität zum erstenmal eine Konkurrenz zu ihren eigenen Ausbildungsgängen im gemeinsamen Rahmen der Universität zulassen und fördern). Wirklich neu und darum nicht ohne Anfechtung ist der »Ergänzungsunterricht«: er behandelt keine disziplinären und keine interdisziplinären »Gegenstände«, sondern verfolgt »Funktionsziele«. Die den Wissenschaften gemeinsamen Merkmale, die hier anhand von Beispielen analysiert und aufeinander bezogen worden sind:

– Abstraktion und Kommunikation
– Quantifizierung und Relationierung
– Vereinbarung und Entscheidung
– Experiment und Objektivierung bzw. Verifizierung
– Kreativität der Wahrnehmung und Gestaltung.

Keines der fünf Paare ist einer einzigen Kompetenz (einer einzelnen Disziplin oder Disziplingruppe) zuzuordnen, obwohl (in der gegebenen Reihenfolge) die Sprachwissenschaftler, die Mathematiker, die Politik- und Sozialwissenschaftler, die Naturwissenschaftler und die Künstler eine besondere Zuständigkeit übernehmen können. Es kommt ja darauf an, die vorhandene Expertise zu nutzen und nicht sie zu verdrängen. Sie wird freilich in einer ganz anderen Funktion eingesetzt: zur methodologischen, systemkritischen, philosophischen Belehrung und Integration.

Die Gefahr, daß dies alles sehr abstrakt wirken kann, muß man sehen. Ein Einwand gegen die Institutionalisierung von Interdisziplinarität als solcher ist immer schon gewesen: daß sie sich so auf ungewisse Zeit einer neuen Scholastik ergeben könne. Man hat darum die Interdisziplinarität lieber auf das »wissenschaftspraktische Interesse an der Lösung bestimmter Probleme« gründen wollen[102] – also auf Projekte. Der Ergänzungsunterricht kann dagegen aufgefaßt werden als die Gelegenheit und institutionelle Nötigung, nicht bei Projekt und Disziplinarität stehen zu bleiben, sondern aus beidem Folgerungen zu ziehen – erst analysierend, dann planend und praktizierend. Die Sorge, just diese synthetische und notwendig theoretische Beschäftigung mit Wissenschaft könne dem Bedürfnis der Studenten nach größerer praktischer Relevanz von Studium und Forschung widersprechen, scheint durch den Kontext mit Gesamtunterricht und Spezialisierung nach eigener Wahl gebannt: der Ergänzungsunterricht ist die Gelegenheit für die Kollegiaten, ihren Unmut über die Irrelevanz zu formulieren und in theoretisch befestigter Form in den Wissenschaftsprozeß einzubringen.

Bielefeld ist eine Ausnahme – durch Anlage, Umfang und Systematik des Versuchs. Aber nichts hindert andere Hochschulen, Kollegs, Gymnasien, Gesamtschulen, Elemente davon zu übernehmen, ja, wie ich in diesem Essay mehrfach gesagt habe: es kommt darauf an, den Pluralismus der Einrichtungen und Absichten zu erhalten und zu vermehren: optimizing the mix, wie es die Amerikaner nennen. Administrative Hilfe, nein, die Lockerung und Veränderung der Verwaltung selbst, wird dabei nötig sein[103]. Nicht nur die wissenschaftstheoretischen und -didaktischen Gesichtspunkte, um die es hier in erster Linie ging: die Zuweisung von Mitteln, von Zeit, von Mitbestimmung und die Formen, in denen dies geschieht, spielen hier eine leidige, zähe, selten ganz offene Rolle.

Ich will hier nur ein Beispiel geben: die sachliche und zeitliche Anordnung des Lehrangebotes. Ich will drei Typen unterscheiden: (1) Einst galt die freie Kombination des Studiums durch den Studierenden auf Grund eines breiten ungeplanten Angebots. Dies ließ einen beträchtlichen Spielraum für das, was man heute »Interessestudium« nennt – für Selbstkorrektur, Selbstfindung, selftiming; außerdem mußte der Professor das Angebot ausdenken, aus der größeren Fülle der Kenntnisse immer neue Variationen produzieren (während der heute gegen das Lehrangebot X protestierende Student damit nur am Anfang Wirkungen tut; seine kritischen Gegenvorschläge sind schnell erschöpft und bald wird er von dem Professor überrundet, zumal wenn dieser sich nicht auf Abwehr verlegt, sondern zum Angriff übergeht).

(2) Dann wollte man zu rigoros geplanten Studiengängen übergehen. »Das Fach schreibt vor«, hieß es in den mühseligen, nie verwirklichten Ausarbeitungen fleißiger Kommissionen. Ein Studium außerhalb des genormten Studiengangs würde durch solche Studien-Programme immer schwieriger. Vor allem aber wären die Dozenten an eine Routineveranstaltung gebunden. Die Studiengänge könnten jedoch, indem sie einer bestimmten Lehrökonomie unterliegen, minimal gefaßt sein und auf diese Weise »freie« Semester auswerfen.

(3) Neuerlich experimentiert man mit dem sogenannten »Block-studium«. Die gleichzeitigen und gleichgerichteten Interessen der Studierenden werden zusammengelegt und innerhalb von konzentrierten (3 bis 5 Wochen dauernden) Blöcken entwickelt. Statt mehrere Interessen auf einmal zu verfolgen (ad libitum), verfolgt man sie nacheinander in eigens dazu hergestellten Gemeinschaften.

Keine der drei Lösungen genügt den Ansprüchen und Einschränkungen deutscher Hochschulen in der Gegenwart. Ein »geschichtetes« Studium, wie es für das Bielefelder Oberstufen-Kolleg entworfen worden ist, hätte nur in einem teils dem Typus (1), teils dem Typus (3) zuzurechnenden Baukastensystem Platz – und müßte aus der Einsicht der Studenten selbst aufgebracht werden. Eine solche Einsicht kann bei 80% der Studenten realistischerweise nicht vorausgesetzt werden. Man müßte sich also zu einer Kombination aus allen drei Typen bereitfinden: Alle Abteilungen oder Disziplinen müssen Personen für den Interessenspielraum und für die Team-Arbeit abstellen; alle müssen sich der gleichen Zeiteinteilung des Studienjahres fügen (ein gemischtes System aus Blockstudium in den einen Disziplinen und herkömmlichem Semesterablauf in den anderen zerstört die Chancen der gemeinsamen Institutionen: man könnte sich dann ebensogut in zwei Universitäten aufteilen); alle müssen in gemeinsamen Lehrkommissionen auf einer unteren Ebene (z. B. der Fächer Geschichte/Soziologie/Pädagogik/Psychologie für ein bestimmtes Lehrerstudium) ihre Angebote planen. Welche Mühen für ein doch nur untergeordnetes Detail! Und dies war nur *ein* Faktor unter hunderten, die die Koordinierung konkret bestimmen.

d) Politische und philosophische Herausforderung – ein Verfahren. Die trockenen, unspektakulären, »fußgängerischen« Probleme der Praxis, auf die die Reformen am Ende alle stoßen – ermüdet, enttäuscht, zu Anpassung und Kompromiß bereit – und bei denen auch unsere Erörterung münden mußte, machen die letzte Forderung um so wichtiger: die nach politischer und philosophischer Kritik. Nicht nur weil zum know-how und know-what notwendig das know-what-for und know-why gehören (vgl. oben S. 97 ff.), sondern weil auch die offenste und dialektischste Organisationsform einmal ihrem eigenen Funktionszwang erliegt. Jeder der drei voraufgehenden Abschnitte über die Merkmale des geforderten Lernens der Wissenschaft: die Einstellung auf Kooperation, die Gemeinsamkeit der Sprache in der »Anschauung«, die Institutionalisierung der Prozeßhaftigkeit, enthält einen absichtlichen Unruhefaktor, ihre eigentümliche »Unbestimmtheitsrelation«, einen Zwang zur Problematisierung. Aber allein die Tatsache, daß die Merkmale zueinander passen müssen, daß sie von vielen immer neuen, voneinander getrennt arbeitenden Personen ausgetragen werden, daß die Freiheit dieser Personen rechtlich verfaßt und finanziell gesichert (und d. h. immer auch kontrollierbar!) sein muß, daß die alten Einrichtungen und Vorstellungen nur langsam weichen werden, daß das Neue nicht fertig aus der Retorte springen kann, dies alles wird das Lernen der Wissenschaft als Hervorbringen von Lehrbarem – als eines elementaren Verständigungsprozesses – schnell zu neuen Kunstformen gerinnen lassen. Die Begründung der Neuerung wird über den Schwierigkeiten ihrer Verwirklichung schnell vergessen; der nächsten »Generation« von Lehrenden und Lernenden (sie muß nur 5 Jahre später kommen!) wird das Neue schon wieder selbstverständlich sein; der dauernde Gebrauch des gleichen Vokabulars läßt das so geläufig Bezeichnete schon als vorhanden erscheinen (so wie wir uns heute einbilden, es gebe Curricula, obwohl es meist nur das Reden über sie gibt); und vor allem, die Wirklichkeit wird neue Probleme hervorbringen und die Aufmerksamkeit der nächsten Reform auf diese lenken, noch bevor die alten oder die grundlegenden Probleme gelöst sind.

Unser bleibendes großes Problem heißt Komplexität. Sich an sie gewöhnen, d. h. daran, daß wir ihr nicht gewachsen sind, würde bedeuten, daß wir sehr wohl wissen, daß sie nicht gut sind. Sich ihr stellen hieß bisher, entweder sie kulturkritisch verwerfen oder sie zum Fortschritt erklären als zunehmende Fülle und Freiheit des Lebens.

In Wirklichkeit ist sie weder vermeidbar noch ein Glück. Ob sich der tatsächliche Verfügungsspielraum des Menschen erweitert hat, wird man nicht allein mit dem Hinweis auf Mondfahrten und Herztransplantationen beantworten können; man wird auch sagen müssen, warum wir es nicht fertigbringen, Schulverdruß, Umweltvergiftung, Inflation und My Lai zu vermeiden. Auch hier ist Komplexität im Spiel. Nicht nur sind komplexe Lagen und Aufgaben schwierig (das kommt einer Tautologie gleich), sie stiften darüber hinaus Angst, Vorbehalte, Verwirrung in den Subjekten; sie lassen die Menschen nach Vereinfachungen rufen und sie mutwillig oder fahrlässig und jedenfalls nicht mit der notwendigen Überlegung vornehmen; sie erzeugen Reformwiderstand bei den einen, Reformhast bei den anderen; sie sorgen für Polarisierung und Politisierung, worunter ich stets das Usurpieren von politischem Gebaren verstehe (was ich tadele) und nicht das wirkliche Politischwerden (was ich uns wünsche); Komplexität treibt, wo sie Merkmal der Wirklichkeit ist, die Erkenntnis zu weiterer Komplexität und vermehrt, wo sie Merkmal der Erkenntnis ist, die Komplexität der Wirklichkeit; sie konstituiert – dies war eine der Thesen, die durch das ganze Buch hindurch verfolgt worden sind – die Dysfunktionalität der Wissenschaft als kritischer Instanz in der Kultur.

Denn auf die Komplexität antworten wir noch immer mit einer Vermehrung der Maßnahmen, der Untersuchungen, der Mittel und mit der Schaffung angeblich zentraler Einrichtungen – am liebsten mit einer Dokumentationsstelle oder Datenbank – und mit »zentralen«, nämlich umfassenden Theorien, Theorien, die deshalb »umfassend« sein können, weil sie alle Erscheinungen in gleichschaltbare funktionale Systemelemente umdefinieren. Wir antworten *nicht* mit Neugliederung, der Herstellung von Rangfolgen und mit der Preisgabe von Elementen – und den ihnen notwendig voraufgehenden Klärungs-, Überzeugungs- und Entscheidungsprozessen: mit der Revision unserer Ziele. Und so ist die Komplexität eine Hydra – eine neuzeitlich komplexe Hydra: für jeden Kopf, den wir ihr abschlagen, wachsen ihr zwei, für jeden, den wir ihr nicht abschlagen, wachsen ihr vier Köpfe nach! Wie wir uns hierzu verhalten werden, ist von außerordentlicher Tragweite. Die Alternative

– uns entweder umfassenden Systemtheorien anzuvertrauen, in der Hoffnung, die Wissenschaften möchten so doch noch die Fülle der Einzelerscheinungen und -systeme verfügbar machen, oder

– unsere Wissenschaften insgesamt wieder der philosophischen Kritik zu unterwerfen, in der Hoffnung, so die Probleme zu reduzieren, denen wir uns aussetzen,

zeigt eine sehr viel tiefere Spaltung an, als es der nun schon fast legendäre Streit zwischen Positivisten und Dialektikern tat. Die Positivisten haben mit ihrer Methodenlehre nicht die Welt, sondern die Erkenntnismittel funktionalisiert: Positive Erkenntnis weist auf ihre eigenen Grenzen hin; sie ist durch diesen Hinweis definiert.

Die Dialektiker wissen umgekehrt, daß sie sich positiver Methoden bedienen müssen, wenn sie die Tatsachen fixieren wollen, über die sie ein »vernünftiges« Einverständnis suchen.

Systemtheorien dagegen wollen zugleich funktional *und* total sein und laufen damit Gefahr, in dem Maß, in dem sie perfekt und allgemein werden, sowohl die methodischen wie die inhaltlichen Zweifel zu eliminieren.

Systemtheorie ist nichts als ein Extremfall der Strukturtheorie (vgl. oben III, 1, S. 68 ff.) – ein Extremfall, indem die Strukturen sämtlich unter ein formales Prinzip zusammengefaßt werden. Ich versuche sie hier kurz darzustellen, nicht nur, weil sie die Erwartung erweckt, sie könnte doch noch – gleichsam in letzter Minute – die Wissenschaften vor dem Auseinanderfallen bewahren und die Verstehenseinheit wiederherstellen. Sie ist für mich vielmehr der zwingendste Anlaß, in diesem Kapitel über das »Lernen der Wissenschaft als Hervorbringen von Lehrbarem« auf einer Problematisierung zu bestehen. Systemtheorien zur Bewältigung von Komplexität müssen selber komplex sein[104]. Die Darstellung und Verarbeitung dieser Systemkomplexität gelingt nur durch äußerste Abstraktion. Sie zerstört dadurch die Verständlichkeit, die sie schaffen will. Dies soll hier erklärt werden:

Exkurs über die Alternative: »Komplexitätsreduktion durch Systeme und Systemtheorien oder »Vereinfachung« durch Diskurs

Komplexität ist a) eine Folge der Zunahme der Elemente und Beziehungen, b) eine Folge der Verselbständigung und Spezialisierung der sie regulierenden Teilinstanzen bei vorgeblicher Hierarchie der Zwecke und c) eine Folge von mehr und detaillierteren Erkenntnissen über a), b) und c) (sic!). Die Komplexität der Erkenntnisse, die uns hier vor allem beschäftigt, muß zunehmen in einer faktisch und philosophisch unendlichen Welt, deren Prinzipien unbekannt, deren Erscheinungstendenzen neben Gesetz, Ordnung, Proportion vor allem Individuation, Evolution, Ausgleich und Umbruch sind. Die Erkenntnis ist selbst entsprechend unendlich, und ihre Komplexität wird zunehmen in dem Maß, in dem man sich dieser Welt gegenüber vornehmlich oder ausschließlich erkennend verhält, wenn also keine Handlungszwecke die Ordnung und Vereinfachung erzwingen. Mit anderen Worten: mehr und reinere Erkenntnis macht die Welt nicht einfacher. Die Feststellung: Theos geometrizei, Deus mathematicus est, Gott treibt Mathematik, ist selbst das Ergebnis einer bestimmten Sichtweise. Eine andere könnte mit gleichem empirischen Anspruch hervorbringen: Gott spielt; eine andere: Gott schafft und wandelt unaufhörlich um; eine andere: Gott ist gleichgültig; eine andere: Gott (ein erkennbares Prinzip des Ganzen) gibt es nicht. Moderne Wissenschaften, ließen sie sich auf die Frage und die Metapher überhaupt ein, wären eher darin einig, daß er nicht *eine* Mathematik, sondern viele sehr komplizierte und zum Teil noch unbekannte Mathematiken treibe. Einfache Entitäten, einfache Gesetze und einen durchgehenden Gesetzeszusammenhang, wie sie die griechische Metaphysik der Vielfalt der Erscheinungen unterstellte, kommen bei den beobachtenden Wissenschaften nicht heraus, vor allem nicht dort, wo es um den Menschen und seine Verhältnisse geht. Und in allem Beobachteten stecken, mehr oder weniger bewußt, der Beobachter und das Beobachten.

Sofern die Handlungen der Menschen ihrer Erkenntnis folgen, ist es verständlich, daß ihre kulturellen Einrichtungen und Erkenntnisse immer differenzierter und schwieriger geworden sind. Das ptolemäische Weltbild mochte unnötige Schwierigkeiten enthalten, die das kopernikanische »einfacher« löste. Aber dafür hat die kopernikanische Astronomie – gerade durch ihre Stimmigkeit – den Fragehorizont so erweitert und damit das Wissen ebenso problematisiert wie vermehrt, daß das Ergebnis nun von weit größerer Komplexität ist. Die politischen, ökonomischen, sozialen, psychologischen Theorien sind alle seit ihrer Geburt nicht nur umfangreicher, sondern komplexer geworden, wenn denn Komplexität richtig durch die Anzahl der möglichen und notwendigen Beziehungen definiert ist[105]. Als man die Intelligenzmessung einführte, glaubte man, eine Fülle von theoretischen und praktischen Problemen im Bereich der Diagnostik und Prognostik geistigen Verhaltens ausgeräumt zu haben. Nach einem halben Jahrhundert intensiver wissenschaftlicher Entwicklung ist in dieser Frage nahezu alles umstritten, weil alles sich »sehr viel komplexer verhält«: der Intelligenzbegriff selbst, die Meßeinheiten und -verfahren, der Anteil von Anlage und Umwelt, die Folgen der jeweiligen Ansichten und Maßnahmen für Individuum und Gesellschaft, die pädagogischen Verfahren, die die Tests seit ihrer Einführung begleitet haben, und die Erkenntnis, die wir von der Erkenntnis gewinnen – von der zunehmenden Aussichtslosigkeit, sie endgültig, eindeutig, hinreichend einfach und befolgbar zu machen.

Die Ordinarienuniversität war einfach, weil sie einfache Vorstellungen von der Lehrbarkeit der Wissenschaft hatte. Die heutige Universität ist kompliziert. Ihre Funktionen beginnen sich gegenseitig lahmzulegen. Wir haben so viel über sie herausgefunden, daß wir die Übersicht und den Maßstab für die Probleme verloren haben. Wir wissen nicht mehr, in welcher Rangfolge sie uns wirklich bedrücken; wir wissen erst recht nicht, in welcher Reihenfolge wir sie angehen sollen. Die Wissenschaften selbst geben dabei keine Hilfe; in den Selbstverwaltungseinheiten wird ihre Expertise so gut wie nie zu Rate gezogen; die Fragen und Thesen, die Antworten und Anträge sind die von politischen Laien mit mehr oder weniger Erfahrung und Engagement in der Hochschulreform. Der zermürbenden, schlecht gesteuerten Diskussionen überdrüssig, beginnt man seine Hoffnungen auf die Einrichtungen von interdisziplinären Zentren für Hochschuldidaktik (IZHD) zu setzen, wieder – wie schon ihr Name ausdrückt – etwas höchst Komplexes, das zur bisherigen Komplexität *hinzu*kommt, ohne bestehende Elemente oder Beziehungen abzulösen.

Und wenn ein solches IZHD den hier entwickelten Vorstellungen vom Lehren und Lernen der Wissenschaft entspräche, dann sollte es (und dann sollten die konkurrierenden Einrichtungen der Universität) auch noch absichtsvoll eine politische und philosophische Problematisierung treiben? Dann soll der »Diskurs« mit seinen methodologischen Schwierigkeiten, mit seiner Bloßstellung der ungültigen (kontrafaktischen) Bedingungen, unter denen praktische Verständigung vor sich geht, mit der denkbar schwierigen »Unterscheidung zwischen einem ›wahren‹ und einem ›falschen‹ Konsens«[106], mit der direkten Konfrontation mit den nicht eingelösten Erwartungen an unser Handeln – dann soll ein solcher »Diskurs« in die ersten systematischen und zentralen Ordnungsversuche der Universität, in die neuen Formen des wissenschaftlichen Lernens eingebracht werden? Wozu sollte das gut sein? Wieso gehört das von vornherein zu den Wissenschaften dazu? Wie soll das helfen, die Einheit der Wissenschaften wiederherzustellen, und wie vor allem können Politik und Philosophie dabei in *einer* Prozedur vereint sein?

Hier soll sich der lange Anlauf über die gegenseitige Vermehrung von Erkenntniskomplexität und Lebens- oder Wirklichkeitskomplexität auszahlen. Er galt der Vorbereitung einer These, die in diesem letzten Abschnitt vertreten werden soll. Wie bei allen vielgliedrigen Sätzen müssen ihre Elemente gleichzeitig verstanden werden, obwohl sie nur nacheinander gesagt, als Denk-*schritte* vollzogen werden können:

– Vereinfachung ist nötig, wenn wir Herr unserer Mittel und Mittelsysteme bleiben oder werden wollen;
– Vereinfachung kommt nicht durch Leugnung der Komplexität und schon gar nicht durch Leugnung der Kontingenz (vgl. unten S. 173 ff.) unserer Welt;
– sie kommt auch nicht mehr durch die bisher entwickelten Systeme oder durch Systeme dieser Systeme;
– diese Systeme reduzieren in diesem Stadium der Komplexität die Verwirrung nicht, sie bringen sie mit hervor;
– Systeme sind darum nicht etwa entbehrlich, aber sie erfüllen ihre Aufgabe nur, wenn man sie begrenzt, wenn sie in untergeordneter Funktion dienen;
– die Begrenzung und Unterordnung geschieht dadurch, daß wir uns außerhalb der Systeme ihre Wirkungen einerseits und unseren Willen – der Wertungen, Handlungsziele, gegenseitigen Geltungsansprüche und ihrer Abhängigkeiten – andererseits bewußt machen: unsere Befindlichkeit bloßstellen.

Die Gültigkeit und Notwendigkeit dieser Denkschritte trifft schon auf meine Forderung oder These selbst zu: Wir werden die Vereinfachung nur bekommen, wenn wir sie *wollen.* Wir werden sie nur wollen, wenn wir die Gründe für unser Überfordertsein in der Komplexität (und nicht im bösen anderen oder in der noch nicht vollendeten Komplexität) *einsehen* – wenn wir uns die Zeit nehmen und die Pflicht auferlegen, kritisch, und das heißt offen und öffentlich darüber nachzudenken. Das ist die *Philosophie* dabei. In diesem Fall gilt die Reflexion der Funktion der Wissenschaft (und damit ihren Arbeitsweisen, Einzelzwecken, theoretischen und praktischen Voraussetzungen). Diese Reflexion kann nicht abseits unserer anderen Aufgaben und Abhaltungen vor sich gehen. Aber sie muß frei sein von ihrem Druck oder Einfluß.

158

Ihn muß man durch voraufgehende gegenseitige Sicherung dieses Anspruchs so klein zu halten versuchen wie möglich: ihn also muß man sich ganz deutlich machen. Den praktischen Folgen der Reflexion muß man ebenfalls durch voraufgehende gegenseitige Sicherung soviel Chancen zu verschaffen suchen wie möglich. Das ist die *Politik* dabei.

Die Problematisierung muß ebenso dem System der Wissenschaften als solchem gelten wie der einzelnen wissenschaftlichen Tätigkeit. Denn es sind gerade unsere Systeme und Systemansprüche, die uns ständig verführen, die auftretenden Schwierigkeiten oder Schäden immer zuerst als Einzelprobleme anzusehen und aus diesen dann eine bloße Koordinierungsaufgabe zu machen. Systeme dienen mit ihren jeweiligen Grundmechanismen – ihren binären Ja-Nein-Entscheidungen, ihren hierarchischen Oben-Unten-Ordnungen, ihren zeitlichen Ursache-Wirkung-Folgen, ihren utilitären Zweck-Mittel-Relationen, ihren Strukturmustern und Regelkreisen – zur Ermittlung des schadhaften Teils, der gestörten Phase, der unterbrochenen Verbindung. Sie konzentrieren alle Aufmerksamkeiten darauf. Sie »vereinfachen« im Sinn einer industriellen Mechanik. Sie erschweren dagegen die Kritik des größeren Ganzen. Wo die Systeme schließlich in einer umfassenden Systemtheorie zusammengefaßt sind, verhindern sie nicht nur diese Möglichkeit, sondern den Willen dazu.

Diese These scheint der Theorie von Niklas Luhmann[107] diametral entgegengesetzt zu sein, derzufolge in einer komplexen und kontingenten Welt die sozialen Systeme die Aufgabe haben, »Komplexität zu reduzieren« (passim, vgl. vor allem S. 11 und S. 26). *Komplexität* heißt hier: daß es stets mehr Möglichkeiten des Erlebens und Handelns gibt, als wir aktualisieren können (S. 32). *Kontingenz* heißt hier: daß die Möglichkeiten zu weiterem Erleben (oder Handeln), die nicht aktualisiert worden sind, wirklich nur Möglichkeiten sind, also auch anders ausfallen können als erwartet (S. 32). In anderen Worten, Komplexität nötigt uns zur Auswahl, Kontingenz macht Freiheit und Risiko unseres Lebens aus[108]. Der Horizont unseres Lebens ist unterschiedlich weit, aber immer offen.

Die Auswahl unserer Möglichkeiten ist uns teils vorgegeben (durch die natürliche Ausstattung des Menschen, durch seine individuelle Beschaffenheit oder seinen jeweiligen Zustand – Alter, Krankheit, Trunkenheit, Schlaf –, durch die Kultur, durch die einzelnen Situationen), und das heißt dann *Erleben;* oder sie muß erst aufgebracht werden – durch eine besondere, meist gesellschaftliche »Systemleistung« –, das heißt dann *Handeln.* Soll durch diese beiden Reduktions- oder Selektionsvorgänge die nichtaktualisierte Möglichkeit nicht negiert, verbraucht, »vernichtet« werden, wie es im Computerjargon heißt, sondern sollen sie zeitweilig ausgeklammert, neutralisiert und somit aufbewahrt werden, ist eine umfassendere Strategie notwendig – zur Identifizierung, Auswahl und Erhaltung von Möglichkeiten, zur Reduktion *und* Bewahrung der Vielfalt. Diese Strategie nennt Luhmann »Sinn« (S. 12). Sinn wird dadurch zu einem Schlüsselbegriff der Soziologie (S. 25 ff.) Sinnvermittlung wird die Aufgabe aller sozialen Systeme im weiteren Verstand, insbesondere aber des Systems Wissenschaft. Sinn als Auswahlstrategie wird denkbar auf Grund der Systemtheorie, die Umwelt und System einander gegenüberstellt und beide als gleich ursprünglich ansieht.

Ich habe gesagt, meine These von der gefährlichen Vermehrung der Lebenskomplexität durch die Perfektion der »Systeme«, von der Abundanz und Amorphie der Erkenntnisse und der Kritik- und Entscheidungsunfähigkeit, in die uns eine durchgehende apolitische und aphilosophische Systemtendenz gebracht habe, »scheine« der Theorie von Luhmann diametral entgegengesetzt. Ich bin mir dessen nicht sicher, weil dieser Schein sehr wohl die Folge sehr verschiedener Absichten sein kann. Luhmann ist Soziologe und Systemtheoretiker. Er verfolgt – bewandert in der Philosophie und bewaffnet mit einschlägigen Kenntnissen der Linguistik und Kybernetik, der Lerntheorie und Entscheidungstheorie – die Frage, was Gesellschaft sei, genauer, mit welchen Mitteln man sie am besten begreife. Sein Vorschlag lautet: dadurch, daß die Systemtheorie die soziale Kontingenz (= Offenheit) der Welt in Komplexität (= durch Systeme reduzierbare Vielfalt) umdefiniert (S. 11). Wenn die soziale Kontingenz nichts weiter ist als »ein Aspekt der unermeßlichen Weltkomplexität«, dann kann die Systemtheorie – eben die Theorie von den Systemen als Reduktion von Komplexität – auch die Gesellschaft erfassen, ohne in das Dilemma zu geraten: wie Gesellschaft zugleich umfassend, alles bestimmend *und* doch ein System unter anderen sein kann. Er kann sagen: »Gesellschaft ist . . . jenes Sozialsystem, das letzte grundlegende Reduktionen institutionalisiert.« (S. 16).

Luhmann ist – das zeigt schon seine hoch abstrakte Sprache, seine um Beispiele und Anwendung gänzlich unbekümmerte Darstellung – an einem theoretischen Problem, an der Leistungsfähigkeit einer Theorie interessiert. Die von mir angegriffenen Folgen von und Tatbestände zu dem, was seine Theorie sichtbar macht, sind nicht seine Sache. Er dürfte mir antworten: Es kann selbstverständlich auch eine Hypertrophie der Reduktionssysteme geben[109]. Und er antwortet Jürgen Habermas:

»All dies (was Habermas den Luhmannschen Thesen an Mißbrauch und Mißverständnis weissagt) mag Theorien mit oder ohne ›Kategorienfehlern‹ passieren, den guten eher als den schlechten und den umfassenderen Konzepten eher als den Theorien der mittleren Reichweite.« (S. 403)

Die Tugenden seines Modells werden denn auch dort – im Bereich der Theoriebildung und des theoretischen Vergleichs – unmittelbar evident.

– Sinn ist nicht mehr zutreffende Wiedergabe von Vorhandenem (S. 26); dies war das Prinzip des Positivismus; die Verwirklichung dieses Prinzips hatte die (in den voraufgehenden Teilen meiner Untersuchung geschilderte) ungegliederte Unendlichkeit der Welt hervorgebracht und zur notwendigen Selektionsstrategie nicht nur nichts beigetragen, sondern sie von der organisierten Erkenntnis ausgeschlossen. Positives Wissen hat mit »Sinn« nichts zu tun. Wer die heutige positive Wissenschaft zur Lebensorientierung benutzt, betrügt sich selbst. Davon abgesehen, daß man bezweifeln kann, daß positive Wissenschaft in reiner Form überhaupt funktionieren kann. Thomas Kuhn hält es für erwiesen, daß methodologische Richtlinien als solche keine zwingenden oder auch nur eindeutigen Schlußfolgerungen ermöglichen[110], und macht dies geradezu zum Ausgangspunkt seiner Untersuchung.

– Sinn ist auch nicht mehr zutreffende Kategorisierung der Erkenntnis, die uns also zu dieser oder jener Wahrnehmung nötigt, und auch nicht zutreffende Bestimmung des Menschen, die uns also zur moralisch besten oder für die Menschen insgesamt bekömmlichsten Erkenntnis anleitet.

– Sinn ist weder Begriff noch vorgegebene Welt, noch Telos, sondern ist funktional bestimmt: er bezeichnet das Verhältnis

161

von Umwelt (als Chaos von Möglichkeiten) und System (als Modell möglicher Realisation). Sinn ist ein bewußtgemachtes Komplexitätsgefälle von Welt und System, von welchen beiden keines ein Erstgeburtsrecht hat (S. 384). Sinn ist gekoppelt an die Möglichkeit des Menschen (und des Menschen allein!), nein zu sagen. Hierdurch wird die Offenheit des Lebens theoretisch gesichert. Zusammengefaßt: sinnhafte Erlebnisverarbeitung leistet

>*Reduktion und Erhaltung von Komplexität dadurch, daß sie das unmittelbar gegebene, evidente Erleben durchsetzt mit Verweisen auf andere Möglichkeiten und mit reflexiven und generalisierenden Negationspotentialen und es dadurch für riskante Selektivität ausrüstet.*< (S. 37)

Diese sehr abstrakten Formulierungen (das ganze Buch argumentiert auf dieser gedanklichen Ebene) will ich mit einem Beispiel eigener Machart ausfüllen. Es mag zugleich als Probe für mein Verständnis der Luhmannschen Theorie dienen.

Umwelt: Wir leben auf einem Planeten, auf dem eine bestimmte Schwerkraft wirkt, als Lebewesen, die ihren Ort verlassen können. Zu Fuß (mit Hilfe eines aufrechten Ganges, den wir auch erst haben lernen müssen) können wir in einer Stunde etwa 5 Kilometer zurücklegen; unsere Energie reicht aus, um an einem Tag etwa 6 bis 8 Stunden zu gehen, wenn wir nichts anderes tun. Nahrungsbeschaffung (mittelbar), klimatische Bedingungen, Bindungen an Personen, Wohnung, Besitz, Lebensgewohnheiten, Sprache, aber auch Angst, Orientierungsprobleme, das Fehlen von Bewegungsmotiven (also Faulheit und Abwesenheit von Neugier) schränken schon »natürlicherweise« die Mobilität des Menschen auf dem sehr großen Planeten ein. Fliegen können wir nicht, schwimmen und klettern nur schlecht. Gleichwohl sind die Möglichkeiten, sich auf dieser Erde umherzubewegen, praktisch unendlich, nämlich in einer Lebensspanne nicht ausschöpfbar.

Systeme: Über die natürlichen und zufälligen Einschränkungen hinaus, die unserer Beweglichkeit widerfahren, ohne daß sie dieser ausdrücklich gelten, gibt es solche, die die Möglichkeiten der Ortsveränderung direkt reduzieren, und zwar teils faktisch (»es ist eben so«), teils absichtlich (»es hat einen ›guten‹ Sinn«). Beides zusammen macht das Fortbewegungs- oder Reisesystem aus: das, was primär als Beschränkung der Bewegungsvielfalt erfahren wird. Es wird schon hieran deutlich, daß die Unterscheidung von Umwelt und System keine einfache Sache ist und jedenfalls nicht mit der zwischen Natur und Kultur identisch sein kann, zwischen »gegebener« und »gemachter« Welt. Vielmehr muß diese Unterscheidung stets auf die augenblickliche Erlebnissituation zurückgehen[111], in der sich beides gegenseitig erhellt:

– was ist komplex, d. h. allzu vielfältig, wenn es ganz erfahren und verwirklicht würde;
– was ist demgegenüber eine sinnvolle Auswahl.

Als »System« mit Reduktionswirkung kann etwas nur hinsichtlich einer bestimmten Komplexität gelten. Auch wenn die Sprache ein System ist, soll sie doch nicht Bewegungsmöglichkeit reduzieren. Aber insofern es verschiedene Sprachen gibt und man zur Bewegung auf dieser Erde auf die Hilfe der ansässigen Menschen und die Verständigung mit ihnen angewiesen ist, wirkt sich Sprache so aus.

Jedenfalls ist es konsequent, wenn Luhmann das Erleben und nicht das Handeln (mit seinen Zwecken) zum Ausgangspunkt dessen macht, was als sinnvolle Begrenzung gelten soll und damit als Definition des jeweiligen Systems[112], so widerspruchsvoll dies auf den ersten Blick erscheint. Es hat einen »Sinn«, wenn Mozart nach Prag reist und nicht nach New York, wenn er Wochen dazu braucht und nicht Stunden, wenn der Graf ihn mit seinen Pferden bis Wittingau fahren läßt, »wo Postpferde genommen werden sollten« – und dieser Sinn wird repräsentiert durch das Gefälle von Möglichkeiten zu Unmöglichkeiten und Realitäten, zu Wegen, Wäldern, Kutschen, Gasthäusern, großen Mengen Gepäcks, Kosten, Staatsgrenzen, Reisezwecken ... Das Gefälle sieht in unserer Zeit ganz anders aus, und zwar sicher gleichermaßen durch Beschränkungen, die nichts mit den Verkehrsmöglichkeiten als solchen zu tun haben (z. B. politische) wie durch deren Erweiterung. Das Aggregat von Reduktionen, das ein »Reisesystem« ausmacht, ist nicht durch die ausschließlich darauf zielenden Transport- und Kommunikationssysteme definiert.

Sinn: ist schon durch die Leistung der Systeme bestimmt worden. Sinn stellt sich in dem Unterschied zwischen unbeschränkter Umwelt einerseits und beschränktem oder beschränkendem System andererseits dadurch ein, daß die Auswahl nicht von jedem Individuum jedesmal neu geleistet werden muß. »Sinnvoll« ist es,

- daß nicht alle Menschen alle Fortbewegungsmöglichkeiten, -richtungen, -arten selbst erproben müssen (Entlastungsfunktion),
- daß nicht alle Menschen alle Möglichkeiten tatsächlich und zugleich wahrnehmen (Verteilungsfunktion),
- daß die Möglichkeiten bestimmten Zwecken zugeordnet werden können (Nutzungsfunktion),
- daß man sie identifizieren, bezeichnen, vergleichen – über sie sprechen kann (Orientierungs-, Kommunikations- und Kritikfunktion),
- daß man sich nicht mit den vorhandenen begnügen muß, sondern sie bewußt erweitern, verringern, verändern kann (Distanzierungs-, Innovations-, Offenhaltefunktion)[113].
- daß sich das Fortbewegungs- oder Reisesystem mit anderen Systemen verbinden läßt – mit Nachrichten-, Versand-, Lern-, Geldsystemen (ich muß nicht verreisen, wenn die Post mein Geschenk, das Telefon meine Stimme, ein Lehrer oder Buch oder Film die Information, die Bank einen Kredit übermitteln kann; aber ich kann umgekehrt verreisen, weil es einen Wekker, aneinander anschließende Transportsysteme gibt, Hotels, Wechselstuben, Reiseführer, Urlaubsregelungen in meinem Beruf und einen Geldüberschuß aus ihm) (Koordinierungsfunktion).

Gesellschaft: ist dann das System solcher Systeme – eine Reduktion der Kontingenz, die auch diese haben. Gesellschaft ist also ein »Mittel«, die Systeme übersichtlich zu halten und aufeinander abzustellen, und zugleich der umfassendere »Zweck« dieser Systeme – das, woraufhin sie ihre Reduktionsleistung vollbringen. Denn die Einsparung von Möglichem der einen Art ist sinnvoll zur Ermöglichung von Möglichem anderer Art, und nicht sinnvoll an sich. – Angesichts dieser Bestimmung ist es sofort verständlich, daß das Komplexitätsgefälle durch Reduktion nicht verschwinden darf, ja, daß unter Umständen Umweltkomplexität wiederhergestellt oder gesteigert werden muß. Wenn z. B. die Bewegungsmöglichkeiten der Telekommunikation und dem mechanischen Transport von Gegenständen vollkommen erliegen und Menschen verlernen, was eine persönliche Begegnung ist, könnte das Gesamtsystem schwere und schwer korrigierbare Störungen erleiden. Wir könnten, wenn die Bestimmung dessen, was Systeme sind, richtig ist und wenn sie eben deshalb falsch verwendet würden, durch Reduktion der Umweltkomplexität (durch Ausschaltung aller verunsichernden Alternativen) die sterile und perverse science fiction Realität herstellen, die uns jüngst ein Fernsehfilm eindrücklich vorgeführt hat[114]. Die Gesellschaft, so hatten wir bei Luhmann gelesen, ist »jenes Sozialsystem, das letzte, grundlegende Reduktionen *institutionalisiert*« (S. 16) – also nicht mehr nur der Sinnfindung oder Orientierung dient. Wir müssen ihr also noch etwas zurechnen und zumuten, was – in der vom Menschen machbaren Welt – verhindert, daß die Systeme die Umwelt ersetzen.

Mit dem letzten Gedanken hat mein Beispiel die Luhmannsche Theorie verlassen. Wir brauchen die Kontingenz und die Komplexität der Welt, um »handeln« zu können. Schon Aristoteles definiert »handeln« durch »Alternativen haben«; er definiert zugleich den Menschen durch Handeln[115]. Tiere handeln nicht, sofern sie nicht auf Grund von »Erwägungen« entscheiden.

Indem die Komplexität die Wählbarkeit der Möglichkeiten und indem die Kontingenz die Unbestimmbarkeit ihrer Verwirklichung einschließt, decken sie die Alltagserfahrung[116] und erfüllen zugleich ein moralisches Postulat: sie sind zweckhaft *und* empirisch. Indem also die Systemtheorie nicht einfach feststellt, was ist und was bei sehr genauer Beobachtung nicht anders sein kann, und indem sie nicht vorgibt, was sein soll und was bei genauer Betrachtung Willkür ist, indem sie vielmehr eine Balance zwischen zwei veränderbaren (unterschiedlich komplex zu machenden) Gegebenheiten funktionalisiert, entgeht sie dem historischen Streit zwischen Positivismus und Metaphysik und erweist sich als die reifere, umfassendere Theorie.

Aber ist sie auch die bekömmlichere? Wozu ist sie gut – zu welchem Handeln? Ist sie, ist Niklas Luhmann überhaupt an Handeln interessiert? Wozu will der Autor sie einsetzen? Was gewinnen wir (außer der Umgehung eines nicht einmal unfruchtbar zu nennenden Streites), wenn wir sie adoptieren, und was verlieren wir?

Es ist erstaunlich, wie wenig der Autor in den über 200 Seiten der Auseinandersetzung mit Jürgen Habermas darüber sagt und wie wenig dieser ihn dazu nötigt! Die Nöte und Gefährdungen der Gesellschaft, die Schwierigkeiten und Verwirrungen desjenigen Systems, das neben der Gesellschaft und der Sprache unser umfassendstes und bedeutendstes Reduktionssystem ist und dem mit einer Praxis-Theorie dringend und wirksam geholfen werden müßte, nämlich: der Wissenschaft, werden so gut wie nicht erwähnt, von ihren bedrohten Institutionen ganz zu schweigen. Freiheit, Demokratie, Wahrheit, Vernunft, Gerechtigkeit, Herrschaft, um die oder vor denen wir bangen und die sich nicht von allein erhalten oder auflösen, kommen nur gleichsam in Anführungszeichen vor, als die unsachlichen »Einschüchterungsvokabeln« (S. 335) der anderen Seite, als diskussionsimmanente »Moralisierungen« (S. 333) oder als »unbrauchbare Begriffe« (S. 401). Mag sein, daß sie das sind, aber die Sachverhalte, die Gefährdungen, die Widersprüche – was macht Luhmann mit ihnen? die Hoffnungen, die Forderungen, die notwendigen Fiktionen – was setzt er an ihre Stelle? Die Antwort steht in keinem einzelnen Satz, sondern in der Argumentation als ganzer: an ihre Stelle tritt eine Gesamttheorie der Gesellschaft, die die veränderten Stabilisierungsbedingungen aller Systeme (der Teilsysteme wie des sie umfassenden Systems) erkennbar macht: »Stabilität muß auf einem Niveau höherer Komplexität gesucht werden« (S. 22). Und das sieht so aus:

– »Komplexere Gesellschaften müssen in weitem Umfang konkrete durch abstrakte Prämissen der Erlebnisverarbeitung ersetzen...« (ich denke, das heißt: mehr Bildung von größerer Allgemeinheit)
– »Komplexere Gesellschaften müssen zwischen Person und Rolle schärfer trennen...« (ich denke, das heißt: mehr Auswechselbarkeit bei mehr Privatheit oder Freizeit)
– »Komplexere Gesellschaften müssen in ihren Teilsystemen hohe Beliebigkeit institutionalisieren...« (ich denke, das heißt: mehr Selbständigkeit und mehr Vertrauen bei mehr Veränderlichkeit und mehr Interdependenz)
– »Komplexere Gesellschaften sind auf funktionale Differenzierung angewiesen...« (ich denke, das heißt: auf mehr Spezialisierung bei mehr Koordination).

War, um dies zu erkennen, wirklich die Systemtheorie nötig – und was ist ihr Preis?

Jürgen Habermas hat gegen sie eine Reihe von Verdächtigungen geäußert und ihr einige »Kategoriefehler« nachzuweisen gesucht. Er hat gefragt, ob die Theorie von Luhmann

»nicht geeignet ist, in einem auf Entpolitisierung einer mobilisierten Bevölkerung angewiesenen politischen System die herrschafts-

legitimierenden Funktionen zu übernehmen, die bisher vom posi-
tivistischen Gemeinbewußtsein erfüllt worden sind« (S. 144);
er hat die Befürchtung geäußert, sie werde als Sozialtechnologie
wirken (so schon im Titel seiner Erwiderung) und stelle
»sozusagen die Hochform eines technokratischen Bewußtseins
dar, das heute praktische Fragen als technische von vornherein zu
definieren und damit öffentlicher und ungezwungener Diskussion
zu entziehen gestattet« (S. 145).
Aber diese harten Äußerungen bleiben die Ausnahme. In der
umständlichen und detaillierten Auseinandersetzung kommt der
Gegensatz zwischen beiden Kontrahenten nicht so scharf und
prinzipiell heraus, wie er im Grunde ist. Obwohl sich beide Mühe
geben, ihn zu bezeichnen, überwiegt doch bei beiden die Vorsicht, das Bemühen, den anderen noch besser zu verstehen, bevor
man ihn so angreift, wie einem zumute ist. Der Grund der ver-
bleibenden Unschärfe mag in der Kongruenz der Form (einer
hochabstrakten Theorie) bei völlig inkongruenter Denkabsicht
liegen. Beide machen und reflektieren eine Theorie der Gesellschaft,

– der eine als Mittel zur Hervorbringung einer »adäquaten Begrifflichkeit«: damit die (evolutionär erreichte) Komplexität
   der Welt durch eine entsprechende Komplexität des For-
   schungshandelns aufgenommen werden kann (S. 398),
– der andere als Instrument zur immer neuen Lösung aus der immer neuen Befangenheit in und gegenüber der Komplexität
   der Welt – zu aufgeklärtem, also gemeinsam geprüftem und
   gebilligtem wirklichem Handeln.

Den *Gegensatz,* um dessentwillen ich diese Auseinandersetzung
jedenfalls in mein eigentlich abgeschlossenes Konzept aufgenommen habe, sehe ich in einem unterschiedlichen Verhältnis
des Geistes zu sich selbst, genauer: in einem unterschiedlichen
Mißtrauen des Geistes in seine eigene Freiheit und Gewißheit.
Auf eine sehr verdichtete Formel gebracht geht es um die Alternative:

– sind Systematik und Totalität (»Gesamt«-theorie, Abschließ-
   barkeit, Widerspruchsfreiheit) der Ausweis dafür, daß die Tätigkeit des Geistes durch Irrtum und Zwang nicht eingeschränkt ist, oder
– sind sie gerade der letzte und triftigste Grund für den Geist,
   an seiner Freiheit von Irrtum und Zwang zu zweifeln, sich

selbst zu verdächtigen und sich immer neu von den Systemtäuschungen und -zwängen zu befreien, die er entweder gemacht oder für sich aushaltbar gemacht hat.

Der eine sieht immer wieder die Notwendigkeit einer weiteren Anpassung der Erkenntnis an ihr Objekt. Auch wenn dies jetzt mit großer sophistication geschieht und Erkenntnis und Objekt nicht mehr Ding und Begriff sind, sondern eine Relation, die Figur bleibt der alten Wahrheitsformel von der adaequatio intellectus et rei doch ähnlich: Nur wenn wir die richtige, nämlich umfassende und »adäquate« Theorie haben – eine Theorie von einer der Welt »entsprechenden Komplexität« (S. 398) –, werden wir in den Komplexitätsveränderungen bestehen können.

Der andere meint: die Vorstellung von der richtigen Vorstellung ist selber falsch. Systeme sind wohl nötig, aber nicht absolut. Auch das System der Systeme nicht. Das System muß durch das Nicht-System korrigiert werden, nicht durch verbesserte, adäquat und total gemachte Systemtechnologie. Der Geist bleibt eine Funktion des Lebens und die Wissenschaft ein Instrument des Geistes.

Ich will einige typische Elemente des Gegensatzes aus dem Disput zwischen Habermas und Luhmann herauslösen und einander direkt gegenüberstellen. Die Pfeile geben die Angriffsrichtung an; d. h. die Position sollte zuerst gelesen werden, auf die der Pfeil weist.

Luhmann	Habermas
Vermittlung von Sinn ist die Aufgabe von Systemen – z. B. der Wissenschaft. Sinn ist funktional (nicht moralisch, politisch, individuell) bestimmt: durch die Selektions- und Reduktionsleistung der Systeme im Verhältnis zur Komplexität der Welt.	Vermittlung von Sinn kann nur bedeuten, den gewollten und dauernd unterstellten Sinn zu verwirklichen oder als tatsächlich ungewollt und unmöglich zu verwerfen. Es geht um die Verwirklichung der Vernunft, der auch und vor allem die Wissenschaft dient.
Jede solche Leistung hat Sinn, gemessen an der Tatsache, daß man ohne sie gegenüber der Fülle und Unbestimmtheit der Möglichkeiten nicht bestehen könnte.	Das schon Gewollte oder naiv Unterstellte muß geprüft werden. Weil wir in allem, was wir tun, erkennen, wahrnehmen, empfinden und wollen, schon den Konditionierungen

Ausgangspunkt ist darum immer der »Bestand«. Das, was in der Umgangssprache der »richtige« Sinn heißt, wird durch die Vereinbarkeit der Systeme ersetzt.

Die Systemtheorie stellt deren Abweichungen, gegenseitige Verschiebungen, Kollisionen und Überlappungen fest: ihre Funktionsgerechtheit im Gesamtsystem. Freiheit, Herrschaft, Gerechtigkeit und dgl. sind selbst Funktionen dieser Vereinbarkeit und Koordination, nicht umgekehrt die Vereinbarkeit und Koordination Funktionen jener Werte.

durch die Geschichte und die Verhältnisse und ihre Handlungszwänge unterliegen, müssen »ideale Situationen« außerhalb jener Zwänge hergestellt werden: durch Diskurs unter vereinbarten Regeln.

Diskurs zielt auf Konsens zur Korrektur des sonstigen »kommunikativen Handelns«.

»Vernünftigkeit« (als begründeter ⇌ Konsens) kann keinen Maßstab für »Sinn« in (Erleben und Handeln) geben. Wahrheit oder Demokratie sind vorgängig moralisierte Begriffe und untauglich für eine Analyse der Komplexität und der Kontingenz, den zwei überwältigendsten Merkmalen unserer Wirklichkeit.

»Vernunft ist kein Kriterium und Herrschaftsfreiheit eine schlichte Selbstverständlichkeit des Denkens, die weder postuliert noch idealisiert werden muß« (S. 401). Die Systemtheorie hat sich von beidem emanzipiert, um sich dem größeren Dilemma zu stellen und es aushaltbar zu machen: »Mir wird zugemutet, die ganze Welt als kontingent zu begreifen. Alles könnte anders sein – und fast nichts kann ich ändern.«[117]

Die Perfektion der System-Systematik schiebt die eigentlich »politischen Probleme als ohnehin nicht wahrheitsfähige praktische Fragen« (S. 144) in die Sozialtechnologie ab. »Verantwortung« auch für Wahrheit, geschweige denn für Handeln, fehlt bei L. als Kategorie und ist nach seiner Theorie auch unmöglich.

Statt Demokratie einerseits und Dezisionismus andererseits bietet Luhmann eine Systemtheorie, die den »Sinn« (den die beiden anderen Verfahren suchen oder setzten) in den vorgegebenen Funktionen immer schon vorfindet.

Damit liefert er den Sinn an das Vorhandene aus, an seine notorischen Handlungszwänge, seine Unvernunft und Dinglichkeit. Um dem zu entgehen, muß der Mensch sich künstlich »herrschaftsfreie« Diskussionsmöglichkeiten schaffen, um von daher sein Lage zu begreifen.

Die Systemtheorie leistet jedoch gar nicht, was sie behauptet, nämlich Hilfe bei der Auswahl von Möglichkeiten und das »Abarbeiten von Weltkomplexität«, sondern nur Entlastung (der einzelnen) von überschüssiger Eigenkomplexität (nämlich *nur symbolisch erfaßter* Weltkomplexität; S. 159, Hervorhebung von mir): sie gibt also die Illusion von Entscheidung, während das System schon entschieden hat.

Die Voraussetzungen für Diskurs sind irreal. »Habermas optiert... gegen Herrschaft und für Konsens der Vernünftigen. Mir scheinen beide Antworten... unzureichend zu sein, weil beide auf nichtkontingente Geltungsgrundlagen rekurrieren müssen. Herrschaft braucht Legitimation... Vernünftiger Konsens begründet nur, wann man voraussetzen kann, daß er faktisch erreichbar ist (weil sonst nicht ausmachbar ist, worin er besteht) und daß der Konsens der Vernünftigen auch vernünftig ist. Alle diese Voraussetzungen scheinen mir unhaltbar zu sein.« (S. 380)

Die Diskussionssysteme selbst sind irreal. Erstens gibt es ihrer zu viele (sie diskutieren die Diskussionsteilnehmer, die an der einen Stelle zusammenarbeiten müssen, an der anderen auseinander): sie setzen zweitens eine hohe Umstellungsbereitschaft voraus. (S. 331)

Die ihnen zugeschriebene Wirkung ist irreal: die ausgeklammerte persönliche und soziale Vergangenheit wird durch die »Themengeschichte«, die »Herrschaft« durch

Diskurs ist ein Verfahren, um die Identität von Bedeutungen (Gesagtem und Verstandenem im vermittelnden Symbol) zu sichern, damit wir uns nicht selbst und gegenseitig durch Formeln (geredete oder gehandelte) betrügen. Ihm geht die »intersubjektive Anerkennung von Regeln« (S. 189) voraus. Er vollzieht sich durch rigorose Gegenseitigkeit der Erwartungen. (S. 190) Er erfüllt sich nicht im einmal erreichten Konsens. Er setzt sich vom bloß kommunikativen Handeln ab, um auf dieses zurückzuwirken. Er muß also z. B., nachdem der Konsens erreicht ist, fragen, ob er auch auf das Handeln wirkt, und wenn nein, warum nicht. Durch die Sprache ist er virtuell frei von der Handlungssituation. Die Herstellung einer idealen Sprechsituation ist mit der intersubjektiven Anerkennung der Regeln identisch. (Vgl. unten S. 177 f.)

Der durch Sprachlichkeit zwischen Menschen vermittelte Sinn ist ein anderer als eine von ihnen gemeinsam erfahrene Reduktion von Erleben und Handeln durch andere den Zwang, Neues beizutragen, ersetzt. (S. 330)

Die Sprachlichkeit von Sinn bedeutet eine Einengung und Gefahr[118]. Vor allem aber bedeutet sie einen Rückfall in vornominalistische Positionen (»einer diffusen Verschmelzung von Wort und Natur«, S. 339). Von der Sprache selbst ist keine »Produktion von« oder »Tendenz auf Wahrheit« zu erwarten. (Ebenda)

Diskussion hat kein Ende, sie hört nur irgendwann auf. (S. 337)

Systeme (was Luhmann »Sinn« nennt). Genau dies ist jedoch unser großes Problem: ob wir z. B. Demokratie nur gemeinsam *haben* oder auch gemeinsam *meinen,* ob wir ›Wahrheit‹ vermeiden, weil es ein leerer Begriff ist, oder der Identität von Bedeutung nahezukommen suchen unter der Maxime der Wahrheit.

»Kommunikative Kompetenz« ist also nötig und steht gegen einsame oder kollektive Erfahrung, erlitten im Licht von Systemtheorie.

Die Kontingenz wird erhalten, die Komplexität nicht bloß ausgeblendet, wenn wir unter Vorgabe der Vernunft die Vernünftigkeit herstellen: unter der Annahme, es ließe sich im Überzeugungsprozeß Offenheit und Konsens zugleich erreichen, und zwar nicht nur mit anderen, sondern mit uns selbst.

Diskurs muß darum immer sein, er muß fortdauern, er kann nicht enden.

»Wahrheit hat daher nicht mehr die Form einer vorhandenen Welt, in der man sich handelnd bewegt; in der man Erfahrungen macht, indem man sich entsprechend verhält und entsprechendes Verhalten mit entsprechenden Erfahrungen auch bei anderen unterstellt...« (S. 397), sondern bedeutet Übertragbarkeit von Wissen auf »Umwelt«, weil es als System eine entsprechende Komplexität hat.

Der Diskurs hat einen Bezug auf unser Verhalten. »Sinnvoll« ist: eine Lage schaffen, in der es möglich ist, sich seiner Wahrheit entsprechend zu verhalten.

Hier besteht die Gefahr, daß die Unsicherheit einer vereinfachenden Gesellschaftstheorie (die Systemdysfunktionen als »Herr-

Alle Erkenntnis geht unter politischen Bedingungen vor sich: geleitet von einem Interesse, in Erwartung von Entscheidung, unter dem

schaft«, Systemfunktionalisierungen als »Technokratie« ausgibt) zu einer »wissenschaftsimmanenten Politisierung« führt (S. 399), deren sich die Wissenschaft also selbst nicht mehr erwehren kann. (Mit der von außen kommenden kann man durch Politik selbst fertig werden.)

Eindruck von Macht, eingeschränkt durch Herrschaftsverhältnisse und Handlungszwänge. Das Äußerste, was erreicht werden kann, ist, daß dieser Tatbestand bewußt wird.

An dieser Stelle ist eine beiden Seiten dienende Erklärung von »Vernunft« nötig. Vernunft heißt: es gibt Zwecke, die man gemeinsam einsehen kann, Vernunft also ist nicht nur ein Vermögen des Menschen wie der ursächlich und diskursiv erkennende Verstand, sondern setzt eine bestimmte Qualität der Welt voraus: sie muß einen Sinn, einen zweckvollen Zusammenhang haben. Dieser kann zweierlei sein: eine »im Grunde« gleichbleibende Ordnung (also Kosmos) oder ein unumkehrbarer zielgerichteter Prozeß (also Geschichte)[119]. Systemtheorien, die ausdrücklich »funktional« sein wollen und auf die immer gleiche Figur einer Homöostase hinauslaufen, gehören weder zum einen noch zum anderen, auch wenn sie eine »Ordnung« haben. Aber für ihre Art von Ordnung bedarf es keiner Vernunft; es gibt hier keinen Zweck zu begreifen. Daß Luhmann mit Habermas' Beharren auf der »Vernünftigkeit« oder auf der »Verwirklichung der Vernunft« nichts anfangen kann, erklärt sich schon daraus. Gleichwohl besteht ein entscheidender Unterschied zwischen Luhmann und den Positivisten, die auch nichts mit der Vernunft anzufangen wissen, darin, daß Luhmanns Systemtheorie etwas über die Struktur der Welt *mit*aussagt: sie ist komplex, kontingent und in der Struktur der sich bildenden Reduktionssysteme (also in deren reduzierter Komplexität) adäquat wiederzuerkennen, d. h. sie ist auf Homöostase angewiesen und angelegt.

Der Leser wird an der Gegenüberstellung zweierlei erkannt haben: erstens wie prinzipiell der Gegensatz zwischen Habermas und Luhmann ist (und damit: zwischen Systemtheorie und Philosophie); zweitens wo überall die Angriffe und die Abwehr nicht wirklich aufeinander antworten. Das letztere liegt fraglos auch an der Zusammenstellung – aber nicht an ihr allein. Der Dialog der beiden ist auffällig unvollkommen geführt. Immerhin, es ist ein Dialog, der auf weite Strecken auch die Qualitäten eines Diskurses hat und damit indirekt der Position von Habermas zuschlägt: Es zeigt sich, wie nötig die Fragen nach dem Warum und Auf-Grund-Wovon und Wozu sind. Alle Theorien haben die Tendenz, sich zu schließen. Sie können, je umfassender sie sind, sich selbst um so weniger in Frage stellen. Platon hat begründet (im VII. Brief), warum er kein System seiner Philosophie geschrieben hat und sie in den »exoterischen« Dialogen besser aufgehoben glaubte als in den »esoterischen« Lehren. Und nicht nur die Absolutheit der Theorien muß man fürchten, wenn sie ohne Diskurs bleiben, sondern auch und vor allem ihre Unverständlichkeit. Ich bin im einzelnen nicht sicher, was und wieviel Luhmann und Habermas zur gegenseitigen Erklärung beigetragen haben; im ganzen scheint es mir jeweils mehr zu sein als zur eigenen!

Wie Luhmann[120] war ich davon ausgegangen, daß die Komplexität in unserer Welt zugenommen hat und daß dies eines unserer großen Probleme konstituiert. Ich habe dieses Phänomen an anderer Stelle als eine Folgenkette von Spezialisierung/Produktivität/Interdependenz/Abstraktheit und Indirektheit/Veränderlichkeit analysiert[121]. Anders als Luhmann sehe ich nicht, wie die von ihm als Systeme definierten Reduktions- und Stabilisierungsmechanismen dieser Komplexität Herr werden. Im Gegenteil: sie scheinen sie mir in einer Form zu erzeugen, die willentliche und verantwortete Reduktion oder Auswahl unmöglich macht. Sie haben ja auch *uns* verändert – eine Größe, die es bei Luhmann gar nicht gibt, uns, unsere Wahrnehmungsorgane, unsere Handlungszwecke, unsere Gemeinsamkeit, unsere Verantwortung und sogar unsere Identität. Und alles zusammen ist einerseits komplexer als die ursprüngliche Umwelt, die es reduzieren sollte, und hat andererseits eine Stabilität erzeugt, in der wir gelähmt zusehen müssen, wie in unserem eigenen Namen Widerwärtiges und Widersinniges geschieht: die Stabilität von kalten Kriegen, verwalteter Unmenschlichkeit, Preissubvention, Bedürfnisweckung, Freizeitindustrie, Dauerinflation, Dauerangst, Wiedervereinigungsheuchelei, Todesstreifen und so fort, um die abgebrauchtesten Schrecknahmen für das Absurde unserer Zivilisation nicht auch hier zu benutzen.

Gewiß ist die Umwelt prinzipiell komplexer als die Systeme, weil die Systeme in der Umwelt sind. Komplexität ist relativ zur Erlebnis- und Handlungsmöglichkeit des betroffenen Wesens: Gottes, des Menschen, einer Ameise. Dem Neandertaler war die

Welt komplex (und kontingent) und wird es für die Mars- und Zukunftsmenschen sein, sofern sie Wahrnehmungs- und Handlungsalternativen haben. Aber die Reduktions- und Stabilisierungssysteme haben ständig soviel mehr Umwelt dem Erleben und Handeln erschlossen und haben zugleich durch Synchronisierung eine so weite Gültigkeit erhalten (wie man an Post, Geld, Fernsehen, Recht, Bildung, Bürokratie, Sicherheit, Erziehung am leichtesten sehen kann), daß sie selbst eine neue Komplexität mit eigener Kontingenz darstellen: einer, der wir noch ohne »Selektionshilfen« gegenüberstehen oder – was die Regel ist – mit dem Gefühl von Ohnmacht und Verwirrung oder mit schlechtem Gewissen.

Umwelt und Systemwelt sind nicht mehr zu unterscheiden. Wir brauchen Systeme zur Reduktion von Systemen und schaffen sie auch. Die erlebte Umwelt schrumpft, die Systeme des Handelns nehmen zu. Aber weil sie nicht reduzieren, was sie zugleich erschließen, erstickt auch das Handeln und sogar die Hoffnung auf Handeln. Und das gebiert die Unterwerfung, die silent majority oder die Gewalt, die mutwillige oder neurotische Anarchie.

Ja, es zeigt sich, daß die Kategorien Umwelt und System, Reduktion und Erhaltung von Komplexität, Erleben und Handeln schlecht zu erfassen vermögen, was unser leidvolles Problem ist: die Unbekümmertheit der Systeme um unseren individuellen Willen und unsere gemeinsamen Werte. Wille kann sich in dieser Theorie nicht als solcher begreifen, Wert sich nicht beweisen, Handlung nicht als selbstbestimmtes Tun – eben als Handlung – artikulieren. Und damit wird auch die Funktion desjenigen Systems untergraben, das die intersubjektive Verständigung leisten sollte, die Vermittlung zwischen Subjekten, die es anzuerkennen und nicht auszulöschen galt. Ich meine die Wissenschaft. Ungewollt legitimiert und stabilisiert sie die gegebene Wirklichkeit. Sie tut es auch, wo sie die Notwendigkeit der Veränderung nachweist: »Eine wissenschaftliche Begründung der Notwendigkeit von Revolution vermag zur Stabilisierung von ›Herrschaft‹ beizutragen« – das weiß auch Niklas Luhmann (S. 403). Darum muß zur Erhaltung der Alternativen, zur ständigen Ermutigung des Willens und damit zum Schutz der Wahrheit (wie ich die ›notwendige Erkenntnis‹ hier nennen möchte) ein Nicht-System das System herausfordern; darum muß die Suspension der Allgültigkeit, Anonymität und Automatik von Theorien und Systemen erzwungen werden in der einzigen Form, die nicht Willkür und Chaos ist: im geregelten Dialog. Denjenigen Dialog, der die Subjekte als solche wiederherstellt (als Personen, denen eine Verständigung über die Bedeutung von Dingen, Sachverhalten, Ereignissen und Wörtern gelingt, die daraus eine freie Erkenntnis des Vernünftigen gewinnen und für die auf diese Weise ein verantwortetes Handeln möglich wird), diesen Dialog, der seine Regeln im Vollzug (durch die Gegenseitigkeit der Erwartung) prüft und bestätigt, hat Habermas Diskurs genannt und sein Verfahren wie folgt beschrieben:

»Ein Subjekt A kann einer Regel, wenn es ihr folgt, immer nur so folgen, daß es, unangesehen wechselnder kontingenter Umstände, derselben Regel folgt. Im Sinn der Regel ist impliziert, daß das, was A seiner Orientierung zugrunde legt, sich gleich bleibt. Dann muß aber mindestens ein weiteres Subjekt B überprüfen können, ob A im gegebenen Fall der prätendierten Regel auch wirklich folgt ... A muß in der Lage sein, von der Regel abzuweichen und systematische Fehler zu machen; zugleich muß B die Abweichungen als systematische Fehler erkennen und kritisieren können. Wenn diese beiden Bedingungen erfüllt sind, ist für beide Subjekte die Bedeutung, die in der Regel zum Ausdruck kommt, identisch – freilich nicht nur für diese beiden bestimmten Subjekte, sondern für alle sprach- und handlungsfähigen Subjekte, die die Rolle von A und B übernehmen könnten. Mithin begründet die intersubjektive Geltung der Regel, das also, was ihren normativen Status als Regel ausmacht, Bedeutungsidentität. Diese kann nicht privat gesichert werden; deshalb ist auch Sinn stets symbolisierter Sinn ...
Ohne diese Möglichkeit der gegenseitigen Kritik und einer zu Einverständnis führenden Belehrung, ohne die Möglichkeit einer Verständigung über die Regel, an der beide Subjekte, indem sie ihr folgen, ihr Verhalten orientieren, könnte von ›derselben‹ Regel gar nicht die Rede sein, ja es gäbe, vorausgesetzt, es träten keine weiteren Subjekte hinzu, überhaupt keine Regel. Denn eine Regel muß intersubjektiv gelten.« (S. 189 f.)

»Nur in der Theorie ist der Mensch frei« – das war die alte aristotelische Auslegung und Fortführung von Platons Philosophenfreiheit. Habermas' Befreiung durch den Diskurs ist etwas anderes. Sie ist auf Praxis gerichtet. Es ist wahrhaftig nicht die Schuld der Systemforschung, daß die Systeme (trotz ihrer Reduktionsaufgabe) insgesamt so komplex und ihre indirekten Wirkungen größer sind als die direkten, daß wir also Demoskopie an die Stelle von Wahl, Sozialisation an die Stelle von Moral, Medizin an die Stelle von Diät, Sportübungen an die Stelle von Bewegung, Versicherungen an die Stelle von gegenseitiger Hilfeleistung, Vorbeugungsmaßnahmen an die Stelle von Erfahrung und verantworteter Tat gesetzt haben. Würde in dieser Lage – nicht in Aristoteles' Welt, sondern in einer von »Systemen« gemachten – die Systemtheorie unser allgemeiner Bewußtseinszustand, wir würden vollends nicht wissen, was wir tun sollen, und würden uns dem überlassen, was von alleine geschieht: als Folge des Systems oder, im Fachjargon, »der Stabilisierung einer Innen/Außen-Differenz«. Die Systemtheorie ist nicht so anfechtbar durch das, was sie sagt, wie durch das, was sie unterschlägt: die Qualitäten, die Zwecke, die Entscheidungen des Menschen, die Wünsche, Entbehrungen, Ängste und Hoffnungen und ihren Ursprung in einer vom Menschen hergestellten Umwelt. Noch leben wir aus den Wertüberresten der Vergangenheit. Die Aufklärung, die wir durch Wissenschaft bekommen, etwa durch den Kinsey-Bericht, reduziert oder vermehrt unsere Verhaltensmöglichkeiten noch unter dem Gesichtspunkt eines überkommenen und mächtigen Normanspruchs. Ist der Normanspruch unter dieser Operation gestorben, erwächst daraus eine neue Komplexität und ein Bedürfnis nach einem neuen Orientierungswert. Er wird im Horizont der Möglichkeiten durch ein Gemisch aus ungestillten alten Erwartungen, neuen Einsichten, Bedürfnissen, Überzeugungen und veränderten Sachverhalten entstehen. Durch ein *Gemisch* – das ist wichtig. Würde nur diskutiert, es geschähe, was Schelsky schon jetzt beklagt[122]: daß »Sinn« (Informationen, Normen, Ideale, Forschungsergebnisse, Nachrichten usw.) ohne jede Kontrolle durch die Wirklichkeitserfahrung der Adressaten produziert und vermittelt wird. Würde nicht diskutiert, Veränderung fände automatisch oder gar nicht statt. Es ist falsch, moralische und politische Grundwerte zu Kampfmitteln zu »pervertieren«, Demokratie zu sagen, wo man die Macht der eigenen Gruppe meint, Transparenz zu sagen, wo man die Abschaffung von lästigen Mühen meint, etwas zu fordern, was man selbst zu gewähren nicht gesonnen ist. Aber woran soll man eine Institution messen, wenn nicht an dem, was sie selbst zu wollen vorgibt? Und wenn sie sich »mit Hilfe ihrer eigenen Wertüberzeugungen aus den Angeln heben läßt«[123] – war das dann nicht allemal fällig? Eigentlich sollte sie durch jeden solchen Versuch stärker werden. Um Gebrauch und Mißbrauch voneinander trennen zu lernen, müssen schon im Lernvorgang Diskurs, Wertdiskussion, die dialogische Problematisierung von Wissenschaft durch Politik und Philosophie vorkommen. Diskurs wäre dort selber eine Lernhandlung der Wissenschaftspropädeutik wie die voraufgehenden drei anderen: (1) das Aufsuchen von Kooperation und Kommunikation, (2) das Zurückgehen auf die Anschauung und das Verständlichmachen der Darstellung und (3) das absichtliche und systematische Durchbrechen der Schranken zwischen Theorie und Praxis, spezialisierter Materie und allgemeinen Prinzipien, Disziplin und Interdisziplinarität. Es wird nachträglich deutlich, daß er so etwas ist wie ihre Zusammenfassung – die Beunruhigung der Theorie durch die Erfahrung, der Erfahrung durch die Theorie und beider durch die dialogische Zumutung, sie in Sprache und Symbol zu verstehen. Er ist der Weg der platonischen Philosophen aus der Höhle hinauf an das Licht der Ideen und zurück in die Höhle der Irrtümer, Realitäten, Kompromisse.

Man darf sich das nicht zu leicht vorstellen. Gerade Lernvorgänge, die es mit simulierten, aufbewahrten oder vorweggenommenen Problemen zu tun haben, verfallen leicht den Schematisierungs- und Systematisierungszwängen, die, weil die Realität die Vielfalt der Möglichkeiten nicht reduziert, ihre eigene Komplexität erzeugen. Eine funktionale Systemtheorie scheint dies dann zu rechtfertigen. Das Bedürfnis, Schullernen durch »Kreativität«, Spontaneität, Sozialität, Realität, Individualität aufzubrechen, ist im Begriff, uns das Gegenteil vom Gewollten und Proklamierten zu bescheren: weil alle diese Elemente ja in ein Verhältnis zueinander und zu den alten Elementen und Bedingungen zu setzen sind, die oft weder überhaupt, noch schnell, noch immer mit gutem Recht wegdenkbar sind. Das sieht dann so aus (Die Wirkungen – also auch durchaus *ungewollten* Folgen – von Systemtheorien möchte ich an einem Beispiel aus meiner eigenen Arbeit veranschaulichen): Wer neue Schulen konstruiert, tut gut, nachdem er sich seiner Ziele gründlich versichert hat, sich die vielfältigen Bedingungen klarzumachen, unter denen sein Versuch verwirklicht wird: Innenverhältnisse, Außenverhältnisse, Ist-, Muß-, Soll-, Soll-Muß-Bedingungen und ihrer aller Beziehungen zueinander, die man am besten als ein System begreift und sich aufzeichnet. Es könnte etwa so aussehen wie das gegenüberstehende Schaubild, das in einer Problemfindungs-phase des Aufbaus der Bielefelder Laborschule benutzt worden ist[124]. In dieser Schule sollen Curricula (neue Lernsysteme) her-gestellt werden. Die Übersicht dient dazu, verschiedene Ebenen der Curriculumplanung voneinander abzuheben: Curriculum-rahmen von Rahmencurriculum, von Curriculumeinheiten, von Curriculumelementen. Ein Curriculumelement könnte eine Prü-fung oder ein Test am Ende eines Kurses sein. Systematische Zu-ordnung (etwa mit Hilfe eines Fragebogens) erlaubt nun,

– dieses Element in all seinen Möglichkeiten auf der eigenen Ebene zu prüfen: welche Tests in welcher Form, in welcher Absicht, in welcher Dichte, für welche Kinder, zu welchen Lernzielen welcher Kurse, in welcher Verbindung etc. etc. er-teilt werden können;

– sodann diese Möglichkeiten durch alle Ebenen hindurch »nach oben« zu verfolgen: bis zu den normativen, rechtlichen, perso-nellen, institutionellen und organisatorischen Bedingungen, den Abnehmern, den Berufen, den Wissenschaften oder »nach unten«: den Kindern und Eltern, »nach rechts und links«: der verfaßten Bildung oder den Sachzwängen;

– weiter, sie im Kreise herum durch alle Sach- oder Erfahrungs-bereiche durchzudeklinieren, die die Schule vermittelt;

– und uns schließlich auf die pädagogischen und politischen Ab-sichten hin zu befragen – in der Soll-Muß-Darf-Kann-Dimen-sion.

Der Fragebogen, den wir – zu heuristischen Zwecken – für die Ermittlung der hier zuletzt gesuchten Einstellung für ein einziges Curriculumelement »Abschlüsse« verwendet haben, enthielt rund 50 Fragen, die in fünf Rubriken einzeln zu beantworten wa-ren. Curriculumelemente aber gibt es hunderte!

Es läßt sich leicht ausrechnen, welche am Ende nicht zu bewälti-gende Fülle von Daten und Beziehungen dabei herauskommt. Weil die systematischen Systeme ein solches Erheben, Festhalten und Kombinieren erlauben und wenn man dann auch glaubt, Sy-steme seien selbst die wahren Regulative unserer Sinnzusam-menhänge (schließlich impliziert jedes Ja zur einen Möglichkeit ein Nein zu vielen anderen[125]) – endet man bei einer Komplexi-tät, die niemand mehr verarbeiten kann. Diese sieht geordnet, reduziert, systematisiert aus, die Möglichkeiten erscheinen »ab-rufbar« – aber im Grunde sind sie das alles gerade nicht, weil das

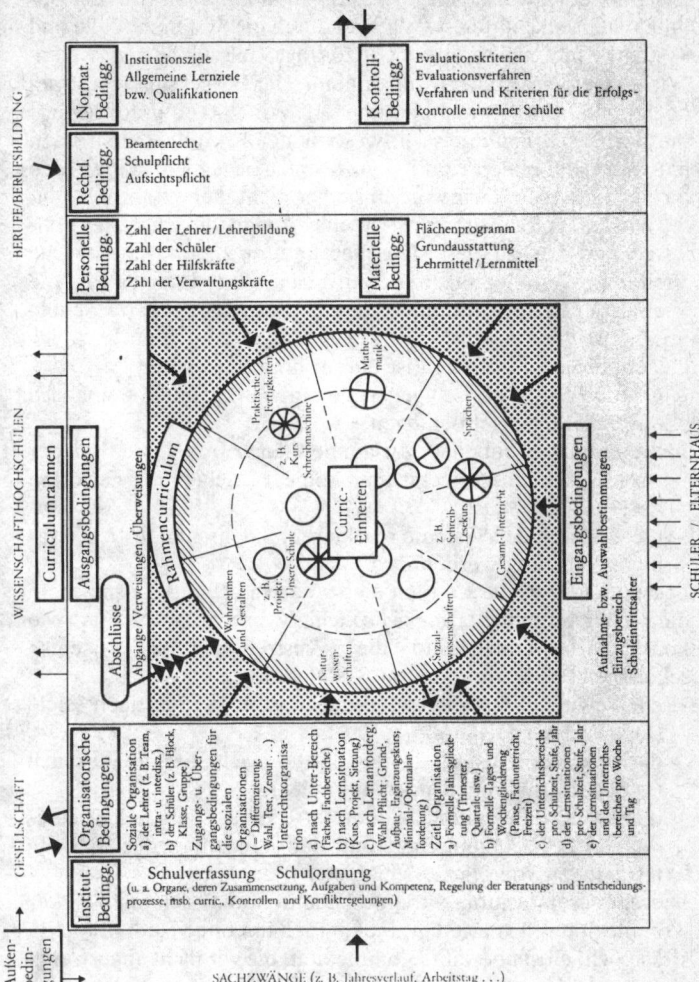

BERUFE/BERUFSBILDUNG

Normat. Bedingg.	Institutionsziele Allgemeine Lernziele bzw. Qualifikationen	Kontroll-Bedingg.	Evaluationskriterien Evaluationsverfahren Verfahren und Kriterien für die Erfolgs- kontrolle einzelner Schüler
Rechtl. Bedingg.	Beamtenrecht Schulpflicht Aufsichtspflicht		
Personelle Bedingg.	Zahl der Lehrer/Lehrerbildung Zahl der Schüler Zahl der Hilfskräfte Zahl der Verwaltungskräfte	Materielle Bedingg.	Flächenprogramm Grundausstattung Lehrmittel/Lernmittel

WISSENSCHAFT/HOCHSCHULEN

Curriculumrahmen

Ausgangsbedingungen

Rahmencurriculum

Mathematik

z. B. Kurs · Schreibmaschine

Praktische Fertigkeiten

Sprachen

Wahrnehmen und Gestalten

Curric.-Einheiten

z. B. Schreib-Lesekurs

Gesamt-Unterricht

z. B. Projekt Unsere Schule

Naturwissenschaften

Sozialwissenschaften

Abschlüsse

Abgänge/Verweisungen/Überweisungen

Eingangsbedingungen

Aufnahme- bzw. Auswahlbestimmungen Einzugsbereich Schuleintrittsalter

SCHÜLER / ELTERNHAUS

GESELLSCHAFT

Organisatorische Bedingungen	Soziale Organisation a) der Lehrer (z. B. Team, intra u. interdisz.) b) der Schüler (z. B. Block, Klasse, Gruppe) Zugangs- u. Über- gangsbedingungen für die sozialen Organisationen (= Differenzierung, Wahl, Test, Zensur …) Unterrichtsorganisa- tion a) nach Unter-Bereich (Fächer, Fachbereiche) b) nach Lernsituation (Kurs, Projekt, Sitzung) c) nach Lernanforderg. (Wahl/Pflicht: Grund-, Aufbau-, Ergänzungskurs; Minimal-/Optimalan- forderung) Zeitl. Organisation a) Formelle Jahresgliede- rung (Trimester, Quartale usw.) b) Formelle Tages- und Wochengliederung (Pause, Fachunterricht, Projekt …) c) der Unterrichtsbereiche pro Schulzeit, Stufe, Jahr d) der Lernsituationen pro Schulzeit, Stufe, Jahr e) der Unterrichts- bereiches pro Woche und Tag
Institut. Bedingg.	Schulverfassung Schulordnung (u. a. Organe, deren Zusammensetzung, Aufgaben und Kompetenz, Regelung der Beratungs- und Entscheidungs- prozesse, insb. curric., Kontrollen und Konfliktregelungen)

Außen- bedingungen

SACHZWÄNGE (z. B. Jahresverlauf, Arbeitstag …)

179

Ziel oder der Zweck, den wir verfolgen, inzwischen von den Bedingungen verschüttet ist. Wir sind durch die Systemmodelle und Systemverfahren verführt, mehr zu fragen, als wir wissen wollen. Wir müssen am Ende zuviel wollen (oder berücksichtigen), um noch irgend etwas wollen zu können. Wir sind zu präokkupiert mit der Bewältigung dessen, was wir der Kontingenz entrissen haben, um der realen Kontingenz noch zu begegnen. Wir werden ihr nicht erliegen – wir werden sie gar nicht mehr wahrnehmen: ein Kind, das plötzlich traurig ist, eine Stunde, die trotz aller Fehler gelingt, den Stil, den Menschen untereinander »finden«, die Vielfalt der Vorstellungen, Erfahrungen, Unordnungen, die die Vielfalt der Ereignisse und der Kinder jeden Tag mit in die Schule bringt ...

Gegenüber den Systemen ist darum dreierlei wichtig:

– unsere Ziele energisch gegen sie durchalten, die Systeme also nur als Hilfsmittel benutzen;
– die einmal erhobenen Zusammenhänge und Daten wieder vergessen können, wenn man seine Entscheidung getroffen hat;
– die Grenzen der Systeme markieren, indem man festlegt, was nicht festgelegt werden darf.

Diese *drei Elemente* könnten eine »Vereinfachung« ausmachen, die weder Simplifizierung ist (nicht wahrnehmen wollen, wie komplex die Dinge sind, die »Anstrengung des Systems« scheuen) noch Reduktion auf Systematik:

– die bewußte Bestimmung durch unsere vernünftigen Ziele (fortgesetzter Diskurs),
– die bewußte Abstoßung der Mittel nach ihrem Gebrauch (Wegwerfen von bedrucktem Papier),
– die bewußte Befreiung bestimmter Räume von den Entscheidungen der Gemeinschaft und den Vorgriffen der Planung (Aufstellen von Darf-Nicht-Listen).

Diese »Vereinfachung« könnte bedeuten, daß sich ein Teil der Komplexität selbst erledigt, indem man ihn ohne Reduktionssysteme sich selbst überläßt. Komplexität, die wir nicht angestrengt angehen und verarbeiten, *vermehrt* sich jedenfalls nicht. Dies soll keinen Rückfall in das »einfache Leben« einer vorwissenschaftlichen Welt bedeuten (wenn es so etwas je gegeben hat!). Es bedeutet nur, daß wir ausdrücklich Raum freihalten oder frei machen müssen für Nichtsystematisiertes und Nichtgeplantes. Das

Curriculumschema von Seite 179 ist nicht falsch oder verwerflich, im Gegenteil, wir brauchen es: um *in* ihm den Sektor einzuzeichnen[126] und bewußt zu machen, den wir von unserer Zeit und Kraft und Aufmerksamkeit nicht dem System und dem Plan geben wollen, sondern dem, »was kommt«. System und Planung sind Versuche, die Kontinuität und Verständlichkeit von Erkennen und Handeln gegen Zufälle und Zwänge zu schützen, und meinen also Freiheit. Aber System und Planung sind auch Festlegung auf die Einsichten, Ziele, Abhängigkeiten ihres Ursprungs und bedeuten damit Unfreiheit[127].

In dem oben wiedergegebenen Entwurf für den Unterricht am Oberstufen-Kolleg der Universität Bielefeld ist durch die Dreiteilung in (1) spezialisierte Disziplinen, (2) allgemeine Systematik der wissenschaftlichen Prinzipien, Methoden und Strukturen und (3) kooperative Anwendung von Wissenschaften im Projekt ein Moment der Inkongruenz und der Unplanbarkeit eingebaut. Um aus dem System der wissenschaftlichen Erkenntnis einen Systematisierungs*prozeß* – also das hypothetische Ordnen, Vergleichen, Verknüpfen – zu machen und aus Planung einen Planungs*prozeß* – also planendes und widerrufbares Handeln –, mag das genügen. Aber um diese Prozesse ihrerseits zu kritisieren und zu verbessern oder zu ersetzen, genügt es nicht. Dazu bedarf es der Konfrontation mit zwei anderen Bezugsgrößen, der Politik und der Philosophie: der nicht abschließbaren Verantwortung in einer historisch gewordenen Realität und der nicht abschließbaren Kritik des Geistes an sich selbst. Das Lernen der Wissenschaft als Hervorbringen von Lehrbarem enthält diese beiden insofern immer schon, als es die Menschen, die belehrt werden sollen, die Lagen und Bedürfnisse, auf die hin, und die Mittel, mit denen das geschieht, einbezieht. Dem Lernen von Wissenschaft (nicht einer Wissenschaft) scheinen darum die folgenden Möglichkeiten besonders zuträglich:

– die Lernsituationen und Lerninstitutionen sollten in einem hohen Maß demokratisch sein[128]; darunter verstehe ich den institutionalisierten Schutz des gegenseitigen Überzeugungs- und Lernprozesses, der den gemeinsamen Entscheidungen aller von einer Maßnahme Betroffenen voraufzugehen hat[129]. Die in jüngster Zeit eingebrachten Vorschläge, das Lernen von der Oberstufe an (der in der Tat die Hauptbürde der Wissenschaftspropädeutik zufällt) durch ein Kredit- bzw. Gutscheinsystem[130] oder durch einen Schulvertrag[131] zu regeln, könnten es selbständiger, offener, »verhandelbar« machen und dadurch dem Autoritätsgefälle entziehen; das könnte in dieser Hinsicht wirksamer sein als die verschiedenen Mitbestimmungsmodelle, mit denen man in den vergangenen 20 Jahren experimentiert hat. Die Notwendigkeit, Rede und Antwort zu stehen, ist jedenfalls größer, wo es auch den Ausweg in die Majorisierung des anderen nicht mehr gibt, sondern nur die Aussicht, ihn zu gewinnen oder zu verlieren;

– die Lernsituationen und Lehrinstitutionen sollten sich nah an die Praxis halten, nicht, damit man das, was man an oder in ihnen lernt, unmittelbar wieder umsetzen kann, sondern wegen der Widerstände, die die schmuddelige Wirklichkeit den geschlossenen Plänen und Systemen entgegensetzt; nur an diesem Widerstand können sie sowohl ihre Wirksamkeit zeigen als auch die notwendigen Veränderungen erfahren;

– zugleich muß Zeit für den oben geschilderten formalisierten Diskurs gesichert sein, der die Theorie von jener Praxis gründlich abhebt und das eine am anderen kritisiert;

– ebenso muß es ausreichend Zeit für nichtformalisierte Begegnungsmöglichkeiten geben; der Lehrende muß Gelegenheit haben, Nicht-Lehrer unter den Lernenden zu sein; ja, der Beruf des Lehrers der Wissenschaft muß mehr als andere Berufe Einblick in die Wirkungen von Erkenntnis auf das individuelle Leben gewähren – nicht um eines Vorbildes, sondern um der Schwierigkeiten willen, die sich dort zeigen. Das kann dem Lehrer nur gelingen, wenn ihm außer der Rolle des Organisators von Lernprozessen und des Informators zugetraut wird und zugemutet werden darf, Modell eines durch Erkenntnis bestimmten Handelns und Wirkens zu sein – und damit entweder Freund oder Gegner;

– wenn der formelle wie der informelle Dialog zur politischen und philosophischen Herausforderung nicht unter Personen stattfinden kann, weil man sie nicht findet, so sollte dem Lernenden doch hinreichend Gelegenheit gegeben werden zu erfahren, daß es Bücher gibt, die solche Personen ersetzen können. Die Theorie von Robert Maynard Hutchins, daß Bildung die Einführung in einen lebenslangen Verständigungsvorgang sei, in dem wichtige Ideen geklärt werden, zu denen die großen Bücher Anlaß und Unterlage geben[132], war richtiger als die

Praxis, die sie abzubilden behauptete (im alten Europa) und zu der sie an einigen Colleges in Amerika geführt hat (die gleichwohl noch immer dem, was allgemein Wissenschaftspropädeutik sein kann, am nächsten kommen[133].

Die Positivität der Wissenschaft ist eine wichtige Errungenschaft gewesen. Die dialektische Problematisierung ersetzt sie nicht, sondern bewahrt sie vor Sterilität und Dysfunktion, wie ich sie oben geschildert habe. Der Dialog gilt dem Warum und Wozu. Das Was muß anders nachgewiesen werden. Aber die Fragen Warum? und Wozu? werden herausbringen, ob man es verstanden hat, ob man ihm Wert und Geltung beimißt und ob unter den verschiedenen möglichen Perspektiven, die man zu ihm einnehmen kann, diejenige, unter dem es hier erscheint, für den Zweck X oder Y sinnvoll gewählt ist. Der Dialog hebt die Macht der bloßen Faktizität und Funktionalität auf.

Wenn die Wissenschaftler ihre Kunst nicht ständig und ausdrücklich auf gemeinsame Verantwortung und Anschauung, auf aufbrechenden Prozeß und Diskurs zurückführen – wenn sie nicht Magister der Entzauberung werden –, wird aus ihrem einseitigen, eindeutigen, abstrakten Tun von alleine Magie. Es wird daraus das Gegenteil von dem, was sie sein soll.

Ich bin davon ausgegangen, daß die Einheit der Wissenschaft ein praktisches Problem ist: es ist durch praktische Unzulänglichkeiten verursacht, und es muß um praktischer Bedürfnisse willen gelöst werden. Das Lernen der Wissenschaft hat an beidem teil: es kann ihre Einheit wiederherstellen helfen, wenn wir es danach einrichten, und es ist auf die Einheit der Wissenschaft angewiesen, wenn die Wahl der Studien und der daran hängenden Berufe, ja auch die Erfüllung der Pflichten eines kritischen Bürgers nicht Schein, sondern Wirklichkeit sein sollen: Dann muß es möglich sein, bis zum Einsetzen der Spezialisierung, des learning by doing in der Quartärstufe, den Standort zu wechseln, ohne dafür durch Zeit- und Energieverlust bestraft zu werden. Rousseau hat die »Schule« des nach seinen wirklichen Bedürfnissen lernenden Kindes und Jugendlichen ausgedacht. Wie sähe die Universität des Emile aus? Die Antworten darauf müssen so spekulativ sein wie die Frage selbst. Aber sie könnten uns anregen, unsere Reformen ausgreifender und vor allem tiefergreifend anzulegen. Die Tatsache, daß die Reproduktion der Wissenschaft länger dauert als eine Generation, war das beruhigende Gesetz der Vergangenheit. Man konnte lernen, ohne notwendig umlernen zu müssen. Heute geht die Reproduktion des Wissens schneller vor sich und auch die Anpassung der Wirklichkeit an das neu Gewußte. Selbst in der Zeit ist die Einheit der Wissenschaft gefährdet, nicht nur in der Ebene der spezialisierten Disziplinen und im Gefälle von den Zielen über die Theorien zur Anwendung. Eine Garantie, daß das Prinzip der Wissenschaft als einer dem Menschen notwendigen und ihn auszeichnenden Erkenntnisweise ihre inhaltlichen Wandlungen überlebt, haben wir nicht. Was wir tun können, ist, die nächste Generation früh erfahren lassen, was Wissenschaft als Prinzip in diesem Leben ist, wie sie zustande kommt, wie sie sich selbst erneuert, wie sie uns dient. Dies heißt nicht: der Pädagogik wieder alles zutrauen und zumuten. Wir müssen, im Gegenteil, viel falsche Pan-Pädagogik aus dem Weg räumen, damit offene Erfahrung wieder möglich wird, damit der instrumentelle Charakter, den Wissenschaft an sich hat und in der Wirklichkeit – vor allem in der Schule – so schnell verliert, sich wiederherstellt und damit die Hochschulen, die Wissenschaften selbst, eine systematische Verbindung zwischen beidem suchen können.

IV. Epidialog

Ich bin von der »verfaßten Wissenschaft« ausgegangen – ihrer Lage an den Universitäten und Hochschulen – und kehre am Ende dorthin zurück. Meine These war: die Krise der Hochschule sei eine Krise der Wissenschaft selbst und nicht in erster Linie die einer Institution. Die Frage, worin die Einheit der so verfaßten Wissenschaften heute bestehe, hatte ich aus Anlaß ihrer manifesten Dysfunktion gestellt: Zwar erfüllen die Wissenschaften auch jetzt die Aufgabe, nützliches Wissen zu vermehren, aber sie tun es zunehmend auf Kosten der gegenseitigen Verständigung und damit der Möglichkeit von Kritik, Auswahl und Verantwortung. Sie vermehren darum auch viel unnützes, nicht gemeinnütziges Wissen und geraten, weil Wissen heute allemal teuer ist, Macht bedeutet und aus den beschränkten gemeinsamen Ressourcen bestritten wird, in heftige, irrationale, politische Konflikte.

Hätten die Wissenschaftler einen gemeinsamen – und genauen – Begriff von *der* Wissenschaft, die Konflikte, die heute die Hochschulen zerreißen (nicht nur zwischen den sogenannten Interessengruppen: Studenten, Assistenten, Professoren, sondern mindestens ebenso zwischen den Fakultäten oder zwischen diesen und den zentralen Einrichtungen), wären durch jede »Verfassung« lösbar, die die Wissenschaftler nötigte, ihre Sache tatsächlich unter sich und nur unter sich auszuhandeln – unter gleichen Voraussetzungen für alle.

Die Möglichkeit, den prinzipiellen Konsens der Wissenschaftler über die Ziele und Funktionen der Wissenschaft in aktuellen Entscheidungen je wieder herzustellen, hatte die alte Ordinarienuniversität im Sinn. Sie definierte nur die »Wissenschaftler« anders als wir, denen neuere Erkenntnis nicht mehr erlaubt, die Grenzen zwischen Lernen und Forschen, zwischen Lehren und Mitteln, zwischen öffentlichen und privaten Bereichen anders als durch Konvention zu ziehen. Aus vielerlei Gründen »konvenieren« wir heute, z. B. den Studenten und alle Grade zwischen ihm und dem Professor zu den »Wissenschaftlern« zu rechnen. Die neuen Hochschulgesetze – in Hamburg und Hessen, in Niedersachsen und in Nordrhein-Westfalen, in Berlin und beim Bund – haben das gleiche im Sinn: innerwissenschaftliche Konflikte –

über alles, was »wissenschaftlich« zu sein behauptet: Forschung und Lehre, Prüfung und Selbstergänzung – auf den prinzipiellen, wenn schon vorübergehend verlorenen Konsens hin zu lösen. Sie setzen voraus, daß die Sache der Wissenschaftler die eine gemeinsame Wissenschaft sei. Sie können sich also weitgehend damit begnügen, die Mitbestimmung in den Selbstverwaltungsorganen den neuen Verhältnissen und Anschauungen entsprechend neu zu regeln.

Es kann aber sein, daß der Konsens über das, was Wissenschaft sei, in der Tat nicht besteht und dann auch in einzelnen Entscheidungen nicht angerufen werden kann. Die »Analyse«, die ich den »Anlässen« habe folgen lassen, hat gezeigt, in welchem Maße die überkommene Behauptung von der – metaphysischen oder formalen – Einheit der Wissenschaft die tiefere Uneinheit verdeckt und gefördert hat.

Es kann auch sein, daß man zwar einen Konsens hat, aber einen viel zu engen, der schon für »Wissenschaftspluralismus« ausgibt, was nur Schattierungen desselben Positivismus darstellt: Solange Marxismusforschung so vor sich geht wie Krebsforschung und Platonforschung, wie die Kunstgeschichte des 16. Jahrhunderts, gehören sie dazu. Aber wehe, es fängt einer dabei an, wie Marx oder Platon zu denken! Zugelassen sind alle, die gegeneinander keinen Anspruch auf Wahrheit erheben. Margherita von Brentano nennt das konsequent »Monopolpluralismus«[1].

Über keine oder über usurpierte Einheit ist kein solider Konsens zu erreichen, und damit schlägt heute die verfaßte Wissenschaft in einen politischen Machtkampf oder in wissenschaftliches Fellachentum, in abhängige, bürokratisierte, wohlabgeschottete Wissensproduktion um. Wissenschaftspluralismus wird dann zum Kampfwort oder zur Beschwichtigungsparole, je nachdem, wer es gebraucht. Die einen[2] meinen damit die Freiheiten des individuellen Wissenschaftlers (»sie umfaßt die Fragestellung, die Methode, das Forschungsergebnis sowie seine Bewertung und Verbreitung«[3]) im Rahmen von Wissenschaftlichkeit, die vorgegeben ist, als eindeutig definiert gilt und so etwas wie marxistische oder christliche oder anthroposophische Wissenschaft ausschließt. Andere[4] meinen mit Wissenschaftspluralismus, es müsse jeder Wissenschaft erlaubt sein, eine Theorie der Wirklichkeit im Ganzen – einschließlich dessen, was Wissenschaft sein könne – zu entwickeln. Wie in unserer »pluralistischen« Gesellschaft, in der wir also aus dem Zustand der Pluralität die Norm des Pluralismus gemacht haben, so droht auch in der Wissenschaft die zum allgemeinen Anspruch erhobene Vielfältigkeit, den Wert, die praktische Funktion der Gegensätze aufzuheben: sie in eine »wohlige Übereinstimmung der Indifferenz« zu überführen[5]. Wo Pluralismus nicht mehr weh tut, wo er keine Anfechtung, sondern nur den gefahrlosen Spielraum zwischen den Positionen bezeichnet, wo er auf den Dialog verzichtet und ihn durch Eintritts- oder Mitgliederkarten ersetzt – da verdient er seinen Namen nicht mehr.

Die institutionellen, philosophischen und geschichtlichen Grundlagen für die Einheit der Wissenschaft sind brüchig geworden. Die verschiedenen Versuche, die Risse zu kitten oder mit einem neuen Bodenbelag zu verdecken, habe ich in den »Antworten« gemustert. Diese Musterung kann zweierlei bewirken: *entweder* die Bereitschaft wecken, sich dem ganzen Problem noch einmal zu stellen und die Überzeugungsprozesse über Notwendigkeit und Möglichkeit einer »Einheit der Wissenschaft« an der eigenen oder an der plausibelsten Stelle wieder aufzunehmen; *oder* die Bemühung als hoffnungslos erweisen, zugleich aber wissen lassen, welchen Preis man sowohl für den Verlust wie für die fortgesetzte Selbsttäuschung zahlt.

Ich habe für das erstere plädiert und die größte Chance an der Stelle gesehen, die mir die Analyse der Wissenschaft selbst (als Hervorbringen von Lehrbarem), sodann die Analyse ihrer tatsächlichen politischen Funktion (als Koordinierungs- und Steuerungsinstrument der Gesellschaft) und schließlich die Analyse ihrer Wirkungsweise (als Abbildung des neuen Befundes auf die schon vorhandenen Erfahrungsstrukturen) anweist: im Bildungsvorgang der nächsten Generation. Sie soll schon im Lernen der Wissenschaft ein anderes Verhältnis zu dieser gewinnen, indem sie sie in erster Linie als Verständigungsprozeß über strittige und wichtige Fragen erfährt (also auch über das, was Strittigsein und Wichtigsein bedeutet) und nicht als eine spezifische, eigengesetzliche Kompetenz zur Ermittlung objektivierter Daten und Theorien.

Diese Erfahrung freilich müssen die heute Lehrenden den heute Lernenden ermöglichen. Wie ungeheuer schwer es ist, sich auch nur darüber zu verständigen, will ich in einem fiktiven Dialog veranschaulichen. In ihm sollen die zahllosen Einzelargumente in fünf Typen zusammengefaßt werden, gleichsam als mein Beitrag zur notwendigen »Vereinfachung« (vgl. S. 182 f.) notwendig komplexer Tatbestände. Der Dialog erlaubt es – im Gegensatz zur diskursiven Erörterung –, in sich einleuchtende Positionen zu konstruieren und zugleich die Schwächen der anderen anzugreifen, ihre Angriffe zu widerlegen. Er gibt freilich dem, der zuletzt spricht, die Möglichkeit, den anderen Kritik und Antwort zu erteilen, die diese ihm nicht zurückgeben können. Bücher müssen ein Ende haben – Dialoge gerade nicht. Der Leser wird also weiter rechten wollen und beginnt auf diese Weise selbst mit der Verwirklichung dessen, wofür diese Schrift eintritt.

Ein Konservativer:

Ein einziger Blick in die Wirklichkeit der Universität des Jahres 1972 – in den USA oder in Deutschland oder in der Türkei –, ein Blick in die nächste Tageszeitung, ein Blick sogar in dieses Buch zeigt, wohin die »progressive Reform« geführt hat: in totale Verwirrung. Die Forschung ist – in weiten Bereichen – zum Stillstand gekommen; die Lehre verlottert; die Umgangsformen sind verroht; die Prüfungen stehen unter Terror; politische Gesinnung ersetzt Kenntnis und Leistung; die Selbstverwaltung ist ein einziger Bürgerkrieg; die Rektoren versäumen ihre Schutz- und Aufsichtspflichten; die Kultusminister greifen nicht ein; sie backen lieber ein paar hundert neue Professoren als einem alten sein Recht werden zu lassen; sie dementieren das Chaos, und in der Tat, wo es nicht herrscht, herrscht die Bürokratie. Sogar die Reformen sind stehengeblieben! Nur die Diskussion geht weiter – und auch sie, die alles besser machen sollte, ist zu endlosen, nichtsnutzigen Ritualen entartet, die jedermann s. v. v. ankotzen und allenfalls noch denen dienen, die über den vielen Versäumnissen endgültig zu Fall zu kommen drohen: sie setzen mit vorbereiteten Papieren, Mehrheiten, Störungen gerade noch rechtzeitig eine Erleichterung für sich durch – auf Kosten von anderen und des Ganzen.

»Krise der Wissenschaft«, »Verlust ihrer Einheit«, »Dysfunktion der Hochschule?« – Lauter Euphemismen! Die Wahrheit ist, daß die Universität kaputt ist – und sie weiß es auch, sagt es aber nicht. Wenn man die Probleme, die dieses Buch formuliert, überhaupt ernstnehmen will, dann gibt es für sie nur eine Lösung: die Wiederherstellung von Ordnung und Verantwortung in einer Hierarchie von Kompetenzen, die allen dient. Man muß das größte aller Mißverständnisse ausräumen: die Demokratisierung der Universität. Man muß die schleichende Knochenerweichung aufhalten: die Pädagogisierung der Wissenschaft. Man muß wieder Maßstäbe für akademische Leistung setzen – und das dürfen nur die, die selber schon geleistet haben. Es geht nicht darum, daß nichts geändert wird, sondern darum, daß nicht willkürlich geändert wird. Selbsterneuerung ist schließlich ein der Wissenschaft inhärentes Prinzip. In dieser Hinsicht ist sie autark und autonom. Nicht zuständig sind die politische Verwaltung und die Abnehmer, die Klientel, die Lernenden. Ihrer aller Anspruch auf Mitsprache rührt daher, daß man die Universitäten zu großen Dienstleistungsinstituten gemacht hat, die den »gesellschaftlichen Bedarf« erfüllen sollen. Wenn es *darum* geht, hat freilich jeder mitzureden. Aber dieser Auftrag widerspricht dem Wesen und der Funktion der Universität, die darin bestehen: unabhängige Erkenntnis zu erbringen. Und das kann sie nur in Distanz zu jenen Bedürfnissen. Wer von der Lehre und Forschung der Universität »permanenten Praxisbezug«[6] verlangt, meint ihre Zerstörung (um der Revolution willen), oder er weiß nicht, wovon er redet. Die Universität dient der Gesellschaft in erster Linie durch Kritik und durch die Sicherung der geistigen Bedingungen dieser Kritik, nicht durch die Produktion von Ärzten und Lehrern, Juristen und Ingenieuren.

Die »Einheit« der Wissenschaften wäre kein Problem, wenn man ihren Einrichtungen die Doppelfunktion abnähme, wenn man den service anderen Einrichtungen auftrüge. Die Einheit von Forschung und Lehre ist möglich, nicht die von Forschung und Ausbildung; die Kommunikation zwischen Physikern, Philosophen, Philologen, Historikern, Mathematikern u. a. ist möglich, nicht die zwischen überlasteten Lehrstuhlinhabern; die Verantwortung in heterogenen Fakultäten ist möglich, nicht aber in paritätisch besetzten Kampfgruppenversammlungen, in denen die Mehrheit die Wissenschaft nicht beherrscht und auch nicht im Sinn hat. Die Vermischung der zwei Anstalten, die man Universität und Berufshochschule nennen könnte, die Vermischung von Forscherrepublik und gesellschaftlichem Dienstleistungsbetrieb, hat eine Fülle von anderen Korruptionen nach sich gezogen:

- den Einfluß großer, externer Forschungsgelder auf die Freiheit und Gleichheit im Rahmen der korporierten Selbstkontrolle;
- die mit den Forschungsaufträgen verbundene Verfügung über abhängige Stellen, also persönliche Macht;
- den Ausbau von inneruniversitären Imperien, die allein Forschung und Prestige zu sichern scheinen;
- die großen und ungleichen Studentenmassen;
- die völlig absurde Konkurrenz von Forschungserfolg und Lehrerfolg;
- die Nötigung zum Publizieren, die den einen,
- die Verführung zu Willfährigkeit gegenüber den Studenten, die den anderen heimsucht;
- das immer extensivere und folgenreichere Prüfungswesen, für das man – im Grund weiß das der Wissenschaftler doch! – keine allgemeinen Maßstäbe hat;
- die Entartung der Hochschule zu einer Bewahranstalt, zu einer Diplom- und Berechtigungsfabrik, zu einer Einrichtung, die ihrer besseren Einsicht zum Trotz das Absitzen von kredit-fähigen Einheiten honoriert;
- die unwürdigen »therapeutischen« Rücksichten: man muß statt Wissenschaft zu lehren die Studenten »motivieren«, ihnen die Angst nehmen, ihnen Neurosen und »Identitätskrisen ersparen«; man muß die Gegenstände »relevant« machen; man muß sich »gruppendynamisch« verhalten und so fort.

Man hat Angst, weil man ein schlechtes Gewissen hat. Man hat ein schlechtes Gewissen, weil man etwas betreibt, was einem nicht zusteht. Und man verhüllt beides mit Grundsätzen und Fortschrittsthesen. In Wirklichkeit vernachlässigt man einfach seine Pflicht. Weder schafft man die nötige Ordnung, noch läßt man andere sie schaffen, z. B. den Staat. Man bittet den Gesetzgeber geradezu, die permanente Konfusion durch entsprechende Hochschulgesetze zu legitimieren.

Die Behauptung, *die Wissenschaft selber* habe keine Einheit mehr, ist falsch: die Einheit der *Wissenschaftler* ist durch ihre monströse Überforderung gesprengt. Die integrierte Gesamthochschule, die die Universitäten endgültig zur Nachwuchsindustrie macht, wird das Chaos vollenden. Eine einheitstiftende Philosophie kann es *dafür* nicht geben, sondern nur noch einen input-output-Schlüssel. Wenn die Philosophie ihrerseits die Verbindung mit der so betriebenen Wissenschaft nicht mehr sucht[7], wenn man statt ihrer Computer und Datenbanken einsetzt, wenn forschungsbewußte Wissenschaften abwandern – dann ist das alles ganz konsequent. Die Einheit gelingt nur in der Reinheit. Die stelle man wieder her!

Ein zweiter Konservativer:

Was mein Herr Vorredner gesagt hat, war eindrucksvoll durch seinen Mut und seine Integrität. Aber keiner Position kann es mehr schaden, wenn man so redet, als der konservativen, die er selber vertritt. Die Alte Universität, die er meint, hat es nie gegeben, und so kann man sie auch nicht wiederherstellen, am wenigsten dadurch, daß man der neuen alles das einfach amputiert, was im Laufe der Zeit mühsam, widersprüchlich, zu groß und in den letzten Jahren oft schier unerträglich geworden ist. Man kann die Universität nicht in den Elfenbeinturm zurückführen. Man muß vielmehr hinnehmen, daß es zu ihrer »zeitlosen Natur«[8] gehört, auch ein Versorgungsunternehmen für die Gesellschaft zu sein: für Berufsausbildung, Krankenpflege, Sachermittlung und Selbstauslegung. »Forschung« ist ihrerseits eine Dienstleistung, die sich die Gesellschaft entsprechend viel kosten läßt. Forschung gehört sich jedenfalls nicht selbst! Die Geschichte der Universitäten zeigt dies deutlich[9]: sie waren spontane Konsolidierungen zur Wahrnehmung handfester Berufsinteressen – lange Zeit, ehe sie Bildungseinrichtungen wurden – und sie sind es auch daneben stets geblieben[10]. Forschungsaufträge müssen sein; die großbetriebliche Organisation der modernen Wissenschaften ist sachnotwendig; man kann nicht den geisteswissenschaftlichen Professoren des vorigen Jahrhunderts – einen Mann, der dafür bezahlt wurde, daß er seinem gelehrten Hobby nachging – zum Muster für »reine Wissenschaftlichkeit« nehmen: drei Viertel der heutigen naturwissenschaftlichen, technischen, gesellschaftswissenschaftlichen und damit lebenserhaltenden Forschung wäre so nicht zu leisten!
Wichtig ist vor allem eins: die Universitäten in einen Stand zu versetzen, der es ihnen erlaubt, beide Aufgaben zu erfüllen. Voraussetzung dazu ist,
– daß man die Kapazitäten der Hochschulen neu berechnet, die zu erwartenden Studentenzahlen, den Nachwuchs-, For-

schungs- und service-Bedarf der Gesellschaft und die dafür notwendigen Kosten,

- daß man einen realistischen Ausbauplan macht und sich dafür Prioritäten setzt und genügend Zeit nimmt,
- daß man nicht versucht, alles auf einmal zu erreichen, und d. h., daß man Strukturanalysen, Flexibilitätsanalysen und Reform- analysen miteinander verbindet und so zu relativ stabilen Ver- änderungsmodellen kommt[11],
- daß man die Universitäten mit eigenen prognostischen Mitteln ausstattet, so daß sie sich dadurch auf Krisen vorbereiten kön- nen und nicht in unvorhergesehene Katastrophen rennen,
- daß man ihnen einen breiten Mittelbau gibt und damit die For- schungsspitze entlastet.

Man kann außerdem sowohl das Studium in sich schichten – in Grund-, Haupt- und Aufbaustudium[12] – als auch die Universität mit einem »Kranz von Fachhochschulen« umgeben[13] und durch beide Mittel die Überwältigung der Universität durch Ausbil- dungsaufgaben verhindern.

Dies alles setzt freilich seinerseits voraus, daß die Universität mit den nötigen Ordnungsinstrumenten ausgestattet wird, die ihr die Regelung so großer Massen zu so heterogenen Aufgaben ermög- lichen: ein starkes Disziplinarrecht, die Prüfungs-, Selbstergän- zungs-, Haushaltsautonomie, und das heißt die Beseitigung der Mitbestimmungsregelung[14]. Solange es sie gibt, *darf* der Staat als der Hüter des Gemeinwohles jene Rechte gar nicht aus der Hand geben. Man wird sehen, wie schnell wieder eine Einheit der Wis- senschaften da ist, wenn die Universität nicht dauernd gezwungen ist, Ansprüche von Interessengruppen auszugleichen oder zu be- folgen, und nicht Wissenschaft sagen muß, wenn service oder Po- litik gemeint sind.

Ein Reformer:

Man hat mich – in freundlichster Absicht – als »Reformer« vor- gestellt. Diese Bezeichnung wird mich und meinesgleichen nur freuen können, wenn man uns an unseren Absichten mißt, nicht an unseren bisherigen Ergebnissen. Wie weit sind wir von wirkli- cher Reform noch entfernt! – und das vor allem, weil man – nach »20 Jahren der Nicht-Reform« – schon jede Veränderung von

Namen, Zahlen und Gliederungen für eine »Reform« hält. So sind denn meine Herren Vorredner im Irrtum, wenn sie »*die* progressive Reform« für Zustände und Ereignisse verantwortlich machen, die in der Tat jeden rationalen Menschen verdrießen müssen, die doch aber alle vorher schon da waren! Als die Studenten endlich die Mißstände anprangerten – und mit ihren Forderungen nicht gleich wieder nachließen –, da waren dann auf einmal sie und ihre Sekundanten die trouble-maker: man verwechselte den Feuermelder mit dem Brandstifter.

Es ist mit der Hochschulreform so wie mit dem deutsch-polnischen Vertrag: sie zerstören beide nichts, was nicht schon zerstört war – sie geben beide die Chance eines neuen Anfangs.

Die Reformer haben zunächst die *Ursachen* für die Krise bezeichnet und verschiedene Modelle für die notwendige Veränderung entworfen. Bei der Fülle der angestauten Probleme und Ärgernisse haben alle die zugegriffen, die entweder eine Wiederherstellung oder eine Revolution wollten. Und so hat man zu schnell zu vielerlei zu äußerlich umorganisiert, ohne zugleich die Inhalte zu ändern, die Mentalitätssperren auszuräumen, Konsens über die Ziele zu finden und Prothesen für den Übergang.

Das Hauptübel der Alten Universität war ihre Selbstgefälligkeit (»Die deutsche Universität ist in ihrem Kern gesund«[15]) und die dadurch beförderte Verkrustung. Will man nur die Kruste zerschlagen und nicht auch das, was sie umhüllt, muß man sehr vorsichtig sein. Und Vorsicht ist nicht die Tugend der ersten Stunde! Es geht darum, eine Wissenschaftsorganisation zu entwickeln, die (1) der Wissenschaft erlaubt, über ihre eigenen Bedingungen – auch die ihrer Veränderung! – zu verfügen (weil sie sonst ihre Unabhängigkeit verliert); und die (2) sie zu dem befähigt, was sie in einer durchgängig vom Menschen gemachten Welt leisten muß: zu einer durchgängigen Erkenntnis- und Verständigungsmöglichkeit (weil sie sonst ihre Nützlichkeit verliert).

Und was stand und steht dem alles im Wege:

– Der Anspruch eines Standes, *allein* über den Begriff und damit über die gesamte Apparatur der Wissenschaft zu verfügen; obwohl – das war auch schon vor 20 Jahren so! – die Hauptbürde in Forschung, Lehre und Verwaltung von den Assistenten getragen wird;

– die damit verbundene hartnäckige Abschließung der Beschlußgremien und die völlig irrationale Geheimhaltung von Informationen, auch wo sie administrativer und politischer Art waren und somit andere Personengruppen mitbetrafen;

- die Bildung von Statusgruppen, die mit der Privilegierung und Selbstisolierung der Professoren begonnen hatte;
- 'die Verquickung von Fachkompetenz mit »politischem Mandat«; Rektor, Senat, Fakultäten – reine Professorengremien – konnten stets und in allem für die ganze Universität sprechen, obwohl es eine Legitimierung durch Wissenschaft dafür nicht gab und nicht gibt; Studenten wird dieses Mandat kategorisch abgesprochen;
- die Obsoletheit der Selbstverwaltungsmethoden; die Universität war und ist zur Erhebung von Daten über ihre eigenen Arbeitsbedingungen nicht ausgestattet; ihre Maßnahmen sind folglich – ihrem eigenen Auftrag zum Trotz – nur reaktiv; Wissenschaft wird verwaltet wie eine Familienspeisekammer oder wie ein größeres Zollamt;
- die Unverständlichkeit, Unlernbarkeit, Unverfügbarkeit der Wissenschaften; auf alles, so hat man oft gesagt, wendet die Universität Wissenschaft und Kritik an, nur nicht auf sich selbst – ihre Forschung- und Lehrprozesse; so haben z. B. 1962 die Medizinischen Fakultäten in der BRD eine Drosselung der »Produktion« von Ärzten beschlossen; heute – zehn Jahre danach – hat man noch nicht wieder den Stand von damals erreicht, obwohl man seitdem das Ausbildungspersonal um 180% vermehrt hat und obwohl das Hauptmerkmal der deutschen Ärzteschaft ihre Überlastung ist; wenn dies nicht böse Absicht ist, dann ist es Ineffizienz – ein Objekt für Reform;
- die Willkür des Lehrangebotes; die Studienpläne müssen überprüft oder überhaupt erst aufgestellt werden; Prüfungsverfahren, Leistungsmessung, Eignungstests, Beratungssysteme fehlen oder stammen aus dem Mittelalter; die Gegenstände (häufig sind es in der Tat nur »Stoffe«) sind nicht strukturiert, ihre Übertragungsmöglichkeiten nicht erprobt, die Ziele, unter denen sie behandelt werden sollen, nicht formuliert; Medien, die entlasten, rationalisieren und individualisieren könnten, werden nicht angeschafft, oder nicht eingesetzt, oder gar nicht bedacht; kurz: man braucht eine auf Wissenschaftsdidaktik gegründete Hochschuldidaktik;
- die Ferne zur »Wirklichkeit« – in erster Linie zur Schule, die

ihr vorarbeitet und sie mitbestimmt, und zur Gesellschaft, die die Wissenschaft trägt und braucht, um erträglich zu bleiben. Mein Herr Vorredner hat dies auch gerügt, aber er hat nur von Quantitäten gesprochen, auf die die Universität sich einzustellen lernen müsse. Das verschleiert nur das Problem. In einer dauerhaften Reform wird es vor allem auch um die Qualität dieser Anforderung gehen. Die Universität hat sich beispielsweise ein ganzes Jahrzehnt geweigert, Lehrer für die politische Erziehung auszubilden; wie man das macht, ergibt sich aus den pädagogischen Prämissen und aus dem eigentümlichen »Gegenstand« Politik. Die Universität wies diese Zumutung zurück, weil es eine solche Fakultas ihrem Wissenschaftsverständnis zufolge nicht gab; sie verhielt sich idealistisch. Umgekehrt bildet sie seit fast tausend Jahren Juristen aus – einen Berufsstand; sie verhält sich pragmatisch. Und gleichwohl bekommt auch er nicht, was er braucht: ein Jurist, der nur das Recht kennt und nicht die soziale Wirklichkeit, in der es angewendet wird, ist nur sehr bedingt berufstüchtig; die Universität verhält sich traditionell.

So könnte man lange fortfahren. Die Hochschuldidaktik, die Interdisziplinarität, die Wissenschaftspropädeutik und die mit ihnen konvergierende Curriculumforschung – sie sind die eigentliche Reform der Universität als Ausbildungseinrichtung. Sie gibt es bisher fast nur im Konzept. Um sie möglich zu machen, werden sich auch Forschung und Selbstverwaltung ändern müssen. Und die Ergebnisse des Ganzen werden noch einmal Rückwirkungen haben, versachlichende, vermenschlichende, beruhigende. Nicht die Reform, sondern das Verharren, Zaudern, Wiederherstellen schafft das Chaos!

Man hält uns entgegen, das bedeute die *Pädagogisierung*, die »Verschulung« der Wissenschaft. Nein, wenn die Wissenschaft nicht das in ihr liegende didaktische Prinzip erkennt und verwirklicht, wird sie an der eigenen unbewältigten Produktion ersticken. Wissenschaft muß verstanden, nicht nur richtig vollzogen werden, sonst ist sie nicht Wissenschaft.

Man hält uns entgegen, dies genau entspreche der *alten Studienanordnung:* erst die Grundlagen lernen, dann an der Forschung »studieren«, dann Berufserfahrung machen und, wenn es der Beruf erfordert, sich am Ende die nötige »Didaktik« oder Pädagogik anzueignen: die Kunst der Vermittlung und ihre Theorie.

Aber so sieht die Wirklichkeit dazu aus – z. B. für den künftigen Gymnasiallehrer:

– aus der Reihenfolge »*erst* lernen (= Gesichertes aufnehmen), *dann* studieren (= forschend und kritisch aufnehmen)« erwächst tatsächlich die Einstellung: »*immer* nur tüchtig lernen«, weil im ersten das zweite systematisch abdressiert worden ist;

– durch die Gleichungen »Wissenschaft = intersubjektive Erkenntnis« und »intersubjektiv = objektiv« und »objektiv = ohne den Menschen« wird das Sachstudium zu einem Absehen von Zwecken und Zielen, von Wertungen und Wirkungen;

– aus einem 12- bis 14-semestrigen Studium der »Sache« geht dann jemand hervor, der nicht mehr weiß, was sie für andere Menschen bedeutet oder nicht bedeutet;

– aus dieser Sicht erscheint ihm ein Kind, das sich für seine Grammatik nicht interessiert oder seine Mathematik zu schwer findet, als ein schlechter Schüler, d. h. seine »Berufserfahrung« nimmt nur die Formen an, die sein Wissen ihm erlaubt;

– aus dieser Erfahrung wird ihn, den nunmehr fertigen Lehrer, keine pädagogische Theorie oder kritische Didaktik mehr herausreißen können, weil sie doch seine ganze Laufbahn in Frage stellen würde.

Zumindest hinsichtlich *seiner* Berufsausbildung ist die alte Studienanordnung sachwidrig.

Man hält uns entgegen, wir seien zu weich, wir stellten keine Forderungen und »*therapeutisierten*« die Universität. Aber wer meint, an den Selbstmorden vorbeisehen zu dürfen, die bei Studenten statistisch signifikant häufiger vorkommen als bei anderen Bevölkerungsgruppen und unter ihnen wiederum am häufigsten bei den Examenskandidaten? Wer will die Fülle der Beschädigten und Verwirrten ignorieren und die Befunde mißachten, die in den psychiatrischen Beratungsstellen der Universität anfallen? Wer vermag die ausgebrochene Gewalt nur für politischen Aktionismus zu halten und sieht nicht die sozialpathologischen Hintergründe dazu?

Man wirft uns vor, die Prinzipien und Verfahren der *Demokratie* aus dem Bereich der Politik auf den der Wissenschaft übertragen zu haben: von einer Stelle, wo es um Verteilung und Kontrolle von Macht und Entscheidung geht, an eine Stelle, an der es um Erhebung und Kritik von Wahrheit und Überzeugung gehe. Aber

Ausbildungsziele, numerus clausus, die Förderung der Wirt-
schaftsmathematik und die Vernachlässigung der Psychoanalyse,
die Annahme eines Forschungsauftrages aus der Industrie (oder
überhaupt) und die Ablehnung eines studentischen Antrages auf
Abhaltung eines Seminars über die »Funktion der Universität im
Zeitalter des Spätkapialismus« – dies alles sind keine Wahrheits-
probleme sondern Existenzfragen, sie haben mit Macht zu tun,
und der Standpunkt des Betroffenen ist zu berücksichtigen. Seine
Perspektive ist hier seine »Kompetenz«.

Man hält uns außerdem vor, Demokratisierung sei *unrationell*
und koste zu viel. Man rechnet aus, was eine alte Fakultät an Beratungszeit versessen hat; man rechnet aus, was die heute an ihrer
Stelle arbeitenden Gremien an Beratungszeit versitzen: es ist ein
Vielfaches der Stunden von einem Vielfachen der Menschen; und
man multipliziert das mit den Gehältern. Die Differenz ist, wie
man sich denken kann, beachtlich. Freilich, wenn wir meinen,
Demokratie nur dann und dort haben zu dürfen, wo sie nichts
oder wenig kostet, müssen wir sie ganz abschaffen: sie ist die bei
weitem teuerste Form, gemeinsame Geschäfte zu erledigen! Es
wäre freilich bei solchen Vorhaltungen nur fair, immer die Kosten
wenigstens mitzudenken, die entstehen, wenn man nicht refor-
miert, nicht demokratisiert, »die unten« nicht beteiligt, »die
oben« nicht zur öffentlichen Rechenschaft zieht. Einmal haben
wir schon eine solche Rechnung bezahlt 1933–1945.

Man hält uns vor, *Transparenz* und *Öffentlichkeit* seien nutzlos,
wenn sie sich nur auf Hochschule erstrecken, also die Straßenöf-
fentlichkeit nicht einschließen; so werde die Radikalisierung, der
Terror durch eine Teilöffentlichkeit begünstigt. Zugleich klagt
man: »Es ist nichts mehr geheim.«[16] Aber wie man mit dem Kon-
vent und anderen öffentlichen Sitzungen schon längst die Uni-
versitätsöffentlichkeit nicht mehr erreicht und sie durch Festset-
zung eines Quorums wenigstens halbwegs zu erzwingen versucht,
so ist erst recht nicht zu erwarten, daß die »allgemeine Öffentlichkeit« zugegen ist, wenn die langwierigen Debatten und Ent-
scheidungsprozeduren ablaufen zu Fragen, die sie nicht verstehen
und sie nur sehr entfernt angehen. Demokratie kann nur unter
»Beteiligten« gelingen. Zuviel Einschluß ist dabei so tödlich wie
zuviel Ausschluß. Und was die Erpressungen angeht, die bei öffentlichen Prüfungen und »transparent gemachter Beurteilung«
versucht werden: Schuld ist, wer ihnen nachgibt. Auch unsere

Gerichte tagen öffentlich und begründen ihre Urteile vor aller Welt, und keiner sieht darin eine Nötigung. Das sollte doch in der Wissenschaft erst recht so sein!

Alles dies gilt es, neu oder überhaupt zu ordnen. Die Einheit von Ideen, Erkenntnistheorien, Methoden hat wenig Bedeutung, wenn die Arbeitsbedingungen, die Institutionen, die Menschen selbst auf Uneinigkeit gestimmt sind. Die Reform der Wissenschaftsorganisation wird Wissenschaft als ganze erst wieder möglich machen, und dann wird sie selber herausfinden, ob sie eine Einheit hat oder braucht. Es geht um die reale Kommunikation – eine Innenpolitik der organisierten Wissenschaft.

Ein Radikaler:

Was »meine Herren Vorredner« da gesagt haben, erspart mir die Hälfte meines Plädoyers. Es zeigt, wie sie sich im Kreise drehen, wie sie nicht über den Zaun von Academia hinaussehen: auf die *Bedingungen* der Wissenschaft in der Gesellschaft und damit auf die Bedingungen ihrer eigenen Existenz, ihrer Einstellungen und ihrer Argumente. Sie denken eigentümlich topographisch. Sie tun so, als sei Wissenschaft ein »Bereich« in der Gesellschaft; eine Anzahl von Personen, Tätigkeiten und Institutionen, denen man die Kennzeichnung »wissenschaftlich« verleihen oder vorenthalten kann; eine Zeitungsrubrik nach Politik, Wirtschaft und Kunst; Erkenntnis als ein isolierbares (und in der Isolierung erst richtig wirksames) Verhalten: Information *neben* Erfindung, Entscheidung und Produktion.

Aber Information ist immer auch jedes der drei anderen und vor allem das letzte! Wenn Wissenschaft sagt: Dieses X ist so und so, dann ergibt das Erkenntnis nur dadurch, daß auf diese Weise der Tatbestand X zu dem gegebenen Verständigungs- oder Erfahrungs- oder Lebenskontext in ein formalisiertes Verhältnis gesetzt wird – zu den Bezugssystemen, über die wir uns vorher geeinigt haben: »die freiheitliche Lebensordnung der BRD« oder »das wirtschaftliche Wachstum« oder »das System vorhandener Erkenntnisse« und dergleichen. In einer total vom Menschen gemachten Welt wird zugleich jede Information zu »Sinn« (zu einem Schlüssel für Entscheidung) *und* zu einer Verstärkung des schon Entschiedenen, indem dieser Sinn sich darauf bezieht. Je weiter eine

Kultur fortschreitet, um so geschichtlicher wird sie: eine fortgesetzte Antwort auf sich selbst. Sollen die Entwicklungen nicht automatisch und nicht katastrophisch, sondern verantwortet und vernünftig vor sich gehen, soll die Wissenschaft nicht identisch sein mit einer Selbstbestätigung der Gesellschaft, soll sie der Politik nicht erlauben, eine bloße Registrierung der Trenddiagnosen zu werden, muß sie aus ihrer Feinheit und Reinheit heraus und die Macht, die sie potentiell hat, auch aktuell gebrauchen. Sie muß sich der Aufdeckung und Aufhebung der Privilegien, Vorurteile, Versäumnisse, Ängste, Bedürfnismanipulation und Interessenverschleierung, kurz: der Herrschaftsverhältnisse annehmen.

Bei jeder wirklichen[17] Aufklärung und »Reform«, die nicht eine weitere Selbstanpassung sein soll, muß es um das kritische Verhältnis von Entscheidung und Erkenntnis gehen und nicht nur um Wissenschaftswissenschaft oder Wissenschaftsinnenpolitik. In dem Maß, in dem die Politik sich der Wissenschaft bedient (um damit ihrem Entscheidungscharakter auszuweichen oder ihn zu bemänteln), muß die Wissenschaft politisch werden. Und just dies wollen die Wissenschaftler um keinen Preis. Sie spielen weiter die Unabhängigen und pochen auf alles, was ihnen dieses Spiel erlaubt. Ihre finanzielle und rechtliche Abhängigkeit vom Staat und den gesellschaftlichen Entwicklungen kennen sie inzwischen sehr wohl. Aber sie meinen, ihre Autonomie sei durch ihren Status als rechtsfähige Körperschaft des öffentlichen Rechts, durch die hohen, ja wachsenden Bildungsbudgets, die ihnen »gewährte« uneingeschränkte (?) Lehr- und Forschungsfreiheit und durch ihre immanente Selbstreflexion gesichert. Sie glauben, in ihrer verfaßten Form unentbehrlich, unantastbar und darum stark zu sein. Es geht ihnen – beamtet, betitelt und TV-bestaunt – bei allem Klagen so gut, sie stehen, wenn nicht mehr durch ihre wissenschaftlichen Leistungen, so durch die Angriffe der Roten Zellen, so sehr im Mittelpunkt des Geredes, sie sind so geschmeichelt und geschmiert, daß sie nichts mehr fürchten, als für sich selbst bestehen zu müssen. Sie bezichtigen ihre eigenen Rektoren, sie gebärden sich wie die Feudalherren, wenn sie mehr Selbstbestimmung in der Universitätsinnenpolitik beanspruchen; sie »wissen genau«, daß dies unsere »freiheitliche politische Grundordnung« gefährde; sie ziehen sich erschrocken vor den willigen Angeboten des Staates zurück. Ja, in einem Brief an die

»Genossen« im Bundestag warnen sechs als »Reformer« bekannte Professoren vor der Verabschiedung des Hochschulrahmengesetzes:

»Es würde sich unserer Meinung nach nicht um eine Demokratisierung der Gesellschaft handeln, wenn das Parlament als demokratisch legitimierter Repräsentant der Gesellschaft einzelnen Teilbereichen die Möglichkeit gäbe, sich zu unkontrollierten Gegeninstitutionen der Gesellschaft *zu entwickeln.«*[18]

Sie kriechen – als Radikaler darf ich so reden – den Abgeordneten, den Ministerien und den (»interesselosen«) Universitätsgesellschaften in den Hintern. Sie scheuen vor keiner Übertreibung zurück (und keinem Mißbrauch ihres Amtes und Titels), um die Öffentlichkeit mit einer politisch werdenden Universität zu ängstigen. – Wer hat schon gehört, daß einer von ihnen die Absichten und Machenschaften der großen Unternehmen oder der Gewerkschaften kritisiert habe, weil sie »politisch« sind? Ist Wissenschaft weniger politisch als Wirtschaft? Sind wirtschaftliche Prozesse prinzipiell Gegenstand von Partikularinteressen und Wissenschaft per se schon gemeinnützig? Was unterscheidet ein Erkenntnisbedürfnis von einem sagen wir Lebensbedürfnis – und was ihre jeweilige Bedingtheit?

Die Herren von der verfaßten Wissenschaft übersehen mit all ihrem Scharfsinn, wie sehr dieser Staat selbst in den Händen gesellschaftlicher Mächte liegt, die eine jahrhundertelange Praxis in der Umformulierung des Eigennutzes in die Phrasen des Gemeinwohls haben. Ganz abseits jeder Verschwörerideologie (es geht nicht darum, eine Rotte böser Menschen zu entlarven und zu entmachten, sondern ein unsinniges System) und abseits aller Wirtschaftsfeindlichkeit (auch Altersgruppen z. B. sind Interessengruppen): die auf Wettbewerb und Arbeitsteilung, also auf Expansion und Rationalisierung, gegründete Lebensordnung macht alle derart davon abhängig, daß »es so weitergeht«, daß die öffentliche Meinung und die kurzfristige Repräsentanz des Staates durch die Regierung (und ihre Partei) das öffentliche Wohl von der Fortsetzung des Systems nicht trennen *können.* Die Kinder werden durch die Erwartungen und Frustrationen ihrer Eltern programmiert, bevor sie über sich und ihre Bedürfnisse befinden können; die Schule ist dazu da, ihnen die Friktionen mit der Welt zu ersparen; alle weiteren Einrichtungen hängen so miteinander zusammen, daß die eine zu ändern mehr Unordnung schafft, als ihre Verbesserung wert ist; jede Kritik wird mit ihrem eigenen Aber geboren; Alternativen sind verpönt, weil utopisch; und Wissenschaft, die man für die Freiheit des Geistes vor sich selbst hält, synchronisiert laufend Mentalität und Institutionen, so daß ja kein schmerzliches Bewußtsein dazwischen Platz hat. Wissenschaft, an staatlichen Hochschulen produziert, ist nicht nur nicht geschützt, sondern – weil man sie als Ausweis der Objektivität und Interessenunabhängigkeit braucht – besonders gefährdet: Wissenschaft als ganze, nicht nur der einzelne Wissenschaftler, ist korrumpierbar.

Vor rund zehn Jahren haben die »Reformer«, voran einige mutige und zornige Studenten, die empirischen Wissenschaften zur Durchleuchtung der Mißstände an den Universitäten herangezogen: Durchfallquoten, quantitative Verlaufsanalysen, Kapazitätsberechnungen. Die wertneutrale Mathematik war dazu ein wirksames Instrument, weil es von den anderen respektiert werden mußte. Inzwischen haben die etablierten Interessengruppen ein Vielfaches an Mathematik aufgewendet und beherrschen das Feld wieder vollkommen – wie einst mit ihren Wertbegriffen so jetzt mit ihren Zahlen: man-power approach ist wieder »in«; ohne Meßzahlen keine Entscheidung; Bedarfsprognosen ersetzen die Kritik der Bedürfnisse.

In der »freien« Produktions- und Konsumgesellschaft wird aus jeder Feststellung eines Problems – eines bestehenden Notstandes oder einer bevorstehenden Katastrophe – alsbald eine willkommene Marktlücke: aus Freizeit und Bildungsrückstand haben wir eine gemacht; aus Umweltverseuchung und gefährdeter Volksgesundheit werden wir es tun (von dem, was wir der kommunistischen Bedrohung verdanken, ganz zu schweigen). Wir werden eher alle möglichen technischen Anlagen haben, um die Schadstoffe für öffentliches Geld wieder abzubauen, als daß wir ihre private Produktion verhindern; wir werden Maschinen und Lehrgänge zur Überwindung von Lernüberdruß haben, bevor wir die Schulen reduzieren; wir werden den Bedarf an »Freizeitinhalten« wissenschaftlich ermitteln und entsprechende Angebote durch eine Freizeitindustrie entwickeln, bevor wir darüber nachdenken, mit welchem Recht wir eigentlich behaupten, überschüssige (Frei-)Zeit zu haben – bei so viel ungelösten schweren Gemeinschaftsaufgaben!

Unsere Gesellschaft unterhält Universitäten, errichtet an ihnen

Institute und Lehrstühle und bezahlt und sichert die dort zu leistende Forschung – damit sie dem Gemeinwohl diene. An der Gießener Universität gibt es ein Institut für programmiertes Lernen. Sein Direktor hält einen Vortrag über die wissenschaftlichen Grundlagen der verkaufspsychologischen Strategien und Praktiken von heute und morgen – über die Motivationsforschung, die Kommunikationstheorie, die Argumentationslehre und Überzeugungstechniken. All dies kann so allgemeinnützig sein wie Virenforschung und Meteorologie, und die Aufklärung der Bürger über das, was ihnen als Konsumenten täglich widerfährt, ist eine nicht weniger wichtige Aufgabe als den Kindern das Schreiben und Lesen beizubringen. Was der o. ö. Professor sagt, ist dies: Erstes und wichtigstes Ziel der Verkaufspsychologie sei die »Konditionierung von Detailbedürfnissen für das Angebot und die Anknüpfung an vorhandene Grunderwartungen des Menschen«; zweites Ziel sei, »das optimale Verhältnis zwischen Verkäufer und Kunden zu ermitteln, damit die Zuwendung des Käufers zu dem entsprechenden Angebot am ehesten erreicht werden kann«; drittes Ziel sei die »bestmögliche Gliederung der Verkaufsargumente«. Er unterstützt seine Darlegungen durch »interessante Erkenntnisse aus der Lern- und Verhaltenspsychologie«[19], und dies tut er vor dem Nürnberger Marketing-Club, nicht in der Aula seiner Universität oder vor der Bürgerschaft seiner Stadt. Der Bericht hierüber stammt aus einer Zeitung, die trotz ihrer wörtlichen Zitierungen den Vortrag nicht richtig wiedergegeben haben muß. Aber sie gibt die realen Wirkungen (und Erwartungen) wieder: Man nimmt es als selbstverständlich hin, daß eine aus öffentlichen Mitteln bezahlte Wissenschaft einer Gruppe von Wirtschaftlern *solche* Ratschläge gibt und die dahinterstehende Forschung in den Dienst eines machtvollen partikularen Interesses stellt.

In einer solchen Gesellschaft mußte die Bildungsreform zu einem Boom werden. Als Georg Picht 1964 die Bildungskatastrophe ankündigte, war er überzeugt, sie werde eintreten. Was eingetreten ist, mag man nicht weniger katastrophal finden, aber *seine* Katastrophe ist es eigentlich nicht. Seine Analyse hatte ein viel zu gewinnträchtiges Unternehmen aufgedeckt: die Bildungsexpansion. Heute stirbt die notwendige Bildungsreform an ihrer eigenen Hypertrophie. Reformer, die immer behaupten, die entscheidenden Veränderungen stünden noch bevor, retten die

Reform so nicht, sie machen nur für jedermann deutlich, ein wie untaugliches Mittel zur Selbstbefreiung (auch der Wissenschaft!) sie ist. Sie kommt von ihren Bedingungen nicht los! Zehn Jahre lang hat sie Maßnahmen auf Maßnahmen gehäuft, immer mehr Geld ist ausgegeben worden, immer mehr Stellen sind geschaffen, immer mehr Geräte gekauft, immer mehr Gebäude erstellt, immer mehr Kommissionen berufen, immer mehr Zentren für XYZ gegründet, immer kompliziertere Planungstechniken entwickelt worden – um die Dinge am Ende alle nur schlimmer zu machen: unübersichtlicher, systemabhängiger, widersprüchlicher, hoffnungsloser.

Die irrationale Ungeplantheit unserer Gesellschaft kann den Menschen zugemutet werden und wird nicht als Anarchie empfunden, weil sie aus lauter Teilplanungen und -rationalisierungen besteht. Die verfaßte Wissenschaft dient diesem Zustand trefflich; man kann glauben machen, daß, wenn ein Wissenschaftler (oder eine Gruppe von Wissenschaftlern) redet, man die ganze Wissenschaft vernommen habe. Daß die verfaßte Wissenschaft total zersplittert ist, daß die innere Kritik nicht mehr funktioniert, daß jede geäußerte Gegenposition eines Kollegen schon von einem anderen politischen Standpunkt kommt – das läßt sich gerade durch die gesellschaftliche Exterritorialität der Wissenschaften und ihren Positivismus verbergen. Die Professoren behalten ihr Ansehen und ihre politische Verantwortungsfreiheit, die Politiker erhalten ihr wissenschaftliches Alibi.

Aber was ist die wahre Aufgabe und Existenzform der Wissenschaft? Die jeweiligen Bedürfnisse von Menschen kann jede Firma mit der entsprechenden Technologie ermitteln und erfüllen. Die Aufgabe der Wissenschaft liegt gerade nicht in unserer Versorgung, sondern darin, daß sie den Menschen hilft, ihre Bedürfnisse und möglichen Befriedigungen zu kritisieren, ihre langfristigen und gemeinsamen und gemeinsam begründbaren, also vernünftigen Zwecke zu erfüllen. Ihre Funktion wird bei zunehmender Mächtigkeit des Bestehenden zunehmend die der militanten Aufklärung, der aktiven Herausforderung, der energischen Prävention sein. Sie wird zur *notwendigen Gegeninstitution* der Gesellschaft um der gemeinsamen Bedingungen und Ziele unseres Lebens willen. Jeder spezialisierte Funktionär kann die ökologische Katastrophe aufdecken und zeigen, wie Detergentien, Plastik, Aluminium, Kunstfasern mit welchen chemischen

Verfahren doch wieder zerstört und dem Rohstoffhaushalt wieder zugeführt werden können – und was das kostet[20]. Aber wer deckt – ohne Auftrag und Sicherung – die *Gründe* auf, aus denen wir Seife, Holz, Eisen, Wolle durch jene anderen Stoffe ersetzt haben: die höhere Profitmarge und die Prämie, die wir allemal auf höheren Umsatz, statt auf höhere Bekömmlichkeit gesetzt haben? Wer wiederum erdenkt Wege und Mittel, wie wir bei der wachsenden Zahl von Menschen doch mit den abbaufähigen »natürlichen« Stoffen auskommen, wie wir weder Mangel noch Überfluß noch eine zerstörte Umwelt erleiden müssen? Wer malt die Bilder alternativer Welten, die uns den sozialen Gewinn und Verlust abschätzbar machen – Bilder, die keinen Verkaufswert zu haben versprechen?! Und so ist es mit den gesellschaftlichen Diskriminierungen, den wirtschaftlichen Krisen, den steigenden Verbrechensziffern, den Problemen der sozialisierten und der nicht sozialisierbaren physischen und psychischen Gesundheit. Wissenschaftler haben die Atomspaltung, die Nahrungsmittelchemie, die Lehrmaschine, das Fernsehen, die Raumfahrt ermöglicht und damit politische Probleme geschaffen, auf die *sie* glauben, immer noch mit Wissenschaft antworten zu können. Eine Wissenschaft, die immer nur Instrument und nie Subjekt der Problemlösung ist, kann allenfalls individuelle Verweigerung aufbringen (die dann obendrein mit dem Prinzip der Uneingeschränktheit der Erkenntnissuche in Konflikt gerät); sie kann das System nicht transzendieren. Die *akademische Freiheit,* in der die Wissenschaft zum Erfüllungsgehilfen und Pensionär der Wirtschaftsgesellschaft geworden ist, muß in *akademische Verantwortung* verwandelt werden. Die verfaßte Wissenschaft muß zur Politik befähigt werden – zur Politik auch nach außen. Es genügt gerade nicht, die Universitäten zu Enklaven freier Forschung und Lehre und freien Lernens zu machen, wenn die Gesellschaft sich auf diesem Wege freizukaufen sucht.
Universitäten haben heute noch ein Bewußtsein von diesen Verhältnissen und dürfen es nicht unterdrücken. Sie müssen handeln. Das wäre der wahre Grund (im doppelten Sinn des Wortes) für ihre Einheit. Theorie als Sinnvermittlung ist heute die potenteste Form von Praxis. Es gibt so viele Handlungsmöglichkeiten, daß nur der etwas mit ihnen anfangen kann, der weiß wozu und der das anderen erklären kann. Soll Wissenschaft, getarnt durch Nützlichkeit, nicht den bestehenden Verhältnissen dienen, son-

dern die »Befreiung aus selbstverschuldeter Unmündigkeit« und selbstverschuldetem Leid sein, dann bleibt nur die Hoffnung: daß die Aufklärer die Wissenschaft erobern – das Bewußtsein der Wissenschaftler mehr als ihre Institute – mit einer zwingenden rationalen Vorstellung ihrer politischen Aufgabe.

Ein Skeptiker:

Ach, wie streiten sie doch um des Kaisers Bart! Wie nehmen sie sich wichtig! Wie – weil sie selber Wissenschaftler sind – glauben sie doch noch immer so gern an die Macht und den Segen von Wissenschaft, und wie werden sie jeden verachten, der von außen daran zweifelt! Wie mich z. B.! Und ich selbst muß vorsichtig sein, nicht um jener Verachtung zu entgehen, sondern etwas viel Schlimmerem, dem Mißbrauch meiner Argumente durch einen tiefsitzenden, weitverbreiteten, nur eingeschüchterten Antiintellektualismus.

Wissenschaft ist eine zwiespältige Sache: sie beruht auf der methodischen Selbstbeschränkung des menschlichen Geistes und endet in seiner Totalität. Um Genaues, Gewisses, gemeinsam Prüfbares zu erkennen, hebe ich – für den jeweiligen Augenblick und nur für diesen Zweck – Anschauung, Gefühl, meine Absichten auf. Ich tue das bewußt und das heißt, ich bleibe in diesem Bewußtsein mein ganzes vielseitiges, wandelbares, merkwürdiges Ich. Wissenschaft ist ein Verfahren zur Bestimmung jener Grenze zwischen Erkenntnis und Meinung, Beobachtung und Deutung, Standardsubjekt und Ich, Phänomen und Konstrukt oder Zeichen der Verständigung.

Aber seit wir uns – mehrere hundert Jahre – darin üben, von klein auf und in immer mehr Bereichen, und seit wir unsere Welt immer mehr nach den so gewonnenen Erkenntnissen einrichten, verlieren wir zunehmend unsere Wahrnehmung an die Wissenschaft; wir verlieren die Möglichkeit, andere als die wissenschaftlich beschränkte Erfahrung zu machen; die wissenschaftliche Erkenntnis legt ihren hypothetischen und instrumentellen Charakter immer mehr ab; sie drängt zur Absolutheit und vergewaltigt oder entläßt, was den Menschen sonst noch ausmacht: seine Phantasie und sein Gemüt, sein Sinnlichkeit oder seine Glaubensbedürfnisse. Dies alles »lebt sich« nun ohne Rationalität

»aus«, oder es wird unterdrückt, und beides ist gefährlich. Titanen kann man in einer Welt der Olympier nicht frei, nicht unbeachtet herumlaufen lassen. Titanen kann man auch nicht folgenlos in den Tartarus sperren. Sie werden sich dereinst befreien und rächen. Man muß Frieden – einen Vertrag – mit ihnen schließen. Die Vermehrung der Wissenschaft hat die Welt zugleich immer um ebensoviel schlimmer wie besser gemacht. Und das ist nicht mit dem »Wesen des Menschen« zu erklären, der an seinem Los immer soviel leiden muß, wie er Glück empfindet, und der Gott bittet:

> *Lehre uns bedenken, daß wir sterben müssen,*
> *auf daß wir klug werden.«* (90. Psalm)

Vielmehr hat die Wissenschaft die Erwartungen des Menschen unendlich gesteigert und sie nur endlich erfüllt: sie hat das Ungleichgewicht zwischen Vermögen und Wollen gewaltig vermehrt. Und dies scheint nur durch eine Katastrophe aufhebbar – eine Katastrophe, die offenbar schlimmer sein muß als die von 1933–1945, die die Überlebenden jedenfalls nicht skeptischer gemacht hat. Im Gegenteil, sie meinen nun, nach dem kühnen Wiederaufbau, erst recht, es habe damals nur an der nötigen Rationalität gefehlt: unter der Glocke eines à la Kahn kalkulierten Sicherheitssystems, mit Hilfe von Welthandelskonferenzen und sozial-gesteuerter Marktwirtschaft, von Weltrecht und reformierter UNO, durch Bildungsplanung, Geburtenregelung und Aufklärung über Rassenvorurteile werde man die Probleme der Menschheit meistern *und obendrein* zum Mond reisen, den Lebensstandard ständig erhöhen, die Märkte ständig erweitern können: die Menschen mündig *und* glücklich zugleich machen. Aber Dr. Seltsams seltsame Erlebnisse werden dadurch nicht ausgeschlossen; vielmehr: *weil* alle Welt sie ausschließt, wird ihnen niemand gewachsen sein, wenn sie eintreten; *weil* der Glaube an die Wissenschaft nahelegt, daß nicht sein kann, was nicht sein darf, wird es doch sein können. Gemessen an der Katastrophe, die dann über uns kommt, wird Hitlers mutwilliger Weltuntergang der reine Dilettantismus gewesen sein – eine Katastrophe, in der noch der vorgeschriebene Luftschutzbunker, ein paar Hamstervorräte und zwei arische Großmütter einem das Leben retten konnten.

Indem Wissenschaft zur herrschenden Denkform geworden ist, hat sich das Mißverständnis vom absoluten Fortschritt eingestellt, vom Fortschritt eben durch Wissenschaft und ihre absolute Vermehrung. Wissenschaft und Fortschreiten in der Aufklärung sind notwendig, aber nicht »an sich«, nicht um absolut »weiter« zu kommen, sondern um den Abstand zwischen uns und unseren »rationalen« Einrichtungen zu überbrücken. Wir sind dem, was wir selber gemacht haben, nicht gewachsen: der zunehmenden Zahl der Menschen, der Geschwindigkeit des Verkehrs, der Dichte der Nachrichten, der Menge und Art unserer Produktion. Und nicht immer muß dabei der Mensch die Einrichtungen einholen, sondern auch die Einrichtungen können zurückgenommen werden bis zu dem Punkt, an dem sie den Menschen wieder bekömmlich sind. Es geht um ein erträgliches Verhältnis zwischen Mensch und Umwelt – der vorgefundenen wie der gemachten – nicht um die Herstellung eines Paradieses; es geht um die Erhaltung von dem, was wir nur zerstören, nie aber machen können, und nicht mehr um Siege über die Natur.

Die Heilslehre »Mehr Wissenschaft = mehr Fortschritt = mehr Menschlichkeit (und Glück)« läßt den Menschen im Vollbesitz der Aufklärung, im Bewußtsein seiner Selbstverantwortung alle Ungeheuerlichkeiten seiner unaufgeklärten Vergangenheit wieder begehen – und demütigt ihn so; sie hat ihn, der durch seine Natur wie kein anderes Lebewesen von der Spezialisierung ausgenommen ist, der totalen Spezialisierung unterworfen – und macht ihn so unglücklich; sie zensiert alle seine Eigenschaften, Wünsche und Möglichkeiten nach der Norm diskursiver Erkenntnis – und macht ihn so unehrlich.

Ich will damit nicht leugnen, daß die Welt für den Menschen auch absolut – vor dem richterlichen Auge Gottes gleichsam – besser werden kann; aber sie kann es nicht durch die Verabsolutierung dieses Mittels. Warum sind alle Zukunftsvisionen so unmenschlich? Weil sie nur »erdacht« worden sind: als logische Konsequenz logischer Prämissen. Ein wirklich geträumter Traum von einer möglichen kommenden Welt, eine Zukunftsutopie aus Musik – sie könnten anders sein, aber sie wären nicht als »Zukunft« zu erkennen, weil sie den Abstand zwischen jetzt und dann nicht nachweisen können. Hiermit will ich nur sagen: je mehr sich ein Verfahren allem anpassen kann, sich also dienstbar zeigt, um so umfassender wird es herrschen. Die Wissenschaft ist ein solches Verfahren. Aber es gilt auch der Satz: je mehr ein Verfahren alles beherrscht, um so ärmer macht es das Leben, um so weniger werden die Menschen es lieben. Wenn alles in dieser Welt nach dem Gesetz der Wissenschaft organisiert sein wird, wenn die letzten »Wurzeln des Himmels« ausgerissen sein werden, wird auch die Wissenschaft selbst unnütz sein. Wäre es nicht weiser, schon jetzt die totalen Theorien zurückzunehmen, bevor wir den Weg in die brave new world zuende gegangen sind? Schon jetzt ein wenig sokratische Ironie für die Sophisten bereit zu haben? Schon jetzt etwas christliche Zuversicht in die unmittelbare gute Tat aufzubringen – bevor die Jesus freaks auch das wieder verderben? Schon jetzt etwas von der Gelassenheit der großen Liberalen zu zeigen, die doch, weiß Gott, eine rationale Theorie hatten (nur keine total-rationale) und überzeugt waren,

»daß kein menschlicher Verstand all das Wissen (!) umfassen kann, das das Handeln der Menschen lenkt, und daß daher ein unpersönlicher, nicht vom individuellen Urteil abhängiger Mechanismus erforderlich ist, der die individuellen Bemühungen koordiniert.«[21]

also der Markt, das Gesetz von Angebot und Nachfrage, von checks and balances, etwas, was das Spiel, den Wandel und die Verschiedenheit der Bedürfnisse gerade dadurch schützt, daß es sie nicht ermittelt, plant, sichert, berechtigt.

Aber weit entfernt, dies zu tun, setzen wir Wissenschaft auch dazu an, die schädlichen Folgen totaler Verwissenschaftlichung festzustellen und zu verarbeiten. Statt entschlossen Freiräume für Ungeplantes, Spontanes, Individuelles auszusparen – in den Schulen z. B. oder im Zeithaushalt der Erwachsenen oder in der Anlage unserer Städte –, unterwerfen wir dieses alles erst dem rationalisierenden Bewußtsein und dann den rationierenden Einrichtungen. Wiederum ist es in Ordnung, wenn die Wissenschaft das Unbehagen in der Kultur analysiert, wenn die Wissenschaft nicht nur herausfindet, *daß*, sondern auch *warum* der Mensch ein gewisses Maß an Irrationalität braucht. Aber dann macht sie sich daran, dieses Maß alsbald durch Creativitätsforschung, Motivationsforschung, Persönlichkeitsforschung *genau* festzustellen und verfügbar zu machen. Sie stellt systematische Ordnungen von Lernzielen auf, sogenannte Taxonomien – nicht nur für kognitives, sondern für affektives, soziales und sensomotorisches Verhalten. Und schließlich operationalisiert sie diese Taxonomien (d. h. sie sagt, welche erkennbaren Tätigkeiten den Weg dorthin begleiten oder das Erreichen des Zieles bestätigen), um auch die letzten Spielräume unter Kontrolle zu bekommen – wodurch sie aufhören, Spielräume zu sein. Auf diese Weise werden die rational schon überspannten Menschen immer tiefer in leidige Selbstbeobachtung und Selbstüberforderung getrieben. Sie erliegen am Ende den Rückenschlägen des Irrationalen, sie werden neurotisch oder physisch krank und d. h.: sie enden bei etwas, für das dann die Wissenschaft auf einer anderen Ebene – der chemischen und analytischen Therapie – wieder zuständig wird. Normiertes und krankes Verhalten kann sie verarbeiten oder behandeln. Ein eigener Wille dagegen, eine bewußt abweichende Überzeugung ist für sie nicht zugänglich und wird darum von der verwissenschaftlichten Gesellschaft nur schwer ertragen. Sie verfolgt den politischen Überzeugungstäter unnachsichtiger als den gemeinen, statistisch erfaßbaren Verbrecher.

Aber selbst wenn dies alles nicht so wäre, so gibt es Anzeichen dafür, daß wir uns Wissenschaft in dem Umfang, in dem sie es aus dem Prinzip ihrer Uneingeschränktheit heraus fordert, gar nicht leisten können. Wissenschaft scheint sich stets nur in einem bestimmen Verhältnis zu anderen Tätigkeiten des Menschen sinnvoll entwickeln zu können: zu Herstellung, Verwaltung, Politik, Lernen, Spiel. Ich meine nicht allein die platte Tatsache, daß die Finanzminister erklären, die Bildungsreform sei nicht zu bezahlen. Ich meine die andere Tatsache, daß man in den Steuerungszentralen der Wissenschaftsförderung auf »halbe Fahrt« stellt – aus Angst vor dem akademischen Proletariat. Das American Institute of Aeronautics and Astronautics (AIAA) hat Anfang des Jahres 1971 mitgeteilt, daß zwischen 50 000 und 100 000 Wissenschaftler allein aus diesem Spezialgebiet arbeitslos seien[22] – aus einem Gebiet, das drei Jahre zuvor, als die allgemeine Arbeitslosigkeit nicht wesentlich niedriger lag, fast überhaupt keine Arbeitslosen aufwies. Heute werden in den Klassenräumen amerikanischer Highschools, in denen vormittags die Kinder für die Weltraumfahrt begeistert werden, abends die Luft- und Raumfahrttechniker auf Handelskorrespondenz umgeschult!

Ins allgemeine übersetzt heißt das: Wir können dem, was wir mit unseren Wissenschaften erkennen, mit unseren Taten nie nachkommen. Wir wissen, wie man eine Niere verpflanzt, wie man eine Psychoanalyse macht und wie man ein verwahrlostes Kind resozialisiert: Aber wir haben das Geld, die Einrichtungen, das Personal dazu nicht, weil dies »unproduktive« Tätigkeiten sind.

Eine Nierentransplantation kostet alles in allem eine Million DM, eine Analyse von drei bis vier Jahren kostet 100 000 DM, der Tagessatz für einen verhaltensgestörten Fürsorgezögling liegt bei fast 100 DM.

Schon aus diesem Grunde ist das knowledge-establishment größer, als man es »gebrauchen« kann. Bedenklicher noch sind andere Folgen des mit der Forderung nach overtraining nur dürftig verdeckten Zustandes des underemployment. Die Theorie des notwendigen overtraining oder der »Überausbildung« besagt, man müsse stets mehr gelernt haben, als man in seinem Beruf anwenden will und kann, um für ein breites (oder sich veränderndes) Spektrum von Tätigkeiten eingesetzt werden zu können. Bei der heutigen hohen Spezialisierung ist immer weniger damit zu rechnen, daß man die eine Tätigkeit für seine eine Qualifikation findet. Underemployment heißt: Es gibt nicht nur immer mehr Menschen, die unbeschäftigt bleiben; viel schlimmer ist, daß die meisten beschäftigten Menschen eine Arbeit verrichten, die tief unter ihrer langen und anstrengenden Ausbildung liegt; sie sind »unterbeschäftigt«. Andererseits hätten sie auch diese Unterbeschäftigung nicht bekommen ohne ihre (Über-)Ausbildung.

Aber selbst wenn man es fertig brächte, die vorhandenen, knapper werdenden »jobs« gerecht zu verteilen (indem alle gleichmäßig weniger arbeiten), so sind doch die Aufgaben selbst in diesem overtraining-underemployment System unbefriedigend: Sie können mir, weil ich prinzipiell unter meiner Leistungskraft verwendet werde, also auswechselbar bin, nicht das Gefühl geben, daß meine Arbeit einen Sinn hat. Von gerechter Verteilung der jobs sind wir jedoch weit entfernt. Im Gegenteil, man sieht immer deutlicher: Nicht nur werden Arbeitszeit und Arbeitsplatz knapper, es gibt in der Tat nichts, was sie wirklich ersetzen kann, wenn man sie einmal verloren hat. Man kann und wird die Nichtbeschäftigten ernähren, sie »sozial« behausen und ihnen das von Robert Theobald vorgeschlagene Existenzeinkommen[23] zahlen – aber sie werden das Bewußtsein nicht unterdrücken können, surplus, Überschußware zu sein. Ja, dies wird um so weniger gelingen, je allgemeiner und theoretischer ihr overtraining war und damit potentiell »emanzipierend«.[24]

Das vorhandene Wissenschafts-Establishment gerät damit in ein arges Dilemma: Es ist einerseits geneigt, die überflüssigen, ihm Konkurrenz androhenden Menschen auf geeignete Weise weg-

zuorganisieren, z. B. durch lange und komplizierte Ausbildungsgänge; je länger sie dauern, um so geringer – so hofft man – werde
der Druck der nachwachsenden Generation auf die wenigen vorhandenen verantwortungsvollen Ämter sein. Andererseits: je
länger die Ausbildung dauert, um so höhere Positionen muß sie
in Aussicht stellen und um so größer ist außerdem das darin ange-
legte kritische Potential. Wenn die Studenten und Schüler, aber
auch die JuSo's und JuDo's heute rebellieren, dann nicht zuletzt
in der Ahnung, daß ihr Lern- und Förderungssystem zu nicht viel
führt. Sie denunzieren eifrig die elitären Relikte in dieser Gesellschaft, aber ihre tiefere Verstörung dürfte aus der Tatsache kommen, daß es am Ende ihrer eigenen elitären Laufbahn für sie
keine Elitestellung – und das meint für sie nicht Privilegierung,
sondern Entscheidungskompetenz – mehr gibt: Massenelite, wie
sie an unseren wissenschaftlichen Einrichtungen produziert wird,
ist keine Elite.
Wenn der ehemalige Präsident der American Association for the
Advancement of Science (AAAS), Bentley Glass, bei seiner
Amtsübergabe im vorigen Jahr sagte:
*»No rate of scientific development equal to the past half century
can be long maintained«*[25]
*»Eine Entwicklungsrate, wie sie die Wissenschaft (und Technik)
in dem letzten halben Jahrhundert gezeigt hat, kann nicht (mehr)
lange aufrechterhalten werden«*
und dies mit der zunehmenden Bevölkerungsdichte, der Er-
schöpfung der Rohstoffquellen, der Umweltzerstörung und den
ungeheuren Kosten begründete, dann hat er m. E. zweierlei getan: a) die Entwicklung der Wissenschaften an die Möglichkeit
ihrer Anwendung geknüpft und b) die Schuld an der Wissenschaftskrise (das bedeutet für ihn: an ihrer Drosselung) auf diese
geschoben: auf die allgemeinen äußeren Bedingungen. Er hätte
bei etwas mehr Gründlichkeit hinzufügen müssen: Die Wissenschaft hat selbst die Disbalance verursacht; sie hat – blind für die
Wirkungen ihrer Totalität – die praktisch-technischen Entwicklungen aus der Bahn getrieben; sie hat nicht bei jeder neuen Erkenntnis und Erfindung hinzugefügt, welcher Preis dafür zu zahlen ist. In einer menschlichen Gesellschaft *kann* sie die
Vorstellungen nicht erfüllen, zu denen sie den Menschen verführt
– oder sie kann es in der Form eines weltweiten Zwangssystems.
So weit sind wir, gottlob, noch nicht.

211

Noch sieht es eher so aus: Die Wissenschaft rennt überall auf die Folgen ihres Absolutheitsanspruchs auf. Die zum äußersten getriebene rationale Erkenntnis kommt bei der Frage nach der Bedeutung von Bedeutung heraus, also bei einer mit ihren formalen Mitteln nicht mehr auflösbaren Antinomie. Die auf alles ausgreifende rationale Verantwortung gebietet, daß alle Wissenschaftler eine Art hippokratischen Eides schwören[26], mündet also bei der Selbstbegrenzung von Wissenschaft durch etwas, was sie von ihren eigenen Voraussetzungen her gar nicht bestimmen kann. Die Universitäten, die überschüssiges, nicht verwendbares Wissen produzieren und vermitteln, enden als Beschwichtigungs- und Bewahranstalten; sie treiben Glasperlenspiele. Die akademische Berufsausbildung schließlich führt ins akademische Proletariat oder, wenn es redlich zugehen soll, in die Konkursverwaltung der verwissenschaftlichten Zivilisation, die in der Tat lieber von Experten als von faschistischen Barbaren vorgenommen werden sollte.

Wer der Wissenschaft und der Gesellschaft wohl will, kann nur an einem mithelfen: daß Wissenschaft in ihre Grenzen zurückfindet. Er wird ihr nicht helfen wollen, eine höhere Systemeinheit zu finden. Er wird ihre Desintegration nicht aufhalten. Ihre Uneingeschränktheit und ihre prinzipielle Einheit durch tatsächliche Fragmentarisierung lassen sie auf alles anwendbar erscheinen. Aber ihre Lösungen antworten nicht auf unsere, sondern nur auf ihre eigenen Fragen. Ihre Versprechen auf irdische Gewißheit und Fortschritt sind darum genauso falsch wie die Vertröstungen der alten Religionen auf himmlische Gewißheit und ein Jenseits: sie bringen die gleiche Indifferenz bei den einen, das gleiche Zelotentum bei den anderen hervor.

Ein relativ unbefangener Zeitgenosse:

Wie haben Sie doch alle so recht, meine Herren Vorredner! Aber nur, wenn man Sie alle zusammen nimmt.
– Wir brauchen Maßstäbe und wenn nicht unbedingt festere und hierarchische Institutionen, so doch besser definierte: um wechselnde oder sich wandelnde Aufgaben lösen zu können; Einheit muß schon darum philosophisch, im Denken, möglich sein.

212

- Wir brauchen dazu eine gründliche Rationalisierung der »Kommunikationsstrukturen« und werden diese gerade nicht durch Wiederherstellung der ausschließlichen Entscheidungskompetenz der Ordinarien, durch die Restitution der alten Fakultäten und Institute bekommen, sondern nur durch neue Anstrengungen wie Wissenschaftsdidaktik, Wissenschaftspropädeutik, Interdisziplinarität und Mitbestimmung.
- Wir brauchen eine zu politischer Wirkung und Verantwortung befähigte, legitimierte und ausgestattete Wissenschaft. Ihre faktische Abhängigkeit von der Politik korrumpiert die Wissenschaft auch dort, wo sie sich bewußt neutralisiert, um so mehr dort, wo sie es nicht merkt. Die verfaßte Wissenschaft, die Universität, muß sich der Gesellschaft nicht nur stellen – sie muß auch ihre schon vorhandenen gesellschaftlichen Funktionen und Wirkungen politisch mitbestimmen dürfen und wollen.
- Wir brauchen gerade hierbei Skepsis – nicht nur gegen die, die Wissenschaft treiben, sondern gegen die Wissenschaft selbst, gegen ihren verfälschten und verfälschenden Anspruch, umfassende und kritische und brauchbare Erkenntnis zugleich zu sein. Wir brauchen eine Wachsamkeit des common sense gegen die jeweils nächste Stufe der Abstraktion um der jeweils nächsten Hoffnung auf Totalität willen. Wir brauchen sie vor allem gegen die Vorstellung, die Abstraktheit und Komplexität unseres Lebens sei nur mit mehr Abstraktheit und Komplexität zu beantworten, und darum sei die Verwissenschaftlichung all unserer Berufe und Tätigkeiten nötig – mit der Folge, daß die Ausbildungsprozesse überdehnt sind, unsere Beschäftigungen uns nicht ausfüllen und die Gesellschaft insgesamt gefährlichen Frustrationen verfällt oder neuen unwürdigen und unerträglichen Therapien oder Prophylaxen.

Fortschritt ist keine unsinnige, sie ist eine der Wissenschaft höchst angemessene Idee: man *muß* die schlechten Erkenntnisse und Zustände besser machen. Aber man sollte nicht meinen, Wissenschaft könne und solle uns aus unserer condition humaine herausführen, sie sei gleichsam unser Heilsweg. Und vor allem sollte man nicht »Fortschritt« nennen (Fortschritt schlechthin), was doch nur die Reparatur der durch Wissenschaft und Technik selbst verursachten Übel ist, und dadurch keine irrationale, leicht zu mißbrauchende Hoffnungen erzeugen.

Selbstbestimmung ihrer Aufgaben und ihrer Leistungsmaßstäbe kommt der Wissenschaft zu: Aber wir haben in den letzten Jahrzehnten viele Berge mit hohem Aufwand und manchem Verlust bestiegen, allein weil sie da waren.

Kommunikation ist notwendig, aber eben das sagt, daß sie ein Mittel und nicht ein Zweck ist. Wissenschaft durch ihre Kommunikationsstrukturen definieren heißt – weil man einen Zweck nur an sich selbst mißt –, Kommunikation an Kommunikation messen; das macht sie leer und lästig, und so ist sie denn praktisch immer mehr zerfallen.

Projekte, gesellschaftliche *Relevanz, Praxisnähe* – diese Wörter drücken berechtigte Forderungen aus und widersprechen dem Begriff der Wissenschaft nicht; aber ihre Erfüllung löst noch keines der Probleme, solange keine übergeordnete kritische Theorie oder ein dialektisches Verfahren hinzutritt; die einzelnen Forderungen weisen – wie die anderen Schlagworte – auf die Probleme hin: daß man Isolierungen vermeiden muß, daß es kein Verstehen und Verständigen in einem Vakuum gibt, daß man Prioritäten braucht.

Einheit zumal gehört zum Funktionieren, zur gegenseitigen Kritik der Wissenschaft, aber nicht als theoretische Voraussetzung oder als technische Infrastruktur oder als Kampffront, sondern als ein im Verständigungsprozeß immer wieder neu zu gewinnendes Bewußtsein von allen dreien: vom Begriff, von der Methode und von der Aufgabe.

Dieser Verständigungsprozeß innerhalb der Wissenschaft selbst ist identisch mit dem Lernprozeß, der zu ihr führt. In ihm wird fortwährend dies zugleich benötigt und erzeugt: der Rückgriff auf die Erfahrung – Wissenschaft ist (in Abwandlung des Wortes von Gunnar Myrdal[27]) highly organized common sense; der Ausblick auf die gemachte, also durch politische Entscheidung zu bestimmende Welt – Wissenschaft ist instrumentell; das Aufsuchen des Unverstandenen im Verstandenen – Wissenschaft ist die Möglichkeit des Geistes, sich im Dialog selbst zu kritisieren und zu überschreiten.

Keiner meiner fünf Vorredner wird sich durch die Argumente der anderen sehr beeindruckt finden, keiner auch mit den eigenen ganz zufrieden sein. Am wenigsten aber werden sie mir zustimmen. Sie werden meine Redensarten zu allgemein finden und einwenden, in den schwingenden Kadenzen von Schlußworten ließen sich Harmonisierungen und Kompromisse leicht empfehlen. Sie mögen recht haben. Aber an den Stellen, an denen *sie* jeweils stehen und sich nicht rühren (lassen), läßt sich so gut wie nichts zur Aufhebung der Krise von Wissenschaft und Hochschule tun. Was ich ihnen zumute, ist allein dies: Bevor sie den Streit um die Ordnung der Wissenschaften wieder aufnehmen oder ganz fallenlassen, mögen sie vier Grundforderungen in die Wirklichkeit des Wissenschaftsbetriebes aufnehmen – Grundforderungen, die, wenn sie erfüllt werden, die Forderungen jeder einzelnen anderen Position verändern. Jene Grundforderungen antworten auf die Grundbedürfnisse der heutigen Wissenschaft, wie sie die Analyse ihres Zustands und ihrer Funktion in diesem Buch ergeben hat:

1. Vereinfachung durch hypothetische, begründete und verantwortete Zurücknahme des Vollständigkeits- und Vollkommenheitsanspruches,

2. Störung und Verunsicherung durch gegenseitige Kompetenzüberschreitung, gegenseitig zugestandene Beanspruchung und Herausforderung,

3. die Einbeziehung der Erfahrung, der Anschauung und der Lernprozesse, also der sonst stets ausgeschlossenen Schmuddeligkeiten unserer vor- und nichtwissenschaftlichen Erkenntnis- und Wahrnehmungsformen,

4. die Voraussetzung vor allem, daß auch wissenschaftliche Einsicht ihre Zeit braucht; daß augenblickliche Überzeugung die Ausnahme ist; daß also die Reform der Wissenschaft als Prozeß und Einrichtung lange dauern wird; daß auch die neuen Ordnungen nur vorläufig sein können.

Wir werden mit dem Vorgang, der ja gleichzeitig Einigung und Wandlung bringen soll, viel Geduld haben müssen. Es hat keinen Sinn, auf der Verwirklichung von Maßnahmen und Einrichtungen zu bestehen (nur weil sie – wie die Integrierte Gesamthochschule – im Prinzip richtig sind), solange die Betroffenen sie nicht verstehen, nicht wollen, nicht haben prüfen können. Es hat Jahrhunderte gebraucht, um die Universität zu dem zu machen, was sie bis vor kurzem war; es wird nicht weniger als eine Generation kosten, sie in Idee und Wirklichkeit gründlich zu wandeln. Keines der Argumente, die wir einander laut und rechthaberisch entgegenhalten, überdauert auch nur ein einziges Jahr und seine Ereignisse, ohne sich zu ändern.

Unter Einschluß der vierten so banalen Forderung, die gleichwohl allein erlaubt, den anderen Positionen eine gemeinsame Anstrengung zuzumuten, sind Vereinfachung, Herausforderung, Didaxis und Geduld die Mittel eines Verständigungsprozesses, der die Einheit der Wissenschaft nicht mehr voraussetzt, sondern in sich selbst herstellt.

Anhang

Anmerkungen

I. Anlässe

1 Erich Jantsch, *Integrative Planning for the »Joint Systems« of Society and Technology – The Emerging Role of the University,* erarbeitet für das Massachusetts Institute of Technology (MIT) im Frühjahr 1969, vorgelegt als »background paper« auf einer Vorbereitungstagung der OECD im Juli 1970 als Dokument CERI/HE/CP/70,08. Eine deutsche Übersetzung liegt im IBB-Bulletin, Wien 1970, vor.

2 Vgl. Hartmut von Hentig, Ludwig Huber, Peter Müller (Hrsg.), *Wissenschaftsdidaktik,* Referate und Berichte von einer Tagung des Zentrums für Interdisziplinäre Forschung der Universität Bielefeld am 11. und 12. April 1969, 5. Sonderheft der Neuen Sammlung, Göttingen 1970.

3 Vgl. Hartmut von Hentig, »Studieren als politischer Vorgang«, in: *Reform als Alternative, Hochschullehrer antworten auf die Herausforderung der Studenten,* hrsg. von Alexander Schwan und Kurt Sontheimer, Köln und Opladen 1969 (Westdeutscher Verlag).

4 Die einflußreichsten und m. E. immer noch überzeugendsten Schriften über die Möglichkeit und Notwendigkeit, »the structure of the disciplines« herauszuarbeiten und sie der Lehre zugrunde zu legen, sind Jerome S. Bruner, *The Process of Education,* New York 1960 (Vintage Book) und Philip Phenix, *Realms of Meaning, A. Philosophy of the Curriculum for General Education,* New York 1964 (McGraw-Hill).

5 Vgl. Hartmut von Hentig et al., *Das Bielefelder Oberstufen-Kolleg,* und: *Die Bielefelder Laborschule,* beides Publikationen der Schulprojekte der Universität Bielefeld, Stuttgart 1971 (Ernst Klett). In beiden Projekten wird versucht, diesen und den voraufgehenden Vorstellungen theoretisch und praktisch zu genügen.

6 Vgl. Hartmut von Hentig, »Logomythie«, in: *Aufrisse, Almanach des Ernst Klett Verlages 1946–1971,* Stuttgart 1971 (Ernst Klett), S. 189 ff.

7 In der Aufklärung unterschied man drei *Funktionsweisen.* Bei Diderot werden unterschieden *art* = eine Technik, mit deren Hilfe man handelt, *histoire* = eine Beschreibung eines vollständigen Ausschnittes der Welt, *sience* = eine Disziplin, d. h. der Versuch, einen bestimmten Sachbereich zu verstehen.

8 Vgl. hierzu die »Antworten« in Teil III, vor allem die Ergebnisse der empirischen Erhebung von Clark C. Abt im dritten Abschnitt S. 83 f.

9 Clark C. Abt, *Analysis of the Survey of Interdisciplinary Activities of Teaching and Research in American Universities,* für eine OECD-Tagung über Pluridisziplinarität und Interdisziplinarität an Universitäten in

Nizza, 7.–12. 9. 70, erarbeitet und dort als Dokument CERI/HE/CP/ 70.21 verfügbar gemacht. Die entsprechende Analyse der europäischen Universitäten scheiterte daran, daß der Fragebogen angesichts ihrer unterentwickelten institutionellen Interdisziplinarität überdeterminiert war.

10 Vgl. Paul Mikat, Helmut Schelsky, *Grundzüge einer neuen Universität*, Bielefeld 1966 (Bertelsmann Universitätsverlag), S. 72 ff.; in den Empfehlungen des Gründungsausschusses der Universität Bielefeld heißt es dazu:

»Jede Fachwissenschaft fordert einen hohen Grad der Differenzierung und Spezialisierung. Daraus entstehen zunehmend Gefahren: Die Gefahr der Isolierung im Verhältnis solcher Wissenschaften zueinander, die gleiche oder ähnliche Gegenstände nach speziellen Fragestellungen behandeln; die Gefahr einer sachfremden Vereinzelung der Methoden; die Gefahr, daß zwischen den Fächern liegende Fragestellungen vernachlässigt werden, und die Gefahr der Fortführung überholter Spezialisierungen. Das deutsche Wissenschaftssystem hat bisher kaum institutionelle Ansätze für die Lösung dieser Fragen entwickelt. Das ZiF soll dazu beitragen, diese Lücke zu schließen...

Im Mittelpunkt dieser Arbeit sollen die Methoden interdisziplinärer Forschung stehen. Individuelle Forschungen, die auf gemeinsame, fachübergreifende Grundfragen bezogen sind, sollen in Seminaren oder Kolloquien zusammengeführt werden. Die dauerhafte Institutionalisierung in Zentralinstituten ist nicht beabsichtigt...

Das ZiF bildet den wissenschaftlichen Mittelpunkt der Universität...«
Wiedergegeben in: *Schriften zum Aufbau der Universität,* Band 2, Bielefeld 1969, S. 51.

In der Satzung des Zentrums für interdisziplinäre Forschung werden die Aufgaben wie folgt bestimmt:

§ 2 Das ZiF ergreift und fördert die wissenschaftliche Initiative auf dem Gebiet der interdisziplinären Forschung, insbesondere der Grundlagenforschung.

§ 3 (1) Das ZiF fördert die interdisziplinäre Zusammenarbeit unter den Fakultäten der Universität.

(2) Das ZiF stellt die wissenschaftliche Verbindung in der interdisziplinären Forschung mit auswärtigen in- und ausländischen Wissenschaftlern her.

Ebenda S. 55.

11 Eine weitere, kaum erfreulichere Variante ist diese: »Behavioral scientists are said to be so self-conscious about their science making that one day there may be a science of those scientists who study scientists.« »Verhaltensforscher sollen hinsichtlich ihrer wissenschaftlichen Arbeit so befangen sein, daß es eines Tages eine Wissenschaft von Wissenschaftlern geben dürfte, die Wissenschaftler erforschen.« Robert Rosenthal und

Leonore Jacobson, *Pygmalion in the Classroom, Teacher Expectation and Pupil's Intellectual Development,* New York 1968 (Holt, Rinehart and Winston); Deutsch: *Pygmalion im Unterricht, Lehrererwartungen und Intelligenzentwicklung der Schüler,* Weinheim 1971 (Beltz).

II. Analysen

1 Die Belege sind bequemerweise vier Seiten einer einzigen Schrift entnommen und um zwei Beispiele aus einer anderen ergänzt, die verdeutlichen, daß »Wissenschaft« auch als generischer Begriff (d. h. ohne Artikel) personaler Akte fähig ist. Friedrich Tenbruck, »Die Funktionen der Wissenschaft«, in: *Was wird aus der Universität? Standpunkte zur Hochschulreform,* hrsg. von Gerhard Schulz, Tübingen 1969 (Rainer Wunderlich), S. 55 ff. und: *Studenten und die neue Universität,* Gutachten einer Kommission des Verbandes Deutscher Studentenschaften, Bonn 1962, S. 10.

2 Vgl. hierzu Bruno Snell, *Die Entdeckung des Geistes,* Hamburg 1946 (Claassen und Goverts), vor allem Kapitel VII.

3 Ebd. S. 10.

4 Paul Mikat, »Universitäts-Gründungsprobleme in Nordrhein-Westfalen«, in: *Festschrift zur Eröffnung der Universität Bochum,* Bochum 1965 (Kamp), S. 15.

5 Empfehlungen zum Aufbau der Universität Bochum, Denkschrift des Gründungsausschusses, Bochum 1962, S. 60.

6 G. W. F. Hegel, »Phänomenologie des Geistes«, in: *Sämtliche Werke* (Lassonsche Ausgabe) Bd. V, S. 254.

7 Nach Berichten der Frankfurter Allgemeinen Zeitung vom 8. und 9. 7. 1970.

8 Die Universität müsse sich im »Konflikt zwischen Privilegierten und den Unterprivilegierten auf die Seite der Unterprivilegierten schlagen ... Eine kritische Universität ist in diesem Konflikt Partei.« Thomas von der Vring, zitiert nach DER SPIEGEL vom 13. 7. 1970, S. 64.

9 Bochum, S. 6.

10 Erich Jantsch, *Towards Inter- and Transdisciplinarity in Education and Innovation,* OECD/CERI Document HE/CP/70.16 for Common Project CERI XIII, September 1970, S. 2 f. Jetzt auch unter dem Titel: »Inter- and Transdisciplinary University: A Systems Approach to Education and Innovation«, in: *Policy Sciences* 1 (1970), S. 403–428.

10a Vgl. John W. Gardner, *Self-Renewal, The Individual and the Innovative Society,* New York 1965 (Harper & Row). Gardner geht es dort wie anderswo (z. B. in *No Easy Victories,* New York 1968 [Harper & Row]) darum, den Wandel, der einfach »passiert«, in eine Veränderung zu überführen, die wir bewußt verantworten. *Dies kann durch experimentellen Vergleich geschehen,* weil wir sonst nicht wissen können, welcher

Wandel uns bekommt und welcher nicht. Ein System, das sich nicht selbst erneuert, stirbt. Das System betreibt sein *self-renewal* durch Institutionen, die ihrerseits durch Individuen erneuert werden; darum: Pluralismus, Kommunikation und institutionalisierte Entscheidungsprozesse als Voraussetzung für *innovation*. Es ist evident, daß »Wissenschaft«, in welcher Form auch immer, eine zentrale Instanz eines solchen Systems ist. Vgl. unten S. 99 ff.

11 »Denn im Gemüt und in der Wissenschaft *(die nur sein, von allen Seiten vollständig gedachtes Objekt ist)* steht jeder einzelne Punkt mit allen vorigen und künftigen in Kontakt, ist kein Anfang und kein Ende, *ist alles Mittel und Zweck zugleich,* und also jeder Schritt weiter Gewinn, auch wenn unmittelbar dahinter eiserne Mauern gezogen würden.« Wilhelm von Humboldt, »Der Litauische Schulplan«, *Werke in 5 Bänden,* Berlin 1964 (Deutscher Verlag der Wissenschaften), Band IV, S. 190. Hervorhebung von mir.

11a Durch den Morrill Act vom Jahre 1862 erhielten die Universitäten und Collegs große Ländereien zugewiesen mit der Auflage, bestimmte praktische Forschungs- und Ausbildungsprogramme zu übernehmen. Im Gewande deutscher »Wissenschaftlichkeit« – Lehrautonomie, Freiheit von Forschung und Lehre – entstand die service-Universität der USA, die die Vorstellung von Cardinal Newman, Wissen könne ein Zweck an sich sein, für blanken Aristokratismus halten mußte.

12 C. P. Snow, *Die zwei Kulturen* (und ein Nachtrag), Stuttgart 1967 (Ernst Klett).

13 Hans Mohr, *Wissenschaft und menschliche Existenz, Vorlesungen über Struktur und Bedeutung der Wissenschaft,* Freiburg 1967 (Rombach), S. 9.

14 Während des Verhörs von J. R. Oppenheimer durch die US Atomic Energy Commission: *In the Matter of Robert Oppenheimer,* Washington 1954, zitiert nach Robert Jungk, *Heller als tausend Sonnen,* Hamburg-Reinbek 1964 (rororo 600–601), S. 302.

15 Robert Jungk, a.a.O., Seite 266.

16 John Platt, »Was wir tun müssen«, in: *Gefährdete Zukunft, Prognosen amerikanischer Wissenschaftler,* hrsg. von M. Lohmann, München 1970 (Hanser), S. 170.

17 F. W. J. Schelling, »Vorlesung über die Methode des akademischen Studiums«, in: *Die Idee der deutschen Universität,* hrsg. von Ernst Anrich, Darmstadt 1956 (Wissenschaftliche Buchgesellschaft), S. 4 f.

18 *Science, Government, and Information. The Responsibilities of the Technical Community and the Government in the Transfer of Information.* A Report of the President's Science Advisory Board, The White House 1963 (US-Government Printing Office); die deutsche Ausgabe ist besorgt durch die Deutsche Gesellschaft für Dokumentation e. V., unter dem Titel: *Wissenschaft, Regierung und Information,* Frankfurt 1964.

19 Stuttgart 1966 (Deutsche Verlagsanstalt).

20 Vgl. Hartmut von Hentig, *Cuernavaca oder: Alternativen zur Schule?* Stuttgart 1971 (Ernst Klett), Kap. V: Die Grenzen der Lerngesellschaft.

21 Vgl. hierzu Margret Boveri, *Verrat im XX. Jahrhundert,* 4. Band: *Verrat als Epidemie, Amerika;* Hamburg-Reinbek 1960 (rororo 105–106), S. 253.

22 Ebenda.

23 In: J. Robert Oppenheimer, *Science and the Common Understanding,* New York 1966 (Simon and Schuster).

24 Friedrich Tenbruck, *Die Funktionen der Wissenschaft,* S. 63.

25 C. P. Snow, *Die zwei Kulturen,* S. 96 (das englische Original erschien 1959).

26 Hermann Heimpel hat eine andere Erklärung für diese Zusammenfassung: Da die der Produktion dienenden Naturwissenschaften an den Weg durch die Schule gebunden sind, diese aber alle ihre Absolventen durch das »aus Bildung gezimmerte Joch des Abiturs« schickt, ».... entsteht so eine noch von niemand ausgerechnete Relation zwischen dem Bedarf an Industriechemikern und an Merseburger Zaubersprüchen.« in: »Liebeserklärung an die deutsche Universität«, in: *Neue Sammlung* 5/1966, S. 453.

27 Mit diesem Einwand setzt er sich auf den Seiten 71 f. der genannten Schrift auseinander.

28 C. P. Snow, »The Case of Leavis and the Serious Case«, in: *Times Literary Supplement* vom 9. 7. 1970.

29 Ebenda.

30 Snows Sprachgebrauch widerspricht beinahe diametral dem, den wir seit F. de Saussure verwenden: *synchron* sind dort alle struktural-analytisch verfahrenden, *diachron* die historisch (und darum meist mit Hilfe hermeneutischer Einfühlung und Vorgabe) arbeitenden Disziplinen.

31 Dieser »Sieg« war ein gesellschaftlicher und politischer; in einer demokratischen Gesellschaft hätten sich die Sophisten durchgesetzt. Vgl. hierzu Benjamin Farrington, *Greek Science,* 2. Bd., Penguins Books A 142 u. A 192, Harmondsworth 1944, vor allem A 142, S. 88–109.

32 Georges Louis Leclerc Comte de Buffon: *Oeuvres philosophiques,* Texte établi et présenté par J. Pivetau, Corpus général des philosophes français, Auteurs modernes XII, 1, 1954, S. 23 f.

33 Vgl. den ähnlichen Sprachgebrauch und die gänzlich andere Einstellung von Thomas Kuhn unten S. 58.

34 Friedrich Cramer, »Mensch und Gesellschaft vor den Anforderungen einer technisch und wissenschaftlich geplanten Zukunft – die Sicht des Biologen«, in: *Neue Sammlung* 2/1971, S. 156.

35 Diether Hopf, »Entwicklung der Intelligenz und Reform des Bildungswesens«, in: *Neue Sammlung* 1/1971, S. 45.

36 *FAZ,* 28. 9. 1970, S. 18.

37 Vgl. die Analyse der Mitteilungs- oder didaktischen Funktion der Wissenschaft in: Hartmut von Hentig, »Das Lehren der Wissenschaft«, in: *Spielraum und Ernstfall*, Stuttgart 1969 (Ernst Klett), S. 256–268.

38 Niklas Luhmann, »Der Sinn als Grundbegriff der Soziologie«, in: Jürgen Habermas/Niklas Luhmann: *Theorie der Gesellschaft oder Sozialtechnologie – Was leistet die Systemforschung?* Frankfurt 1971 (Suhrkamp). Jürgen Habermas führt diese These von Luhmann auf Kant zurück (im gleichen Band, S. 176). Will man überhaupt solche Ableitungen oder Zuordnungen vornehmen, dann läge die Entfremdungs- und Wiederaneignungstheorie von Hegel näher; dessen nicht geteilte Prämisse zu widerlegen, mochte dann die Absicht der Fußnote sein, die Luhmann seinem oben zitierten Satz beigibt. Sie richtet sich »gegen die Hypostasierung eines einheitlichen transzendentalen Subjekts«, das gar nicht »objektiv erleben (könne), weil ihm ein Horizont bereitgehaltener Perspektiven fehlte, die momentan nicht die seinen sind«. Ein Einwand gegen Hegels Weltgeist kann das Argument freilich nicht sein, weil es den Prozeß des Zusichselbstkommens, also die historische Dialektik, ignoriert. Ein Einwand gegen Kants Transzendentalphilosophie kann es auch nicht sein, weil es nur die Unvorstellbarkeit des Objektiven durch den subjektiven Geist bestätigt.

39 Die Ausdrücke sind von wenigen Seiten aus der oben erwähnten Schrift von Habermas/Luhmann zusammengelesen.

40 Thomas S. Kuhn, *The Structure of Scientific Revolutions,* Chicago 1962 (University of Chicago Press), deutsch: *Die Struktur wissenschaftlicher Revolutionen,* Frankfurt 1967 (Suhrkamp).

41 Vgl. den Vortrag: »Prematurity and Uniqueness in Scientific Discovery«, den er auf einem Symposion der Schering AG über die Möglichkeiten der genetischen Manipulation in Berlin, Mitte Dezember 1971 gehalten hat. Substantielle Auszüge sind in der *FAZ* vom 29. 12. 1971 abgedruckt worden. Der vollständige Text wird in einem Sammelband über das Symposion in der Vieweg-Pergamon-Press erscheinen.

42 Die drei Beispiele entstammen dem Vortrag von Stent nach der Wiedergabe in der *FAZ*.

43 Die Aufgabe der Philosophie, das Ungewußte im Gewußten aufzusuchen, habe ich behandelt in »Philosophie und Wissenschaft in der Pädagogik«, in: *Neue Sammlung* 1/1964, S. 10–29; seither auch in dem Sammelband *Spielraum und Ernstfall,* Stuttgart 1969 (Ernst Klett), S. 228 f.

44 Karl Jaspers und Kurt Rossmann, *Die Idee der Universität,* Berlin/Göttingen/Heidelberg 1961 (Springer), S. 41 f. und S. 16: »... ohne Bewußtsein ihrer Zusammengehörigkeit (d. h. der modernen ›Wissenschaften‹ seit dem 14. Jahrhundert) zeigt sich ein Gemeinsames. Die modernen Wissenschaften wollten nicht nur, wie alles Erkennen von jeher, Wahrheit erkennen, sondern jene bestimmte Wahrheit, die zwingend und allgemeingültig mit der Bewußtheit ihrer Methode bewiesen wird ... Das

gab es früher fast nur für die Mathematik und Logik... Jetzt bezog sie sich auf die gesamten Erfahrungsmöglichkeiten.«

45 C. F. von Weizsäcker, *Die Tragweite der Wissenschaft,* Erster Band, Schöpfung und Weltentstehung, Die Geschichte zweier Begriffe, Stuttgart 1964 (Hirzel), vgl. vor allem die Zehnte Vorlesung, S. 173 ff.

46 Vgl. Gunnar Myrdal, *Objectivity in Social Research,* London 1970 (Gerald Duckworth), vor allem die Kapitel IX (Biases in Research) und X (The Role of Hidden Valuations); deutsch: *Objektivität in der Sozialforschung,* Frankfurt 1971 (edition suhrkamp).

47 Diese »Wissenschaftlichkeit« kann man selbstverständlich auch anders umschreiben als mit den genannten drei Kriterien. Jaspers gibt selbst an anderer Stelle einen anderen differenzierteren Katalog, einschließlich negativer Kriterien, in: *Vom Ursprung und Ziel der Geschichte,* Frankfurt/Hamburg 1955, Fischerbücherei 91, S. 83 ff. Eine schon von der Didaktik her konzipierte Kriterienliste, die also Mitteilbarkeit, Verständlichkeit, Zusammenhang, Verfügbarkeit, Kontinuität einschließt, findet sich bei Hartmut von Hentig, »Das Lehren der Wissenschaft«, in: *Spielraum und Ernstfall,* Stuttgart 1969 (Ernst Klett), S. 258 ff. Wieder anders muß die Liste aussehen, wenn es um die Operationalisierung von Wissenschaftlichkeit als Lernziel geht, z. B. im Noll-Test of Scientific Thinking. Soll Wissenschaft gegen andere Tätigkeiten wie Politik abgesetzt oder mit ihnen verbunden werden, ergeben sich wieder andere Kriterien. Bei Albrecht Wellmer, »Unpolitische Universität und Politisierung der Wissenschaft«, in Jürgen Habermas, *Protestbewegung und Hochschulreform,* Frankfurt 1969 (edition suhrkamp), S. 249 ff., gehört das Bewußtsein von der Gesellschaftlichkeit, die Thematisierung der Abhängigkeit schon zu den Kriterien ihrer Wissenschaftlichkeit.

48 F. W. J. Schelling, »Vorlesung über die Methode des akademischen Studiums (1802), in Anrich, *Die Idee,* S. 6. »... es läßt sich eben dies beweisen, daß ohne sie (viz. die Einheit in der Idee des an sich selbst unbedingten Wissens) überhaupt keine Wissenschaft sei, und.... daß in allem, was nur Anspruch macht, Wissenschaft zu sein, eigentlich diese Identität oder dieses gänzliche Aufgehen des Realen im Idealen beabsichtigt werde.« Und: »... jene wesentliche Einheit des unbedingt Idealen und des unbedingt Realen, ist nur möglich dadurch, daß *dasselbe,* welches das eine ist, auch das andere ist.« (S. 7) – 49 Ebenda S. 7.

50 Friedrich Schleiermacher, »Gelegentliche Gedanken über Universitäten in deutschem Sinn« (1808), in Anrich, *Die Idee,* S. 131.

51 Ebenda.

52 Ebenda; den gleichen Gedanken vertritt K. Jaspers, *Die Idee,* S. 105. Vgl. unten Teil III, Abschnitt 7.

53 *Gelegentliche Gedanken,* Seite 259 f.

54 Auguste Comte, *Die Soziologie, Die Positive Philosophie im Auszug,* hrsg. von Friedrich Blaschke, Stuttgart o. J. (Kröner).

1 Karl Jaspers, *Vom Ursprung,* S. 94.

2 Karl Jaspers/Kurt Rossmann, *Die Idee,* S. 65.

3 Karl Jaspers, *Die Idee,* S. 108 f.

4 Vgl. hierzu Alois Dempf, *Die Einheit der Wissenschaft,* Stuttgart 1955 (Urbanbücher), S. 11: sie ist »... nur eine regulative Einheitsstiftung«.

5 *Studenten und die neue Universität,* S. 11.

6 So bei Jean Piaget, *The Epistemology of Interdisciplinary Relationships,* Referat für die OECD/CERI Tagung, Pluridisciplinarity and Interdisciplinarity in Higher Education, Nizza 1970, CERI Project XIII, Document CERI/HE/CP 70.13.

7 Die einleuchtendste Veranschaulichung des strukturalistischen Prinzips hat Rudolf Carnap am Modell einer Eisenbahnkarte gegeben, in: *Der logische Aufbau der Welt. Scheinprobleme in der Philosophie,* Hamburg 1961, 2. Aufl. (Felix Meiner), S. 14–16.

7[a] Jean Piaget, *The Epistemology,* S. 3.

8 Jean Piaget, *The Epistemology,* S. 4.

9 Jean Piaget, *The Epistemology,* S. 14 f.

10 André Lichnerowicz, *Mathematics and Transdisciplinarity,* Referat gehalten auf einer Tagung der OECD mit dem Thema Pluridisciplinarity and Interdisciplinarity in Universities, in Nizza, 7.–12. September 1970; verfügbar als Dokument CERI/HE/CP/70.23.
Die hier folgenden Behauptungen zur Rolle und Funktionsweise der Mathematik gehen zum größten Teil auf die Diskussion zurück, die aus Anlaß von Lichnerowicz' Referat stattfand.

11 Ebenda, S. 5.

12 Diese Frage ist von mir ausführlicher behandelt worden in: *Platonisches Lehren, Probleme der Didaktik dargestellt am Modell des altsprachlichen Unterrichts,* Bd. I, Stuttgart 1966 (Ernst Klett). Vgl. vor allem S. 18 f., wo es um »ein neues Verständnis der Verständlichkeit« geht, und S. 24 ff., wo die Einheit der Wissenschaft und die Kriterien der Verstehbarkeit im Blick auf die durch Wissenschaft erzeugte Entfremdung der Erfahrung behandelt werden.

13 Vgl. Hartmut von Hentig, *Logomythie,* S. 189 ff.

14 Lichnerowicz, *Mathematics and Transdisciplinarity,* S. 5.

15 Ohne Angabe zitiert bei Max Weber, *Wissenschaft als Beruf,* Berlin 1959 (Duncker und Humblot), 4. Aufl., Seite 22

16 Vgl. unten Seite 111.

17 Vgl. oben S. 46, Fußnote 1.

18 Clark C. Abt, *Analysis of the Survey;* vgl. oben S. 29 f.

19 Helmut Schelsky, *Abschied,* S. 18 f.

20 Max Weber, *Wissenschaft als Beruf,* S. 18 ff.

21 Aus einer Rede des Kanzlers E. E. Weidner vor dem U. S. House of

Representatives, 26. März 1970, in: *The University of Wisconsin/Green Bay: an example of a university oriented towards environmental problems,* OECD-Dokument CERI/HE/CP/70.26, S. 7.

22 *Times Educational Supplement vom* 13. 11. 1970.

23 Ernst von Weizsäcker/Günther Dohmen/Heinz Theodor Jüchter u. a., *Baukasten gegen Systemzwänge, Der Weizsäcker Hochschulplan,* München 1970 (Serie Piper).

24 Vgl. dazu Gunnar Myrdal, *Objectivity in Social Research,* vor allem Kap. VIII über die Vorurteile der Wissenschaften. Vgl. auch meine Besprechung: Plädoyer für das Konkrete in der Literaturbeilage der *FAZ* vom 30. 11. 1971.

25 Friedrich Tenbruck, *Die Funktionen der Wissenschaft,* S. 72 (Hervorhebungen von mir).

26 Max Weber, *Wissenschaft als Beruf,* S. 25.

27 Gunnar Myrdal, *Objectivity in Social Research,* S. 9; meine Übersetzung des Zitats aus dem Original.

28 Vgl. Margaret Mead, *Culture and Commitment,* Garden City, New York 1970 (Doubleday). Sie unterscheidet drei Phasen oder Stufen der Kultur: eine postfigurative (man lernt von den »Vätern« – kommt *nach* den von ihnen geschaffenen Ordnungen in diese), eine kofigurative (man lernt von den Zeit- und Altersgenossen) und eine präfigurative (man lernt, erkennt, versteht die Welt, die man gemacht hat, an denen, die in sie hineinwachsen).

29 John Henry Cardinal Newman, *The Idea of the University,* New York 1947 (Longmans Green), S. 157. Die Schönheit der Sprache, die nicht ohne Verlust zu übersetzen ist, gehört mit zur Aussage: es ging um etwas Erhabenes und Erhebendes.

30 Abraham Flexner, *Universities: American English German,* New York 1930 (Oxford University Press) S. 3; zitiert nach Clark Kerr, *The Uses of the University,* Cambridge/Mass. 1964 (Harvard University Press), S. 4.

31 Nach Schätzungen von Fritz Machlup, *The Production and Distribution of Knowledge in the United States,* Princeton 1962 (Princeton University Press), S. 374.

32 Clark Kerr, *The Uses of the University,* S. 7f.

33 Die systematischste Kritik hat die Integrierte Gesamthochschule bisher von Heinz Heckhausen erfahren. In seinem Aufsatz »Die ›Integrierte Gesamthochschule‹, Ein Luftschloß am Planungshorizont der deutschen Hochschulpolitik«, in: *Die Deutsche Universitätszeitung,* Nr. 12/1971, kritisiert er vor allem die falschen Erwartungen, die man sich hinsichtlich der Ausgleichs-, Verteilungs- und Entfächerungsfunktion der IGH vermittels administrativer Zusammenlegung macht. Voraussetzung für das Gelingen wäre in jedem Fall eine gründliche, umfängliche und keinesfalls immer aussichtsreiche Curriculumarbeit (mit Feststellung der möglichen

gemeinsamen Eingangsvoraussetzungen und gemeinsamen Studienziele). »Pluridisziplinäre Studiengänge« (d. h. Additionen von Studiengängen) müßten »integrierten Studiengängen«, die »im echten Sinne interdisziplinär« sind, weichen und letztere im entsprechenden Forschungsmöglichkeiten verbunden werden. Aber auch Heinz Heckhausen sagt nicht, was »interdisziplinär im echten Sinn« ist – und so bleibt auch seine Alternative einer »Differenzierten Gesamthochschule als regionaler Hochschulverbund« einstweilen nichts als die Leugnung, daß die verlorene oder fehlende Einheit der Wissenschaften ein ernstes Problem für diese selbst darstelle. Sein Modell bestätigt alle anderen Probleme – der Nachwuchssteuerung, der Studentenverteilung, der Selbstverwaltung, des Statusgefälles. Die immer mühsamer werdende Kooperation der Wissenschaften dagegen ist nach wie vor ein »Koordinierungsproblem«, und die »Diversifizierung« der Wissenschaften ist Schicksal.

34 Erich Jantsch, *Integrative Planning*, vgl. oben S. 14. Im folgenden abgekürzt als *IP*.

35 Erich Jantsch verwendet ein etwas anderes Bild: eines sich verengenden Trichters für das alte Vorgehen, eines sich am Ende wieder erweiternden Trichters für sein Vorgehen. Damit wird er weder der Funktion der Spezialisierung noch der von ihm gemeinten Generalisierung gerecht; *IP*, S. 19.

36 Auf Jantschs Vorstellung, daß und wie sich die Universität durch ihren »service« finanziell selbst erhalten könne, gehe ich hier nicht ein.

37 Erich Jantsch, *Towards Inter- and Transdisciplinarity*, S. 11. Im folgenden abgekürzt als *I & T*.

38 Clark Kerr, *The Uses of the University*, S. 123 f.

39 In: *The University of Utopia*, Chicago 1953, (University of Chicago Press). Hutchins bemerkt dazu in einer Fußnote, daß ihm diese »Unterscheidung« im Rahmen des oben (S. 31) erwähnten Committee on Social Thought durch Edward Shils nahgelegt worden sei.

40 Ernst Krieck, »Politische Wissenschaft«, in: *Nationalpolitische Erziehung*, Leipzig 1935, 19. Aufl., S. 1; zitiert nach Ernst Topitsch, *Die Freiheit der Wissenschaft und der politische Auftrag der Universität*, Neuwied und Berlin 1968 (Luchterhand), S. 12.

41 Ernst Bloch schrieb 1951: »Auch die bürgerliche Wissenschaft war nie eine neutrale, obwohl sie sich darüber in falschem Bewußtsein wiegte ... Der einsamste Forscher kann nicht umhin, ein Sohn seiner Zeit zu sein. Er teilt mit seiner Klasse die wirtschaftlichen Voraussetzungen ... Das Bild einer sogenannten reinen Wissenschaft ist also subjektiver Schein.« in dem Aufsatz »Parteilichkeit in Wissenschaft und Welt« in: *Aufbau*, 7. Jg. 1951, S. 593, nach Topitsch, *Die Freiheit der Wissenschaft*, S. 18. Topitsch gibt hier selbst ein Beispiel für einen wertenden Gebrauch »wissenschaftlicher« Darstellungsweise mithilfe von Zitat, Vergleich, Historisierung usf.

42 Gunnar Myrdal, »The Place of Values in Social Policy«, in: *Journal of Social Policy,* Januar 1972 (Cambridge University Press), zitiert nach dem noch ungedruckten Maschinenskript. Gunnar Myrdal verweist hinsichtlich der Notwendigkeit »prophylaktischer Reformen« auf das Buch seiner Frau Alva Myrdal, *Nation and Family,* London 1945 (Kegan Paul).

43 In dem Bericht von Potter, Baerreis, Bryson, Curvin et al., »Purpose and Function of the University«, in: *Science* vom 20. 3. 1970, S. 1590 ff.

44 John Platt: *Was wir tun müssen,* S. 171.

45 Vgl. unten S. 159 ff. die Erörterung der Frage nach Relevanz oder Kontingenz der Erscheinungen (Objekte) für die Wissenschaft.

46 Jürgen Habermas, *Protestbewegung,* S. 56 f.

47 Ernst Topitsch, *Die Freiheit der Wissenschaft,* S. 47.

48 Jürgen Habermas, *Protestbewegung,* S. 222.

49 Vgl. hierzu Hartmut von Hentig, »Die Sache und die Demokratie«, in: *Neue Sammlung* 2/1969, S. 123.

50 Vgl. den Aufgabenkatalog einer politischen Universität bei Albrecht Wellmer: »Unpolitische Universität und Politisierung der Wissenschaft«, abgedruckt in Jürgen Habermas: *Protestbewegung und Hochschulreform,* S. 255.

51 Vgl. oben S. 46.

52 Aus Friedrich Tenbrucks Denkspiel (»Stellt man sich in grober Vereinfachung vor, daß eine Gesellschaft aus Wissenschaftlern und Nichtwissenschaftlern besteht, so müßten diese den Befund jener auf Treu und Glauben hinnehmen«) wird deutlich, wie nahe wir seiner Annahme noch sind und eine wie tiefe Kluft die so gedeutete Autorität der Wissenschaft in der Gesellschaft aufreißt. Wissenschaft sollte die Glieder einer Gesellschaft durch Rationalität und Kommunikation verbinden, durch etwas, was die Wissenschaft selber leistet. »Treu und Glauben« müßten dagegen durch etwas begründet werden, was außerhalb der Wissenschaft wirkt; »Treu und Glauben« können mißbraucht werden; »Treu und Glauben« können in Herrschaft – in ungewollte, unbegründete Abhängigkeit – umschlagen; und die Wissenschaft wird daran selbst nichts ändern können, solange die andere Seite sich ihrer nicht auch wissenschaftlich (sondern nur gläubig) zu bedienen weiß. Die Annahme von Tenbruck beweist mithin nichts so sehr wie ihre eigene Unsinnigkeit. Wissenschaft ist immer darauf angewiesen, daß der Rezipient auch wissenschaftlich denkt. Wissenschaftliche Wahrheit unter Hottentotten bleibt Magie. Vgl. Friedrich Tenbruck, *Die Funktionen der Wissenschaft,* S. 64.

53 Gunnar Myrdal, *Objectivity in Social Research,* S. 14.

54 C. West Churchman, *Challenge to Reason,* New York 1968 (McGraw-Hill), S. 85.

55 Gerard Radnitzky, *Ways of Looking at Science,* Vorabdruck eines Buchmanuskripts: Contemporary Schools of Metascience, Institut für Wissenschaftstheorie der Universität Gothenburg/Göteborg 1971, S. 17.

56 C. F. von Weizsäcker, *Zum Weltbild der Physik,* Stuttgart 1964 (Hirzel), 6. Aufl., S. 184 ff.

57 C. F. von Weizsäcker, *Zum Weltbild,* S. 197 f. Die empirische Sozialpsychologie hat das vielfach bestätigt. Vgl. dazu die Zusammenfassung der einschlägigen Ergebnisse in: Rosenthal/Jacobsen: *Pygmalion,* vor allem S. 21–30. Die »persönliche Beziehung« wirkt schon in ganz kleinen Dosen, und zwar gegenseitig für Beobachter und Proband und auch wenn sie unbewußt ist: »It seems reasonable to think of a subject's responding in the direction of the experimenter's hypothesis as a reinforcing event... Subjects, then, may quite unintentionally shape the experimenter's unintended communicative behavior.« »Es scheint sinnvoll (in den geschilderten Fällen) anzunehmen, daß der Proband mit seinen Reaktionen den Erweiterungen des Untersuchenden entgegengekommen ist und sie dadurch bestärkt hat... Probanden können also ganz unbeabsichtigt die unbeabsichtigten Kommunikationshandlungen des Untersuchenden formen.« *Pygmalion,* S. 30.

58 Vgl. L. Apostel, *The Problem of Pluridisciplinarity,* OECD-Dokument CERI/HE/CP/70.27, 1970, S. 4–6, wo die Zerstörung der Professionen durch die Monodisziplinarität an Beispielen verdeutlicht wird.

59 Henry Nathan, *Pressures on Content: Notes on »Learning« and the Universities,* OECD-Dokument vorgelegt für das CERI-Projekt Goals and Functions of Universities (CERI/GB [69] 13), Paris, 8. Juli 1970, S. 36.

60 Hartmut von Hentig, »Das Lehren der Wissenschaft«, in: *Spielraum und Ernstfall,* Stuttgart 1969 (Ernst Klett), S. 256; ders.: »Wissenschaftsdidaktik«, in: *Wissenschaftsdidaktik, Referate und Berichte von einer Tagung des Zentrums für Interdisziplinäre Forschung der Universität Bielefeld am 11./12. 4. 1969,* 5. Sonderheft der Neuen Sammlung, 1970.

61 Jürgen Habermas, Vorbereitende Bemerkungen zu einer Theorie der kommunikativen Kompetenz«, in Jürgen Habermas/Niklas Luhmann: *Theorie der Gesellschaft oder Sozialtechnologie – Was leistet die Systemforschung?* Frankfurt 1971 (Suhrkamp), S. 114 ff. Vgl. unten S. 158 ff.

62 Die imponierenden Koordinationsleistungen, die es auch gibt – des Raumfluges z. B. – sind ihrerseits Spezialarbeit. Dieses Modell gibt den »Methodisten« die Zuversicht, bei strenger Standardisierung der Mittel ließen sich alle Wissenschaften und alle Tätigkeiten, die ihnen folgen, so koordinieren. Dies ist ihr Irrtum: sie ziehen nicht in Betracht, daß der Mensch und die Gesellschaft selbst ein immer größeres Problem werden, weil oder sofern sie sich dieser Standardisierung und Berechenbarkeit nicht unterziehen oder nur scheinbar und vorübergehend unterziehen, bis die unterschlagenen Momente und Potenzen vehement ausbrechen.

63 Vgl. Martin Wagenschein, *Verstehen lehren,* Weinheim 1968 (Beltz), und die Anwendung von Wagenscheins Begriffen auf die Hochschuldidaktik in: *Forschendes Lernen – wissenschaftliches Prüfen, Schriften der*

Bundesassistentenkonferenz, Nr. 5, Bonn 1970 (ohne Verlag), S. 22 f.

64 Jürgen Habermas, »Vorbereitende Bemerkungen«, S. 119. Vgl. auch die Auseinandersetzung mit Niklas Luhmann, unten S. 168 ff.

65 Vgl. hierzu: *Mögliche und wünschbare Zukünfte,* Protokoll Nr. 31 des Bergedorfer Gesprächskreises zu Fragen der industriellen Gesellschaft, Hamburg-Bergedorf 1968, S. 47.

66 Ronald Lippitt/Robert Fox/Lucille Schaible, *Social Science Laboratory Units,* Chicago 1969 (Science Research Associates); eine deutsche Fassung wird an der Universität Bielefeld erarbeitet und voraussichtlich Ende 1974 im Ernst Klett Verlag veröffentlicht werden.

67 Georg Picht hat kürzlich gezeigt, daß diese Kreisvorstellung ein Sprachirrtum ist – ein folgenreicher und festeingewurzelter, der eine tükkische Verbindung zwischen Freiheit und solcher »allgemeiner« Bildung (vgl. die artes »liberales«) herstellte. Georg Picht, »Enzyklopädie und Bildung«, in: *Merkur* Nr. 279, Juli 1971, S. 633 ff.

68 Vgl. Jürgen Henningsen, *Enzyklopädie, Zur Sprach- und Bedeutungsgeschichte eines pädagogischen Begriffs,* Kiel 1964 (Photodruck); der »größere« Spiegel heißt er im Gegensatz zu begrenzteren Vorformen, ähnlich der Einteilung in trivium, quadrivium und septem artes liberales.

69 Ludwig Huber, »Stichworte zur Vorbereitung einer Arbeitstagung der Bundesassistentenkonferenz über Interdisziplinäres Studium in Göttingen«, 1970 (vervielfältigtes Typoskript) S. 2.

70 Ludwig Huber, »Stichworte«, S. 8.

71 Vgl. Marshall McLuhan, *Understanding Media: The extensions of man,* New York 1966 (Signet Books). McLuhans Analyse gilt in erster Linie der Wirkung des Fernsehens – einer Vermittlung der Welt durch das elektronisch übertragene Geschehen im Vergleich zum gedruckten Text und der unmittelbaren Wahrnehmung. Ausgewählt (ohne daß man es merkt oder kontrollieren könnte), vergänglich, gleichzeitig zum Geschehen, ubiquitär, ohne Antwortmöglichkeit, pausenlos, »wichtig« und massenhaft muß diese Bilderfahrung auf die Dauer die Wahrnehmungs-, Verarbeitungs- und Reflexionsgewohnheiten der Menschen gründlich verändern. Der Prozeß ist angelaufen und ernst zu nehmen, auch wenn ein kaum ernstzunehmender Mann ihn popularisiert hat.

Die Schrift wird heute schon überall entthront: auf Wasserhähnen, Straßenschildern, Gebrauchsanweisungen und im »Lernprozeß« der Schule und dies in einem Zeitalter, in dem in der Welt nichts sosehr als Kriterium der Zivilisation gilt wie die Beherrschung der Schrift.

72 Vgl. Hartmut von Hentig, »Logomythie«, vor allem S. 197 f.

73 Gunnar Myrdal, *Objectivity,* S. 10.

74 In der Bühlerschen Sprachtheorie, die zu Unrecht von den behavioristischen, strukturalistischen, generativen und Transformations-Theorien verdrängt worden ist (sie erklärt nicht Entstehung *oder* Funktion *oder* Verfahren von Sprache, sondern deren Verhältnis!), fehlt schmerz-

lich eine vierte Funktion: die argumentative (vgl. Hartmut von Hentig, »Didaktik und Linguistik, in: *Sprache und Erziehung,* 7. Beiheft der Zeitschrift für Pädagogik, Weinheim 1968, S. 83 ff.). Diese wird mit anderen Begriffen und gründlicherer theoretischer Begründung heute durch Jürgen Habermas in die Sprach- oder Kommunikationstheorie überhaupt eingebracht und mit der Wissenschaftstheorie kritisch verbunden. Vgl. unten S. 183 ff. und oben S. 117 ff.

75 Heinrich Hertz, *Gesammelte Werke,* Bd. III, Die Prinzipien der Mechanik, Leipzig 1894 (Johann Ambrosius Barth), S. 1 f.

76 Hans Albert, »Theorie und Prognose der Sozialwissenschaften«, in: Ernst Topitsch (Hrsg.): *Logik der Sozialwissenschaften,* Neue Wissenschaftliche Bibliothek, Köln/Berlin 1967 (Kiepenheuer und Witsch), 4. Aufl., S. 126.

77 Jean Piaget, *The Epistemology,* S. 13.

78 Etwa durch den Film. Aber auch er wählt eine Perspektive, einen Ausschnitt, eine verfremdende Technik und schließt die Wirklichkeit gerade dadurch auf, daß er anders ist als sie – schwarz-weiß, mal nah, mal fern, verlangsamt, gerafft, vergrößert.

79 Als wichtigste Vertreter je einer Disziplin seien genannt: Lawrence Senesh: Ökonomie; David Easton: Politik; Jerome S. Bruner: Anthropologie; Jerrold Zacharias: Physik; das BSCS (Biological Sciences Curriculum Study) team: Biologie; P. Roberts: Sprache (englische Syntax nach den Prinzipien von Noam Chomskys generativer Grammatik); Edwin Fenton: Geschichte; Hilda Taba: Social Studies.

80 Jerome S. Bruner, »The Skill of Relevance or the Relevance of Skill«, in: *Saturday Review* vom 18. 4. 1970, S. 66 f.

81 Jerome S. Bruner, »The Skill of Relevance«, S. 78.

82 Karl Bühler, *Sprachtheorie. Die Darstellungsfunktion der Sprache,* Stuttgart 1965 (Gustav Fischer), 2. Aufl., S. 79 f.

83 Jean Piaget, *The Epistemology,* S. 10.

84 Dieses Ergebnis moderner Physiologie ist eine interessante Bestätigung einer von Humboldt für den Verstehensvorgang in der Sprache gebrauchten Metapher: »... das Wort ... teilt nicht, wie eine Substanz, etwas schon Hervorgebrachtes mit, enthält auch nicht einen schon geschlossenen Begriff, sondern regt bloß an, diesen mit selbständiger Kraft, nur auf bestimmte Weise zu bilden. Die Menschen verstehen einander nicht dadurch, daß sie sich Zeichen der Dinge wirklich hingeben ... sondern dadurch, daß sie gegenseitig ineinander dasselbe Glied der Kette ihrer sinnlichen Vorstellungen und inneren Begriffserzeugungen berühren, *dieselbe Taste ihres geistigen Instruments anschlagen,* worauf alsdann in jedem entsprechende, nicht aber dieselben Begriffe hervorspringen. Nur in diesen Schranken und in diesen Divergenzen kommen sie auf dasselbe Wort zusammen.« W. von Humboldt, *Über die Verschiedenheit des menschlichen Sprachbaus und ihren Einfluß auf die geistige Entwicklung*

des Menschengeschlechts, Darmstadt 1949 (Claassen und Roether), S. 180 f.

85 Dieses klassische »connectionist« Modell des englischen Empirismus nimmt F. Rosenblatt wieder auf und konstruiert ein Modell, genannt Perceptron, in das er die Struktur des Systems und die »Ökologie« der Reiz-Umwelt (für den Menschen ist das die Kultur) aufnimmt. »The Perceptron: A Probabilistic Model for Information Storage und Organisation in the Brain«, in: *Psychological Review,* Vol. 65, Nr. 6, 1958, S. 386 ff.

86 Die empirisch gestützte Lerntheorie von Piaget sagt, in grober Vereinfachung: geistige Entwicklung geht in einer zwingenden Folge von Lernstufen vor sich; man kann die nächste Stufe nicht erfolgreich beschreiten, wenn man die voraufgehende nicht eingenommen hat. So müssen Kinder z. B. den Bezeichnungsvorgang beherrschen, bevor sie klassifizieren können. Darum nehmen sie in einem bestimmten Entwicklungsabschnitt die Dinge – wie wir sagen – so »wörtlich«; sie haben ein zu unmittelbares Verhältnis zur betreffenden Sache und können nicht so tun, »als ob« unter dem gleichen Wort auch eine andere mit zu begreifen sei. Das muß man wissen, wenn man den Lernprozeß an dieser Stelle nicht durch falsche Forderungen blockieren will. Die Piagetsche Theorie erstreckt sich also auf die Reihenfolge, in der geistige Operationen möglich werden: an welcher Stelle in dieser Folge Hypothesen, an welcher Widersprüche, an welcher die Unterscheidung von Beobachtung, Folgerung, Wertung möglich werden. Die Theorie sagt aber auch, daß bei geeigneter Anordnung der absolute Zeitpunkt im Leben eines Menschen hierfür »relativ« offen ist; es wird »optimale« Zeitabschnitte für die Abfolgen geben – und es ist nicht wünschenswert, daß die Abfolge beschleunigt und der ganze Prozeß stark verfrüht wird.
Ich gebe dies hier wieder, weil sich unter dem Titel »Piagetsche Lerntheorie« leider sehr verschiedene Dinge verstehen lassen. In den USA versteht man darunter oft mehr das, was Jerome S. Bruner daraus gemacht hat.

87 *Seminar on Pluridisciplinarity and Interdisciplinarity in Universities,* Report of the Working Groups, OECD-Dokument CERI/HE/CP/70.28, S. 5.

88 Hartmut von Hentig, *Platonisches Lehren,* S. 267 f. und S. 270 ff.

89 Edward T. Hall, *The Silent Language,* New York 1961 (Premier Books).

90 Eric Buyssens, »Speaking and Thinking from the Linguistic Standpoint, in: *Acta Psychologica,* Bd. 10/1954, S. 136–164; der ganze Band ist dem Thema Denken und Sprechen gewidmet.

91 J. Henri Poincaré, *Wissenschaft und Hypothese,* Leipzig/Berlin 1906, S. 51 und 72 ff.; die entsprechenden Stellen sind abgedruckt in dem Sammelband: *Grundlagen der Mathematik in Geschichte und Entwicklung,*

hrsg. von Oskar Becker, Reihe Orbis Academicus, Freiburg/München 1954 (Karl Alber), S. 208 ff.

92 Hugo Dingler, *Über Geschichte und Wesen des Experiments,* München 1952, S. 7–12; die entsprechende Stelle ist abgedruckt in: Grundlagen der Mathematik (s. oben Anm. 3). Eine operative Definition lautet etwa: Eine Ebene ist das, was entsteht, wenn man drei grob geschnittene Steinplatten paarweise so aufeinander abschleift, bis sie adhärieren.

93 Benjamin L. Whorf, *Sprache, Denken, Wirklichkeit, Beiträge zur Metalinguistik und Sprachphilosophie,* Hamburg-Reinbek 1963 (rde 174).

94 Vgl. Hartmut von Hentig, *Platonisches Lehren,* S. 272, und Bruno Snell, *Der Aufbau der Sprache,* Hamburg 1952 (Claassen), wo diese Figuren (er nennt sie »Phänomene des Sinns«, S. 16) den grammatischen Kategorien unterlegt werden, nicht den Spracherscheinungen selbst.

95 Henry Nathan, *Pressures on Content,* S. 17.

96 Hans L. Zetterberg, »Theorie, Forschung und Praxis in der Soziologie«, in: *Handbuch der empirischen Sozialforschung* (hrsg. von René König), Bd. I, Stuttgart 1962 (Ferdinand Enke), S. 80 f.

97 Hans L. Zetterberg, »Theorie, Forschung und Praxis«, S. 81.

98 Hartmut von Hentig, »Logomythie«.

99 Vgl. die ausführliche Darstellung der beiden Einrichtungen in: Hartmut von Hentig, et al., *Die Bielefelder Laborschule;* ders., *Das Bielefelder Oberstufen-Kolleg,* Stuttgart 1971 (Ernst Klett).

100 Hartmut von Hentig, et al., *Das Bielefelder Oberstufen-Kolleg,* S. 41.

101 Die Arbeitszeit der Kollegiaten verteilt sich wie folgt auf die drei Unterrichtsarten: 2 Teile auf die Disziplinen, 2 Teile auf den systematischen Unterricht und 1 Teil auf den Gesamtunterricht.

102 Ludwig Huber, *Stichworte,* S. 6.

103 Vgl. hierzu die Vorschläge von Hellmut Becker, »Reform der Bildungsverwaltung«, in: *Bildungsforschung und Bildungsplanung,* Frankfurt 1971, (edition suhrkamp) und die entsprechenden Abschnitte im sog. Strukturplan für das Bildungswesen, Empfehlungen der Bildungskommission des Deutschen Bildungsrates, Stuttgart 1970 (Ernst Klett); dazu Hartmut von Hentig, »Die Ermöglichung der Ermöglichung der Bildungsreform«, in: *Merkur* Nr. 285, Januar 1972.

104 Niklas Luhmann in: Habermas/Luhmann, *Theorie der Gesellschaft,* S. 398.

105 Wolfgang Wieser, *Organismen, Strukturen, Maschinen,* Frankfurt 1959 (Fischer Bücherei), S. 26.

106 Jürgen Habermas, *Vorbereitende Bemerkungen,* S. 121. Vgl. auch oben, S. 158 f.

107 Die folgende Wiedergabe einiger für unseren Zusammenhang wichtiger Gedanken von Niklas Luhmann stützt sich auf seine drei Aufsätze

»Moderne Systemtheorien als Form gesamtgesellschaftlicher Analyse«, »Sinn als Grundbegriff der Soziologie« und »Systemtheoretische Argumentationen, Eine Entgegnung auf Jürgen Habermas«, alle drei in: Jürgen Habermas/Niklas Luhmann, *Theorie der Gesellschaft*. Die Zitierung erfolgt ohne Nennung der Einzeltitel, nur mit Angabe der Seitenzahl.

108 »Komplexität heißt praktisch Selektionszwang. Kontingenz heißt praktisch Enttäuschungsgefahr und Notwendigkeit, sich auf Risiken einzulassen.« S. 33.

109 Daß die soziale Komplexität zugenommen habe, sagt er ausdrücklich (S. 22); er schränkt diese Feststellung jedoch sofort ein: »'. . . . nicht in jedem Einzelsystem, wohl aber in der Gesellschaft im Ganzen . . .«

110 Thomas Kuhn, *Die Struktur wissenschaftlicher Revolutionen*, S. 20.

111 Luhmanns wiederholte Betonung der »unaufgebbaren Präsenz des sinnkonstituierenden Erlebens«, das »immer nur in der Gegenwart stattfinden kann« (S. 59; vgl. auch S. 306), dient also nicht nur der Abwehr der transzendentalen Philosophie, für die »Sinn« durch den »bewußten Vollzug der *intentionalen* Struktur des Erlebens« (S. 59, Hervorhebung von mir) gekennzeichnet war. Die »Gegenwärtigkeit« der »Sinnkonstituierung« ist notwendig zur Abgrenzung und Zurechnung von Systemen.

112 »Die Sinnkonstitution (muß) primär über das Erleben laufen« (S. 306).

113 Bei Luhmann heißt das »Verweisungsreichtum« (vgl. S. 303).

114 »Dreh dich nicht um, der Golem geht rum!« von Dieter Waldmann, im ARD am 24. 10. 1971.

115 In der Nikomachischen Ethik unterscheidet er zwischen dem rationalen und dem nichtrationalen Teil der Seele. Beide sind für sich des Handelns unfähig, der eine Teil, weil er nur das Getriebensein kennt, der andere Teil, weil Erkenntnis allein nichts bewegt. (NE 1139 a 20–30)

116 Vgl. hierzu die ausführliche Rezension des Buches von Habermas/Luhmann durch Wolf Lepenies, »Alteuropäische Tradition und die Frage: Ist Systemtheorie eine Ideologie?«, in: *FAZ* vom 12. 10. 1971.

117 Vgl. Bazon Brock, »Neuer Skandal der Vernunft oder das Chaos der Möglichkeiten, (Zur Debatte zwischen J. Habermas und N. Luhmann)«, in *FAZ* vom 12. 10. 1971 (Literaturbeilage).

118 »Ohne zu wissen, daß man das Wort Brot nicht (nicht!) essen, auf das Wort Baum nicht (nicht!) klettern kann, wäre die Verfügung über Sprache mit tödlichen Irrtümern belastet.« (S. 304) Wenn man hier das Wort Brot einmal durch ›Demokratie‹ und das Wort Baum einmal durch ›Freiheit‹ ersetzt, erkennt man die Gefahr deutlicher.

119 Das meint nicht die bloße Veränderung der Welt, sondern einen Wandel, dessen *Sinn* man begreifen kann: Schöpfungs- und Heilsgeschichte, Verfallsgeschichte, Hegelsche und marxistische Dialektik bis hin zu Habermas' »substantieller Rationalität«. Vgl. Karl Löwith, *Weltgeschichte und Heilsgeschehen*, Stuttgart 1953 (Urban Bücher).

120 »Im Laufe der menschlichen Entwicklung steigt die soziale Komplexität, d. h. die Zahl und Arten möglichen Erlebens und Handelns.« (S. 22)

121 Hartmut von Hentig, *Systemzwang und Selbstbestimmung,* Stuttgart 1969, 2. Auflage (Ernst Klett), S. 27–70.

122 Helmut Schelsky, »Die Strategie der ›Systemüberwindung‹, Der lange Marsch durch die Institutionen«, in: *FAZ* vom 10. 12. 1971.

123 Ebenda.

124 Entworfen von Theodor Schulze.

125 Aber auch umgekehrt: Jedes Nein ermöglicht unvorhersehbare andere Jas.

126 In diesem Fall ist es der im Kreis oben unbeschriftet gebliebene. (Er ist auf der Zeichnung so klein geraten, weil soviel Schrift in den anderen unterzubringen war: auch das ein Systemzwang.) Außerdem bezeichnet der Kreis selbst die Grenzen des Geplanten.

127 Vgl. Hartmut von Hentig, »Planung entwickelt eine neue Mentalität«, in: *Spielraum und Ernstfall,* S. 41–58.

128 Vgl. Hartmut von Hentig, »Die Sache und die Demokratie«, in: *Neue Sammlung* 2/1969, S. 101–129.

129 Hartmut von Hentig, »Demokratisch leben«, in: *Neue Sammlung* 4/1970, S. 355–370.

130 Vgl. Educational Opportunity Bank, Report of the Panel on Educational Innovation to the U. S. Commissioner of Education, Washington 1967, U. S. Government Printing Office. Robert W. Hartmann, *Credit for College Public Policy für Student Loans, A Report for the Carnegie Commission on Higher Education,* New York 1971 (McGraw-Hill).

131 Vgl. Johannes Flügge: *Schulmüdigkeit und Schulvertrag,* Bad Heilbronn 1971 (Klinkhardt).

132 Robert Maynard Hutchins, *The Conflict in Education,* New York 1953 (Harper), S. 87f. und 95f.; ders.: *The University of Utopia,* S. 55–61.

133 Genannt sei hier vor allem das St. John's College/Annapolis, das nach Stringfellow Barrs Ideen errichtet worden ist, der seinerseits das College der University of Chicago unter Hutchins stark beeinflußt hat.

IV. Epidialog

1 Margherita von Brentano, »Wissenschaftspluralismus. Zur Funktion, Genese und Kritik eines Kampfbegriffs«, in: *Das Argument,* 6/1971.

2 z. B. Richard Löwenthal; vgl. seine Schrift: *Hochschule für die Demokratie,* Köln 1972 (Markus).

3 Aus der Stellungnahme des Rechtsausschusses des Deutschen Bun-

destages zum Hochschulrahmengesetz des Bundes, zitiert nach einem Bericht der *FAZ* vom 8. 12. 1971.

4 z. B. Margherita von Brentano; vgl. S. 194 Anm. 1.

5 Hartmut von Hentig, »Der Abstieg in die Höhle«, in: *Merkur* 216, 3/ 1966, S. 265 f.

6 Diese Forderung wird an der neuen Universität Bremen gestellt; vgl. den sympathisierenden Bericht von Jörg Richter, »Die Legende von der roten Universität«, in: *Deutsches Allgemeines Sonntagsblatt* vom 24. 10. 1971.

7 Vgl. Claus Grossner, *Verfall der Philosophie, Politik deutscher Philosophen,* Hamburg-Reinbek 1971 (Wegner).

8 Günther Gillessen, »Wie eine vernünftige Hochschulreform aussehen müßte, zu Vorschlägen von Richard Löwenthal«, in: *FAZ* vom 29. 11. 1971.

9 Vgl. Friedrich Paulsen, *Geschichte des gelehrten Unterrichts* in 2 Bd., Leipzig 1919, 3. Aufl. (Veit & Comp.), 1. Bd. S. 29 ff. Die Gegenthese vertritt Herbert Grundmann, *Vom Ursprung der Universität im Mittelalter,* Darmstadt 1960, 2. Aufl. (Wissenschaftliche Buchgesellschaft).

10 Der pragmatische Ursprung mag schon daraus hervorgehen, daß die mittelalterliche Universität »eine Macht geworden war, ehe ihr Privilegien verliehen wurden«; vgl. Paul Simon, *Die Idee der Mittelalterlichen Universität und ihre Geschichte,* Tübingen 1932 (J. C. B. Mohr/Paul Siebeck), S. 8.

11 Vgl. Hans Ludwig Freytag/Carl Christian von Weizsäcker, *Quantitative Modelle des Bildungswesens der Bundesrepublik Deutschland,* Diskussionsbeiträge der Arbeitsgruppe für empirische Bildungsforschung, Heidelberg 1968 (Hektogramm).

12 Vgl. Wissenschaftsrat: *Empfehlungen zur Neuordnung des Studiums an den wissenschaftlichen Hochschulen,* Bonn 1966 (Bundesdruckerei).

13 Vgl. Wilhelm Flitner, *Hochschulreife und Gymnasium,* Heidelberg 1959 (Quelle & Meyer) S. 23.

14 Vgl. Günther Gillessen, »Grundriß für ein Hochschulgesetz«, in der *FAZ* vom 4. 1. 1972.

15 Der Satz stammt von C. H. Becker aus dem Jahre 1920. Das Blaue Gutachten (1948) hat ihn wiederholt, und Hermann Heimpel benutzte ihn in einer Rede, die er 1955 in Honnef hielt, um zu sagen, was dieser Kern für ihn sei und wovon man ausgehen könne, wenn man sich – wie er es damals nachdrücklich und einsam forderte – nun an die überfällige Reform mache. Im Zitatenschlamm der Hochschulreform schwamm der Satz dann 12 Jahre lang losgelöst von Anlaß und Bestimmung, ohne Heimpels Definition, als Rechtfertigung für die Fortsetzung der Nichtreform weiter. An einen »Kern« glauben wir alle, sonst »bewahrten« oder »veränderten« wir nicht. Aber welchen Kern meinen *wir?* Vgl. Hermann Heimpel, *Probleme und Problematik der Hochschulreform, Schriften des*

Hochschulverbandes Heft 8, Göttingen 1962, 2. Aufl. (Otto Schwartz & Co.).

16 Kurt Reumann, »Blindekuh mit der Transparenz (eine Kritik am Öffentlichkeitsparagraphen des Hochschulrahmengesetzes des Bundes)«, in: *FAZ* vom 30. 12. 1971.

17 Wenn ich das Adjektiv »wirklich« gebrauche, dann nicht zur Verstärkung des Substantivs, sondern weil ich unterstellen möchte, daß es viel Scheinbares davon gibt.

18 Aus einem Brief einer Gruppe von Berliner Professoren und Mitgliedern der SPD (Ahlberg/Baring/Coper/Lenz/Schwan/Winkler) an die SPD-Abgeordneten des Deutschen Bundestages; zitiert nach einem Bericht der *FAZ* vom 3. 12. 1971 (Hervorhebung von mir).

19 Nach einem Bericht der *Nürnberger Nachrichten* vom 24. 1. 1972.

20 Vgl. das aufsehenerregende, wenn auch umstrittene Buch des Biologen Barry Commoner, *The Closing Circle,* New York 1971 (Knopf), in dem herausgestellt wird, daß 12 bis 20% des Verschmutzungszuwachses seit 1946 durch die Zunahme der Bevölkerung, 1 bis 5% durch die Zunahme des Wohlstandes (affluence) und 75 bis 95% durch wissenschaftliche und technische Erfindungen und Veränderungen verschuldet worden seien.

21 Friedrich A. von Hayek, *Die Verfassung der Freiheit,* Tübingen 1971 (J. C. B. Mohr/Paul Siebeck), in der Einleitung.

22 Die Schwankung beruht auf der Ungewißheit, wen man jeweils dazu zählen solle, drückt also die Berechnungsergebnisse nach Maximal- und Minimalkriterien aus.

23 Robert Theobald (Hrsg.), *The Guaranteed Income, Next Step in Economic Evolution?,* Garden City, New York 1966 (Doubleday).

24 Vgl. die sorgfältigen und eindrucksvollen Untersuchungen zu diesem Problemkomplex von Ivar Berg, *Education and Jobs, The Great Training Robbery,* New York 1971 (Praeger); hier wird die beliebte Vorstellung gründlich zerstört, daß in dem Entwicklungsstadium der USA Bildung oder Ausbildung der wahre Schlüssel zu einem Arbeitsplatz sei.

25 Zitiert nach *Saturday Review* vom 7. 8. 1971, S. 14.

26 Solche Eidesformeln sind im Kreise der Atomphysiker nach dem Zweiten Weltkrieg aufgestellt worden. Meredith Thring hat eine für die Ingenieurwissenschaften entworfen. Vgl. Nigel Calder, *Technopolis – Kontrolle der Wissenschaft durch die Gesellschaft,* Düsseldorf 1971, (Econ), der diese und andere Versuche, den technologischen Fortschritt in politische Verantwortung zu fassen, behandelt.

27 Vgl. oben S. 113.

Liste der im Text erwähnten Veröffentlichungen

Abt, Clark C.: *Analysis of the Survey of Interdisciplinary Activities of Teaching and Research in American Universities,* OECD-Dokument CERI/HE/CP/70.21, September 1970.

Albert, Hans: »Theorie und Prognose der Sozialwissenschaften«, in: *Logik der Sozialwissenschaften,* hrsg. von E. Topitsch, Neue Wissenschaftliche Bibliothek, Köln/Berlin 1967 (4. Aufl.) (Kiepenheuer und Witsch).

Apostel, L.: *The Problem of Pluridisciplinarity,* OECD-Dokument CERI/HE/CP/70.27, September 1970.

Becker, Hellmut: »Reform der Bildungsverwaltung«, in: *Bildungsforschung und Bildungsplanung,* Frankfurt 1971 (edition suhrkamp).

Berg, Ivar: *Education and Jobs, The Great Training Robbery,* New York 1971 (Praeger).

Bergedorfer Gesprächskreis (Hrsg.): *Mögliche und wünschbare Zukünfte,* Protokoll Nr. 31 des Bergedorfer Gesprächskreises zu Fragen der industriellen Gesellschaft, Hamburg-Bergedorf 1968.

Bloch, Ernst: »Parteilichkeit in Wissenschaft und Welt«, in: *Aufbau,* 7. Jg. 1951.

Boveri, Margret: *Verrat im XX. Jahrhundert.* 4. Band: Verrat als Epidemie, Amerika; Hamburg-Reinbek 1960 (rororo 105–106).

von Brentano, Margherita: »Wissenschaftspluralismus. Zur Funktion, Genese und Kritik eines Kampfbegriffs«, in: *Das Argument* 6/1971.

Brock, Bazon, »Neuer Skandal der Vernunft oder das Chaos der Möglichkeiten«, in: *FAZ* vom 12. 10. 1971.

Bruner, Jerome S.: *The Process of Education,* New York 1960 (Vintage Book).

ders.: »The Skill of Relevance or the Relevance of Skill«, in: *Saturday Review* vom 18. 4. 1970.

Bühler, Karl: *Sprachtheorie, Die Darstellungsfunktion der Sprache,* Stuttgart 1965 (2. Aufl.) (Gustav Fischer).

Buffon, Georges Louis Leclerc Comte de: *Oeuvres philosophiques.* Texte établi et présenté par J. Pivetau, Corpus général des philosophes français. Auteurs modernes XII, 1, 1954.

Buyssens, Eric: »Speaking and Thinking from the Linguistic Standpoint«, in: *Acta Psychologica* Bd. 10, 1954, S. 136–164.

Calder, Nigel: *Technopolis – Kontrolle der Wissenschaft durch die Gesellschaft,* Düsseldorf 1971 (Econ).

Carnap, Rudolf: *Der logische Aufbau der Welt. Scheinprobleme in der Philosophie.* Hamburg 1961 (2. Aufl.) (Felix Meiner).

Churchman, C. West: *Challenge to Reason*, New York 1968 (McGraw-Hill).

Commoner, Barry: *The Closing Circle*, New York 1971 (Knopf).

Comte, Auguste: *Die Soziologie. Die Positive Philosophie im Auszug*, hrsg. v. Friedrich Blaschke, Stuttgart o. J. (Kröner).

Cramer, Friedrich: »Mensch und Gesellschaft vor den Anforderungen einer technisch und wissenschaftlich geplanten Zukunft – die Sicht des Biologen«, in: *Neue Sammlung* 2/1971.

Dempf, Alois: *Die Einheit der Wissenschaft*, Stuttgart 1955 (Urbanbücher).

Dingler, Hugo: *Über Geschichte und Wesen des Experiments*, München 1952.

Educational Opportunity Bank, *Report of the Panel on Educational Innovation to the U. S. Commissioner of Education*, Washington 1967 (U. S. Government Printing Office).

Empfehlungen zum Aufbau der Universität Bochum, Denkschrift des Gründungsausschusses, hrsg. v. Kultusminister des Landes Nordrhein-Westfalen, Bochum 1962 (Kamp).

Farrington, Benjamin: *Greek Science*, 2. Bd., Harmondsworth 1944 (Penguin Books A 142, A 192).

Flexner, Abraham: *Universities: American English German*, New York 1930 (Oxford University Press).

Flitner, Wilhelm: *Hochschulreife und Gymnasium*, Heidelberg 1959 (Quelle & Meyer).

Flügge, Johannes: *Schulmüdigkeit und Schulvertrag*, Bad Heilbronn 1971 (Klinkhardt).

Forschendes Lernen – Wissenschaftliches Prüfen, Schriften der Bundesassistentenkonferenz Nr. 5, Bonn 1970.

Freytag, Hans Ludwig, und Carl Christian von Weizsäcker: *Quantitative Modelle des Bildungswesens der Bundesrepublik Deutschland, Diskussionsbeiträge der Arbeitsgruppe für empirische Bildungsforschung*, Heidelberg 1968 (Hektogramm).

Gardner, John W.: *Self-Renewal, The Individual and the Innovative Society*, New York 1965 (Harper & Row).

ders.: *No Easy Victories*, New York 1968 (Harper & Row).

Gillessen, Günther: »Wie eine vernünftige Hochschulreform aussehen müßte, zu Vorschlägen von Richard Löwenthal«, in: *FAZ* vom 29. 11. 1971.

ders.: »Grundriß für ein Hochschulgesetz«, in: *FAZ* vom 4. 1. 1972.

Grossner, Claus: *Verfall der Philosophie, Politik deutscher Philosophen*, Hamburg-Reinbek 1971 (Wegner).

Grundmann, Herbert: *Vom Ursprung der Universität im Mittelalter*, Darmstadt 1960, 2. Aufl. (Wissenschaftliche Buchgesellschaft).

Hall, Edward T.: *The Silent Language*, New York 1961 (Premier Books).

Habermas, Jürgen: *Protestbewegung und Hochschulreform*, Frankfurt 1969 (edition suhrkamp).

Habermas, Jürgen, u. Niklas Luhmann: *Theorie der Gesellschaft oder Sozialtechnologie – Was leistet die Systemforschung*, Frankfurt 1971 (Suhrkamp).

Hartman, Robert W.: *Credit for College, Public Policy for Student Loans, A Report for the Carnegie Commission on Higher Education*, New York 1971 (McGraw-Hill).

von Hayek, Friedrich A.: *Die Verfassung der Freiheit*, Tübingen 1971 (J. C. B. Mohr/Paul Siebeck).

Heckhausen, Heinz: »Die ›Integrierte Gesamthochschule‹, ein Luftschloß am Planungshorizont der deutschen Hochschulpolitik«, in: *Die Deutsche Universitätszeitung* 12/1971.

Hegel, G. W. F.: »Phänomenologie des Geistes«, in: *Sämtliche Werke* (Lassonsche Ausgabe), Bd. V.

Heimpel, Hermann: *Probleme und Problematik der Hochschulreform*, Schriften des Hochschulverbandes Heft 8, Göttingen 1962, 2. Aufl. (Otto Schwartz & Co.).

ders.: »Liebeserklärung an die deutsche Universität«, in: *Neue Sammlung* 5/1966.

Henningsen, Jürgen: *Enzyklopädie, Zur Sprach- und Bedeutungsgeschichte eines pädagogischen Begriffs*, Kiel 1964 (Photodruck).

von Hentig, Hartmut: »Philosophie und Wissenschaft in der Pädagogik«, in: *Neue Sammlung* 1/1964; auch in: *Spielraum und Ernstfall*, Stuttgart 1969 (Ernst Klett).

ders.: »Der Abstieg in die Höhle«, in: *Merkur* 216, 3/1966.

ders.: *Platonisches Lehren, Probleme der Didaktik dargestellt am Modell des altsprachlichen Unterrichts*, Bd. I, Stuttgart 1966 (Ernst Klett).

ders.: »Didaktik und Linguistik«, in: *Sprache und Erziehung*, 7. Beiheft der Zeitschrift f. Pädagogik, Weinheim 1968 (Beltz).

ders.: »Die Sache und die Demokratie«, in: *Neue Sammlung* 2/1969.

ders.: *Spielraum und Ernstfall*, Stuttgart 1969 (Ernst Klett).

ders.: Systemzwang und Selbstbestimmung, Stuttgart 1969, 2. Aufl. (Ernst Klett).

ders.: »Studieren als politischer Vorgang«, in: *Reform als Alternative, Hochschullehrer antworten auf die Herausforderung der Studenten*, hrsg. v. A. Schwan u. K. Sontheimer, Köln/Opladen 1969 (Westdeutscher Verlag).

ders.: »Demokratisch leben«, in: *Neue Sammlung* 4/1970, S. 355–370.

ders.: »Logomythie«, in: *Aufrisse, Almanach des Ernst Klett-Verlages 1964–1971*, Stuttgart 1971 (Ernst Klett).

ders.: *Cuernavaca oder: Alternativen zur Schule?* Stuttgart und München 1971 (Ernst Klett und Kösel).

ders.: »Plädoyer für das Konkrete«, in: *FAZ* vom 30. 11. 1971.

241

ders.: »Die Ermöglichung der Ermöglichung der Bildungsreform«, in: *Merkur* 281/1972.

von Hentig, Hartmut et al.: *Das Bielefelder Oberstufen-Kolleg,* Sonderpublikation der Schriftenreihe der Schulprojekte Laborschule/Oberstufen-Kolleg, Heft 1, Stuttgart 1971 (Ernst Klett).

von Hentig, Hartmut et al.: *Die Bielefelder Laborschule,* Sonderpublikation der Schriftenreihe der Schulprojekte Laborschule/Oberstufen-Kolleg, Heft 2, Stuttgart 1971 (Ernst Klett).

von Hentig, Hartmut, Ludwig Huber und Peter Müller (Hrsg.): *Wissenschaftsdidaktik,* Referate und Berichte von einer Tagung des Zentrums für Interdisziplinäre Forschung der Universität Bielefeld am 11./12. 4. 1969, 5. Sonderheft der Neuen Sammlung, Göttingen 1970.

Hertz, Heinrich: *Gesammelte Werke,* Bd. III, Die Prinzipien der Mechanik, Leipzig 1894 (Johann Ambrosius Barth).

Hopf, Diether: »Entwicklung der Intelligenz und Reform des Bildungswesens«, in: *Neue Sammlung* 1/1971.

Huber, Ludwig: *Stichworte zur Vorbereitung einer Arbeitstagung der Bundesassistentenkonferenz über Interdisziplinäres Studium in Göttingen,* 1970 (vervielfältigtes Typoskript).

von Humboldt, Wilhelm: *Der Litauische Schulplan,* Werke in 5 Bänden, Bd. 4, Berlin 1964 (Deutscher Verlag der Wissenschaften).

ders.: *Über die Verschiedenheit des menschlichen Sprachbaus und ihren Einfluß auf die geistige Entwicklung des Menschengeschlechts,* Darmstadt 1949 (Claassen und Roether).

Hutchins, Robert M.: *The University of Utopia,* Chicago 1953 (University of Chicago Press).

ders.: *The Conflict in Education,* New York 1953 (Harper).

Jantsch, Erich: *Integrative Planning for the »Joint Systems« of Society and Technology. The Emerging Role of the University,* OECD-Document CERI/HE/CP/70.08, Juli 1970.

ders.: *Towards Inter- and Transdisciplinarity in Education and Innovation,* OECD-Dokument CERI/HE/CP/70.16, September 1970; jetzt auch in: *Policy Science* 1/1970, S. 403–428.

Jaspers, Karl: *Vom Ursprung und Ziel der Geschichte,* Frankfurt/Hamburg 1955 (Fischerbücherei).

Jaspers, Karl und Kurt Rossmann: *Die Idee der Universität,* Berlin/Göttingen/Heidelberg 1961 (Springer).

Jungk, Robert: *Heller als Tausend Sonnen,* Hamburg-Reinbek 1964 (rororo 600–601).

Kerr, Clark: *The Uses of the University,* Cambridge/Mass. 1964 (Harvard University Press).

Krieck, Ernst: »Politische Wissenschaft«, in: *Nationalpolitische Erziehung,* (19. Aufl.) Leipzig 1935.

Kuhn, Thomas S.: *The Structure of Scientific Revolutions,* Chicago 1962

(University of Chicago Press); deutsch: *Die Struktur wissenschaftlicher Revolutionen,* Frankfurt 1967 (Suhrkamp).

Lichnerowicz, André, *Mathematics and Transdisciplinarity,* OECD-Dokument CERI/HE/CP/70.23, September 1970.

Lepenies, Wolf: »Alteuropäische Tradition und die Frage: Ist System-theorie eine Ideologie?« in: *FAZ* vom 12. 10. 1971.

Lippitt, Ronald, Robert Fox und Lucille Schaible: *Social Science Laboratory Units,* Chicago 1969 (Science Research Associates).

Löwenthal, Richard: *Hochschule für die Demokratie,* Köln 1972 (Markus).

Löwith, Karl: *Weltgeschichte und Heilsgeschehen,* Stuttgart 1953 (Urban Bücher).

Machlup, Fritz: *The Production and Distribution of Knowledge in the United States,* Princeton 1962 (Princeton University Press).

McLuhan, Marshall: *Understanding Media: The Extensions of Man,* New York 1966 (Signet Books).

Mead, Margaret: *Culture and Commitment,* Garden City, New York 1970 (Doubleday).

Mikat, Paul: »Universitäts-Gründungsprobleme in Nordrhein-Westfalen«, in: *Festschrift zur Eröffnung der Universität Bochum,* Bochum 1965 (Kamp).

Mikat, Paul und Helmut Schelsky: *Grundzüge einer neuen Universität,* Bielefeld 1966 (Bertelsmann Universitätsverlag).

Mohr, Hans: *Wissenschaft und menschliche Existenz, Vorlesungen über Struktur und Bedeutung der Wissenschaft,* Freiburg 1967 (Rombach).

Myrdal, Alva: *Nation and Family,* London 1945 (Routledge & Kegan Paul).

Myrdal, Gunnar: *Objectivity in Social Research,* London 1970 (Gerald Duckworth); deutsch: *Objektivität in der Sozialforschung,* Frankfurt 1971 (edition suhrkamp).

ders.: »The Place of Values in Social Policy«, in: *Journal of Social Policy,* Januar 1972.

Nathan, Henry: *Pressures on Content: Notes on »Learning« and the Universities,* OECD-Dokument CERI/GB/69. 13, Juli 1970.

Newman, Cardinal John Henry: *The Idea of the University,* New York 1947 (Longmans Green).

Oppenheimer, J. Robert: *Science and the Common Understanding,* New York 1966 (Simon and Schuster).

Paulsen, Friedrich: *Geschichte des gelehrten Unterrichts,* 2 Bd., Leipzig 1919, 3. Aufl. (Veit & Comp.).

Phenix, Philip: *Realms of Meaning, A Philosophy of the Curriculum for General Education,* New York 1964 (McGraw-Hill).

Piaget, Jean: *The Epistemology of Interdisciplinary Relationships,* OECD-Dokument CERI/HE/CP/70. 13, September 1970.

Picht, Georg: »Enzyklopädie und Bildung«, in: *Merkur* 279, 7/1971.

Platt, John: »Was wir tun müssen«, in: *Gefährdete Zukunft – Prognosen anglo-amerikanischer Wissenschaftler,* hrsg. von M. Lohmann, München 1970 (Hanser).

Poincaré, J. Henri: *Wissenschaft und Hypothese,* Leipzig/Berlin 1906; Auszüge in: *Grundlagen der Mathematik in Geschichte und Entwicklung,* hrsg. v. O. Becker, Reihe Orbis Academicus, Freiburg/München 1954 (Karl Alber).

Potter, Baerreis, Bryson, Curvin et al.: »Purpose and Function of the University«, in: *Science* vom 20. 3. 1970.

Radnitzky, Gerard: *Ways of Looking at Science,* Vorabdruck eines Buchmanuskripts; veröffentlicht als 1. Kapitel in: *Contemporary Schools of Metascience,* Göteborg 1970 (Akademiförlaget).

Reumann, Kurt: »Blindekuh mit der Transparenz«, in: *FAZ* vom 30. 12. 1971.

Richter, Jörg: »Die Legende von der roten Universität«, in: *Deutsches Allgemeines Sonntagsblatt* vom 24. 10. 1971.

Rosenblatt, F.: »The Perceptron: A Probabilistic Modell for Information Storage and Organisation in the Brain«, in: *Psychological Review,* Vol. 65, Nr. 6, 1958.

Rosenthal, Robert und Leonore Jacobson: *Pygmalion in the Classroom, Teacher Expectation and Pupil's Intellectual Development,* New York 1968 (Holt, Rinehart and Winston); deutsch: *Pygmalion im Unterricht, Lehrererwartungen und Intelligenzentwicklung der Schüler,* Weinheim 1971 (Beltz).

Schelling, F. W. J.: »Vorlesung über die Methode des akademischen Studiums«, in: *Die Idee der deutschen Universität,* hrsg. von Ernst Anrich, Darmstadt 1956 (Wissenschaftliche Buchgesellschaft).

Schelsky, Helmut: *Abschied von der Hochschulpolitik oder die Universität im Fadenkreuz des Versagens,* Bielefeld 1969 (Bertelsmann Universitätsverlag).

ders.: »Die Strategie der ›Systemüberwindung‹«, in: *FAZ* vom 10. 12. 1971.

Schleiermacher, Friedrich: »Gelegentliche Gedanken über Universitäten in deutschem Sinn« (1808), in: *Die Idee der deutschen Universität,* hrsg. von Ernst Anrich, Darmstadt 1956 (Wissenschaftliche Buchgesellschaft).

Science, Government, and Information. The Responsabilities of the Technical Community and the Government in the Transfer of Information. A Report of the President's Science Advisory Board, The White House 1963 (U. S.-Government Printing Office); deutsch: Wissenschaft, Regierung und Information, Frankfurt 1964 (Deutsche Gesellschaft für Dokumentation e. V.).

Seminar on Pluridisciplinarity and Interdisciplinarity in Universities,

Report of the Working Groups, OECD-Dokument CERI/HE/CP/70. 28, Sept. 1970.

Simon, Paul: *Die Idee der Mittelalterlichen Universität und ihre Geschichte*, Tübingen 1932 (J. C. B. Mohr/Paul Siebeck).

Snell, Bruno: *Die Entdeckung des Geistes*, Hamburg 1946 (Claassen und Goverts).

ders.: *Der Aufbau der Sprache*, Hamburg 1952 (Claassen).

Snow, C. P.: *Die Zwei Kulturen* (und ein Nachtrag), Stuttgart 1967 (Ernst Klett).

ders.: »The Case of Leavis and the Serious Case«, in: *Times Literary Supplement* vom 9. 7. 1970.

Steinbuch, Karl: *Die informierte Gesellschaft*, Stuttgart 1966 (Deutsche Verlagsanstalt).

Stent, G. S.: *Prematurity and Uniqueness in Scientific Discovery* (im Druck); Auszüge in: *FAZ* vom 29. 12. 1971.

Studenten und die neue Universität, Gutachten einer Kommission des Verbandes Deutscher Studentenschaften zur Neugründung von wissenschaftlichen Hochschulen, Bonn 1962.

Tenbruck, Friedrich: »Die Funktionen der Wissenschaft«, in: *Was wird aus der Universität? Standpunkte zur Hochschulreform*, hrsg. von Gerhard Schulz, Tübingen 1969 (Rainer Wunderlich).

Theobald, Robert (Hrsg.): *The Guaranteed Income, Next Step in Economic Evolution?* Garden City, New York 1966 (Doubleday).

Topitsch, Ernst: *Die Freiheit der Wissenschaft und der politische Auftrag der Universität*, Neuwied 1968 (Luchterhand).

Wagenschein, Martin: *Verstehen lehren*, Weinheim 1968 (Beltz).

Weber, Max: *Wissenschaft als Beruf* (4. Aufl.) Berlin 1959 (Duncker und Humblot).

Weidner, E. E.: Rede vor dem U. S. House of Representatives, 26. 3. 1970, in: *The University of Wisconsin/Green Bay: an example of a university oriented towards environmental problems*, OECD-Dokument CERI/HE/CP/70.26, September 1970.

Weinberg: s. *Science, Government and Information*.

von Weizsäcker, C. F.: *Die Tragweite der Wissenschaft*, Erster Band, Schöpfung und Weltentstehung. Die Geschichte zweier Begriffe, Stuttgart 1964 (Hirzel).

ders.: *Zum Weltbild der Physik*, Stuttgart 1964 (6. Aufl.) (Hirzel).

von Weizsäcker, Ernst, Günther Dohmen, Heinz Theodor Jüchter u. a.: *Baukasten gegen Systemzwänge, Der Weizsäcker Hochschulplan*, München 1970 (Piper).

Wellmer, Albrecht: »Unpolitische Universität und Politisierung der Wissenschaft«, in: Jürgen Habermas: *Protestbewegung und Hochschulreform*, Frankfurt 1969.

Whorf, Benjamin L.: *Sprache, Denken, Wirklichkeit, Beiträge zur Meta-*

linguistik und Sprachphilosophie, Hamburg-Reinbek 1963 (rde 174).

Wieser, Wolfgang: *Organismen, Strukturen, Maschinen,* Frankfurt 1959 (Fischerbücherei).

Wissenschaftsrat: *Empfehlungen zur Neuordnung des Studiums an den wissenschaftlichen Hochschulen,* Bonn 1966 (Bundesdruckerei).

Zetterberg, Hans L.: »Theorie, Forschung und Praxis in der Soziologie«, in: *Handbuch der empirischen Sozialforschung,* hrsg. von René König, Bd. I, Stuttgart 1962 (Ferdinand Enke).

st 163 Ödön von Horváth, Sladek oder Die schwarze Armee
Historie in drei Akten (11 Bildern)
Herausgegeben mit einer Dokumentation und einem
Nachwort von Dieter Hildebrandt
144 Seiten
In seinem Sladek-Stück behandelt Horváth eines der
düstersten Kapitel der Weimarer Republik, die mörde-
rischen Methoden der Schwarzen Reichswehr, einer mili-
tärischen Untergrundorganisation, die viel zur Abwirt-
schaftung des jungen Staates beitrug.

st 165 Abram Kardiner, Edward Preble, Wegbereiter der
modernen Anthropologie
Aus dem Amerikanischen von Ursula Bahn
304 Seiten
Als Wegbereiter der modernen Anthropologie werden
Charles Darwin, Herbert Spencer, Edward Tylor, James
Frazer, Emile Durkheim, Franz Boas, Bronislaw Mali-
nowski, Alfred Kroeber, Ruth Benedict und in einem
größeren Sonderkapitel Sigmund Freud vorgestellt. Das
Buch setzt keine Spezialkenntnisse voraus und bietet
einen ausgezeichneten Zugang zu den Voraussetzungen
der gegenwärtigen Diskussion der Wissenschaft, die uns
am unmittelbarsten betrifft – der modernen Anthropologie.

st 167 Psychoanalyse und Justiz
Theodor Reik, Geständniszwang und Strafbedürfnis (1925)
Franz Alexander und Hugo Staub, Der Verbrecher und
sein Richter (1929)
Mit einer Einleitung herausgegeben von Tilmann Moser
448 Seiten
Was in diesen beiden klassischen Texten der Psychoanalyse, in den zwanziger Jahren entstanden und dann ver-
bannt, über die psychischen Mechanismen gesagt wird,
die zwischen der Gesellschaft und ihren straffällig ge-

wordenen Mitgliedern wirken und sich in der Institution Justiz selbstgerecht verfestigt haben, gewinnt heute, da diese Institution von außen und selbst schon von innen her in Frage gestellt zu werden beginnt, eine neue Bedeutung und Sinnfälligkeit.

st 168 Peter Handke, Die Unvernünftigen sterben aus
112 Seiten
Peter Handkes neues Stück ist eine Studie über Unternehmer. Über die Automatismen ihrer Sprache und ihrer Gesten, über ihre Macht und ein Stück über die Funktionsmechanismen der Marktwirtschaft und das nahezu perfekte Rollenspiel derer, die sie steuern. Ein Stück über die Fremdbestimmtheit auch der Herrschenden.

st 169 Uwe Johnson, Das dritte Buch über Achim
Roman
304 Seiten
Der Journalist Karsch fährt durch die DDR, um den Lebenslauf des gefeierten Radsportlers Achim T. zu beschreiben. Was die Beschreibung des wahren Lebensbildes des Rennfahrers Achim T. unmöglich macht, ist nichts anderes als die Grenze selbst, die Ost und West trennt. »Herr Johnson, dessen Prosa Schlagworte, Umgangssprache, Schlageridiom und Jargon aller Arten frei ausbeutet, hat einen großen ironischen Roman über ein eigentlich tragisches Thema geschrieben.«
The Times Literary Supplement

st 170 Gerd Hortleder, Die Faszination des
Fußballspiels
Soziologische Anmerkungen zum Sport als Freizeit und Beruf
176 Seiten
Die Begeisterung für den Fußballsport spiegelt den Wunsch einer Gesellschaft nach Irrationalem wider oder den nach Mythen, was nicht unbedingt das gleiche ist. Die Sehnsucht nach einem spannenden und schönen Fußballspiel ist, gemessen an dem, was in dieser Gesellschaft besser sein könnte, ein überflüssiger Traum. Vielleicht gehört es zu jenem Überflüssigen, von dem Ortega gesagt hat, es allein sei notwendig für den Menschen.

st 172 Peter Handke, Der kurze Brief zum
langen Abschied. Roman
208 Seiten
Ein junger Österreicher reist quer durch die USA, auf
der Flucht vor und zugleich auf der Suche nach seiner
Frau Judith. Er trifft Claire, nimmt, im Anschluß an
eine Aufführung von Schillers *Don Carlos*, an einem
Gespräch über das Verhältnis von Bühne und Wirklichkeit teil, erlebt seinen Bruder in seiner naiven Verbun-
denheit mit der Kindheit und redet mit John Ford über
Natur und Geschichte. Dieses Buch ist ein zeitgenössi-
scher Entwicklungsroman, die abenteuerliche Geschichte
einer Trennung und spannend wie ein Kriminalroman.

st 174 Materialien zu Rainer Maria Rilke ›Aufzeich-
nungen des Malte Laurids Brigge‹
Herausgegeben von Hartmut Engelhardt
352 Seiten
Dienen die Interpretationstexte dazu, Geschichte als
Geschichte dieses einen Werks und der mit ihm beschäftigten Wissenschaft zu zeigen, so erlaubt die Auswahl
von Parallelstellen zu dem Buch aus den Briefen wie die
charakteristischer Selbstdeutungen Rilkes einen Einblick
in die künstlerische Arbeit und deren nicht unbedingt
authentische Selbstdarstellung durch den Dichter.

st 175 Hermann Hesse, Der Steppenwolf. Erzählung
256 Seiten
Der erstmals 1927 erschienene Roman *Der Steppenwolf*
ist dasjenige Buch Hesses, das die internationale Renaissance seines Autors ausgelöst hat und ihn zum meistge-
lesenen europäischen Schriftsteller in den USA werden
ließ. Thomas Mann sagte vom *Steppenwolf*, daß das
Buch an experimenteller Gewagtheit dem *Ulysses* von
James Joyce nicht nachstehe.

st 176 Walter Benjamin, Der Stratege im Literaturkampf
Zur Literaturwissenschaft
Herausgegeben von Hella Tiedemann-Bartels
160 Seiten
Die Auswahl aus dem dritten Band der *Gesammelten
Schriften* Walter Benjamins enthält Kritiken und Rezen-
sionen, die Benjamin in den zwanziger und dreißiger

Jahren zu Neuerscheinungen auf dem Gebiet der Literaturgeschichte und Literaturkritik publizierte. Die Sammlung will nicht so sehr als historische Darstellung der Literaturwissenschaft im Medium ihrer Kritik durch Benjamin Interesse beanspruchen; sie möchte vielmehr der Erforschung dessen dienen, was Benjamin aus der ›abscheulichen Öde‹ des Wissenschaftsbetriebs herauszuführen suchte.

st 177 Theodor W. Adorno, Versuch über Wagner
160 Seiten

Da Wagner nicht nur absolute künstlerische Größe zugeschrieben wurde, sondern auch eine fatale weltanschauliche Führerrolle, hat das Gerede um ihn die wahre und gerechte Aufdeckung des eigentlichen Sachverhalts verhindert. Mit dem *Versuch über Wagner* unternimmt Adorno die heute fällige Revision des »Falles Wagner«. Die Methode dieses Versuchs stellt insofern ein Neues dar, als Adorno sich nicht an die herkömmliche Trennung der Disziplinen: Ästhetik, Geschichtsphilosophie, Musiktheorie und kritische Analyse hält, sondern Elemente aus ihnen allen in wahrhaft philosophischem Geiste zu einer einheitlichen Gesamtkonzeption zusammentreten läßt.

st 179 Dolf Sternberger, Panorama oder Ansichten vom 19. Jahrhundert
Mit einem Vorwort
256 Seiten

Das Panorama war das charakteristische Erzeugnis einer Zeit, die ihre eigene Geschichte zum imposanten Rundbild täuschend zusammenfaßte. So heterogene Errungenschaften wie Eisenbahn und Gasanstalt, Sinnesphysiologie und materialistische Philosophie, Sklavenbefreiung und Genrekunst, Gesellschaftsreisen und Innendekoration fügen sich in Sternbergers zitierender Deutung zu einem durchgängigen Schriftbild. Bedeutende und unbedeutende Geister treten auf: Hermann Helmholtz und Anton von Werner, Richard Wagner und Hans Makart, Friedrich Nietzsche und Eugenie Marlitt. Das zentrale Kapitel analysiert die Entwicklungslehre Darwins. Sternbergers Thesen und Einsichten schärfen den Blick für die Illusionen unserer eigenen Tage.

einen Extrakt geschaffen, der die zeitlose Wortgewalt, die polemische Kraft, aber auch das Heitere, Wortspielerische, das Zarte dieses Sprachkünstlers und Dichters vergegenwärtigt.

st 205 Max Frisch, Dienstbüchlein
176 Seiten
Das *Dienstbüchlein* enthält Frischs Erinnerungen an seine Schweizer Militärzeit von 1939 bis 1945. »Ich bin ungern Soldat gewesen. Immerhin sind Erfahrungen nicht abzugeben mit der Uniform, Erfahrungen mit unserem Land, mit sich selbst.« An diese Erfahrungen erinnert sich Frisch heute, an die Tage in Uniform, an 650 Militärtage ohne Arrest. »Indem ich mich heute erinnere, wie es damals so war, sehe ich es natürlich nach meiner Denkart heute. Ich wundere mich, wieviel man hat erfahren können, ohne es zu sehen.«

st 207 Hartmut von Hentig, Magier oder Magister? Über die Einheit der Wissenschaft im Verständigungsprozeß
256 Seiten
Viel zu lange schon sind für Hartmut von Hentig die Wissenschaftler Magier gewesen, die mit dem Anspruch auftraten, durch ihre wissenschaftliche Praxis die Wahrheit finden zu können, ohne je in der Lage zu sein, Laien diesen Anspruch glaubhaft zu vermitteln, geschweige, sie am Prozeß der Wahrheitsfindung teilhaben zu lassen. Statt dessen sollen die Wissenschaftler nun »Magister« werden, das heißt, sich vordringlich der Erklärung dessen widmen, »was sie herausfinden, warum sie es erforschen, wie man es verwendet und wie man es lernen und weitergeben kann«.

Alphabetisches Gesamtverzeichnis der suhrkamp taschenbücher